Cornelia Koppetsch
Das Ethos der Kreativen

Cornelia Koppetsch

Das Ethos der Kreativen

Eine Studie zum Wandel von Arbeit und
Identität am Beispiel der Werbeberufe

UVK Verlagsgesellschaft mbH

Bibliografische Information der Deutschen Nationalbibliothek
Die Deutsche Nationalbibliothek verzeichnet diese Publikation in der
Deutschen Nationalbibliografie; detaillierte bibliografische Daten
sind im Internet über <http://dnb.d-nb.de> abrufbar.

Das Werk einschließlich aller seiner Teile ist urheberrechtlich geschützt. Jede Verwertung außerhalb der engen Grenzen des Urheberrechtsgesetzes ist ohne Zustimmung des Verlages unzulässig und strafbar. Das gilt insbesondere für Vervielfältigungen, Übersetzungen, Mikroverfilmungen und die Einspeicherung und Verarbeitung in elektronischen Systemen.

ISBN 13: 978-3-89669-608-3
ISBN 10: 3-89669-608-4

© UVK Verlagsgesellschaft mbH, Konstanz 2006

Einband: Susanne Weiß, Konstanz
Druck: Bookstation GmbH, Gottmadingen

UVK Verlagsgesellschaft mbH
Schützenstr. 24 · D-78462 Konstanz
Tel.: 07531-9053-0 · Fax: 07531-9053-98
www.uvk.de

Inhalt

Vorwort 9

Einleitung 11

Teil I
Wiederkehr des Marktes – Ende der europäischen Nachkriegsprosperität? Eine Ortsbestimmung des sozialwissenschaftlichen Diskurses 17

1. Das Paradigma beruflicher Arbeit und der Wandel des sozialwissenschaftlichen Diskurses 20
1.1 Die interpretative Wende und der „Subjektivismus" in den Sozialwissenschaften. Zur Marginalisierung von Arbeit und Erwerb 24
1.2 Die Wiederkehr des Marktes. Deregulierung der Arbeit – Integrationsdefizit moderner Erwerbsgesellschaften? 29
1.3 Dimensionen des beruflichen Wandels von Arbeit und Erwerb. Ein analytischer Bezugsrahmen 32

2. Ein neuer Sozialcharakter der Arbeit? Zum Umbau moderner Erwerbsgesellschaften 35
2.1 Das Ende beruflicher Arbeitsteilung? Zum Wandel von Herrschafts- und Kooperationsstrukturen 37
2.2 Zur Aufweichung des Gesellschaftsvertrags der Industriemoderne 41
2.3 Der Wandel beruflicher Ungleichheiten. Zur Entwertung des klassischen Systems sozioprofessioneller Statuszuweisungen 45
2.4 Arbeit und Lebensführung heute. Zur Frage beruflicher Identitäten 48

3. Von der Netzwerkgesellschaft zur Subjektivierung der Arbeit. Die Architektur des neuen Kapitalismus 49
3.1 Arbeit und Beschäftigung in der Informations- und Wissensgesellschaft 52
3.1.1 Netzwerke als dominierendes gesellschaftliches Organisationsprinzip 53
3.1.2 Das normative Defizit der Entwürfe der Netzwerkgesellschaft und Wissensgesellschaft 55

3.2 Der neue Sozialcharakter der Arbeit zwischen „Vermarktlichung" und „Subjektivierung".
Die gemäßigte Deutungsstrategie 57
3.3 Der Siegeszug des globalen Kapitalismus.
Eine Ortsbestimmung des sozialwissenschaftlichen Diskurses 60

Teil II
Das Paradoxon der modernen Arbeitswelt. Sozialtheoretische Annäherungen an die Ethik der flexiblen Ökonomie 67

4. Émile Durkheim: Berufe als Brückeninstitutionen zwischen Ökonomie und Gesellschaft 72
4.1 Durkheims Problemstellung: Die Rolle der Arbeitsteilung für die Modernisierung der Gesellschaft 75
4.2 Von der organischen Solidarität zur säkularen Religion? 77
4.3 Die Berufsgruppe als moralisches Korrektiv eines entfesselten Kapitalismus 79
4.4 Arbeitsmoral in der flexiblen Ökonomie. Deutschland und die USA im Vergleich 82
4.5 Berufliche Identitäten in der Netzwerkgesellschaft 86

5. Max Weber und der Geist des Kapitalismus. Zur Dynamik des kulturellen Wandels von Arbeit und Ökonomie nach Luc Boltanski und Ève Chiapello 89
5.1 Max Weber: Ideen als Motor kapitalistischer Entwicklung 92
5.1.1 Beruf und Lebensführung bei Weber 92
5.1.2 Zur Sozialwirksamkeit von Ideen. Webers Theorie des sozialen Wandels 95
5.2 Ein neuer Geist des Kapitalismus? Sozialtheoretische Annäherungen an eine Theorie des neuen Sozialcharakters der Arbeit bei Luc Boltanski und Ève Chiapello 97
5.2.1 Zum Wandel der Sozialordnungen des Kapitalismus. Eine historische Skizze 99
5.2.2 Die Projektlogik. Zur Entstehung einer neuen Bewährungsordnung im neuen Kapitalismus 100
5.3 Die Projektlogik als Herrschaftsideologie? Zur Kritik am Entwurf von Boltanski und Chiapello 103
5.4 Die Projektlogik als Berufsethos? Die Kultur- und Medienberufe im Positionsgefüge konkurrierender Expertengruppen 107

6. Talcott Parsons und die Professionstheorie:
Medien- und Kulturberufe – ein neuer akademischer
Berufstypus? 110

6.1 Die Beschäftigungsgruppen der Medien- und Kulturberufler 112
6.2 Professionssoziologie, expressive Kultur und
Kommunikationsmedien 116
6.2.1 Die Entwicklung von Parsons' Professionstheorie 116
6.2.2 Expressive Kultur und Affektivität 120
6.2.3 Die Verknüpfung der Professionstheorie
mit der Theorie der Kommunikationsmedien 122
6.3 Unternehmensberater und Werber als neue ökonomische
Kulturvermittler 126
6.3.1 Expressiver Individualismus und Einflußkommunikation.
Zur Besonderheit des professionellen Handelns
der neuen Kulturvermittler 128
6.3.2 Werbeberufe als Treuhänder expressiver Ausdrucksformen?
Die Zirkulation von Affekt in der öffentlichen Sphäre 132

Teil III
Kreativität als Arbeit und Lebensentwurf.
Eine Fallstudie zum Berufsfeld Werbung 137

7. Zwischen Professionalismus und Marktkultur.
Zur beruflichen Identität der Kreativen 141

7.1 Kreativsein als Lebensentwurf und Persönlichkeitsideal 144
7.2 Die ökonomischen Erfordernisse des beruflichen Feldes.
Abschied vom Modell des Normalarbeitsverhältnisses 149
7.3 Wettbewerbe als Bewährungsproben.
Die institutionellen Regulative des Arbeitsfeldes 152
7.4 Professionalismus oder Markt? 155

8. Der Aufstieg der Kreativen.
Zum Wandel der Werbeindustrie seit den 1980er Jahren 159

8.1 Werbung aus der Sicht der Herstellerperspektive.
Die klassische Phase der Werbeindustrie 161
8.2 Das Aufstiegsprojekt der Kreativen. Zur Neukonfiguration
des Berufsfeldes seit den 1980er Jahren 164
8.3 Zur Institutionalisierung „alternativer" Berufs- und
Unternehmenskulturen 165
8.4 Das Konzept der „Kreativwerbung" als
Professionalisierungsstrategie 168

8.5	Werbung im Wettbewerb um Aufmerksamkeit. Zur Konkurrenz zwischen Werbeagenturen und Unternehmensberatern	171
8.6	Von geheimen Verführern zur expressiven Elite? Der Aufstieg der Kreativen im Kontext der Ästhetisierung des Konsums	176
8.7	Zur Zukunft der Kreativen	181
9.	Ökonomie und Kultur. Neuere Perspektiven der Konsumsoziologie	182
9.1	Zur Marginalisierung der Konsumsoziologie in den Sozialwissenschaften	184
9.2	Konsum im Kontext der Sozialtheorien. Von den soziologischen Klassikern zur interpretativen Wende	186
9.3	Konsum als kulturelles Handlungssystem. Annäherungen an eine Kultursoziologie des Konsums	189

Schluß: Die kulturellen Widersprüche des neuen Kapitalismus 195

Literatur 201

Vorwort

Die vorliegende Studie unternimmt den Versuch, einen Beitrag zur kritischen Zeitdiagnose des Sozialcharakters der Arbeit zu leisten. Ausgangspunkt ist die Beobachtung, daß sich, beginnend mit den 1990er Jahren, die Kluft zwischen dem Strukturwandel und dem Kulturwandel von Arbeit vertieft hat. Einerseits haben Tendenzen der organisatorischen Dezentralisierung und Deregulierung von Arbeit die Idee des bürgerlichen Berufs für immer mehr Beschäftigungsgruppen ad absurdum geführt. Biografisch verkürzte Zeithorizonte, projektförmige Arbeitsformen und zunehmende Ausbeutung der beschäftigten Arbeitnehmerschaft sind die Folge. Andererseits – und der Verkürzung der Zeithorizonte zum Trotz – hat die Entbindung aus den Strukturen industrieller Arbeit nicht zum Verlust einer moralischen Verpflichtung gegenüber der Arbeit geführt. Vor allem in der sozialen Mitte der gehobenen neuen Dienstleistungsschichten hat sich eine neue Arbeitsmoral herausgebildet, die sich stärker als bisher auf Arbeitsinhalte richtet und mit der Berufsarbeit Erwartungen subjektiver Erfüllung und persönlicher Selbstvervollkommnung verbindet. Dieser Widerspruch soll in dieser Studie mit den konzeptionellen Mitteln der Berufssoziologie schwerpunktmäßig am Beispiel der Kultur- und Medienberufe untersucht werden. Diese Berufsfelder können als Vorreiter für typische Entwicklungstrends im neuen Kapitalismus gelten.

Im Zentrum des Buches steht die These, daß sich in den flexiblen Erwerbsformen dieser Beschäftigungsfelder ein neues Ethos, ein neues Berufsideal herausgebildet hat, das im Unterschied zum traditionellen Arbeitsethos nicht mehr ausschließlich an Werten wie Rationalität, Disziplin und Kontrolle, sondern zunehmend an Kulturidealen wie Kreativität, Autonomie und Persönlichkeitsentfaltung ausgerichtet ist. Institutionell kann dieser Wertewandel an der Expansion der Massenmedien und der symbolischen Dienstleistungen – von der Unterhaltung über den Tourismus bis zu den Gesundheitsdiensten – abgelesen werden. Das neue Arbeitsethos ist in dreifacher Hinsicht für die Entwicklungsdynamik des modernen Kapitalismus zentral: Erstens fungiert es als Motor für die Deregulierung von Arbeitsmärkten, zweitens bietet es den Mitspielern der neuen Arbeitswelten Identität und Sinnstiftung, drittens gewährleistet es den kulturellen Erfolg des Kapitalismus. Denn Kreativität, Individualismus und Authentizität, die sich in anderen Epochen einer Marktvergesellschaftung entgegengestellt haben, sind nun selbst zu bevorzugten Investitionsgebieten der Marktökonomie geworden.

Die folgende Abhandlung ist im Juli 2005 als Habilitationsschrift an der Universität Lüneburg eingereicht worden. Mein Dank gilt zuerst Günter Burkart, der die Arbeit betreut hat und wichtige Anstöße sowohl zur Frage des gesellschaftlichen Wandels als auch zur Klärung konzeptioneller Probleme geben konnte. In vielerlei Hinsicht hat die langjährige Zusammenarbeit mit Günter Burkart und unsere vielen Gespräche mein Denken und Schreiben beeinflußt. Bedanken möchte ich mich auch bei Harald Wenzel, Monika Wohlrab-Sahr, Hans-Peter Müller und Ulf Wuggenig, die Ausschnitte oder Vorarbeiten zur Habilitation gelesen haben bzw. zu intensiven Diskussionen bereit waren und wichtige Anregungen und Kommentare geliefert haben. Bei Vanessa Watkins bedanke ich mich für die unschätzbare Mitarbeit bei der Befragung von Probanden und der Erhebung von Feldbeobachtungen in Werbeagenturen. Der Studienstiftung des deutschen Volkes danke ich für die Förderung während meines Studiums. Der Deutschen Forschungsgemeinschaft gilt mein Dank gleich in dreifacher Hinsicht: für die Finanzierung meines Dissertationsstudiums im Graduiertenkolleg „Gesellschaftsvergleich in historischer, soziologischer und ethnologischer Perspektive" (1992–1995), für die Finanzierung des Forschungsprojekts „Geschlechterverhältnisse in Paarbeziehungen im Milieuvergleich" über eine Laufzeit von insgesamt vier Jahren (1995–1999) und für das Stipendium in den USA/Chicago im Jahr 2004. Einen Teil der Habilitation schrieb ich im Department of Sociology der University of Chicago. Bei dem Department, und insbesondere bei Andreas Glaeser, Andrew Abbott und Susan Gal, möchte ich mich für die Ermöglichung dieses Aufenthalts, die großzügige Schaffung von Arbeitsbedingungen und die vielen fachlichen Anregungen bedanken. Martin Busecke danke ich für die langjährige Freundschaft, die inhaltlichen Diskussionen und die moralische Unterstützung. Marlene Heidel, Melanie Fröhlich und Ingeborg Frankenstein haben mich bei der Literaturbeschaffung, der Korrektur und Fertigstellung des Manuskripts unterstützt. Henri Band besorgte das Schlußlektorat und den Satz für die Buchpublikation.

Einleitung

Man kann heute an beliebiger Stelle die Zeitung aufschlagen und wird feststellen, daß Berufsarbeit – einst eine der „letzten großen sozialen Sicherheiten des modernen Menschen" (Schelsky 1965) – für immer weitere Bevölkerungsschichten zu einem Hasard geworden ist. Tagtäglich berichten die Medien vom Anstieg der Arbeitslosenzahlen, von betriebsbedingten Kündigungen und erfolglosen Maßnahmen zur Bekämpfung der Arbeitslosigkeit. Kommentare zu „Harz IV", „Ein-Euro-Jobs" und zur kollektiven Angst vor dem sozialen Abstieg finden sich in allen Feuilletons der Tageszeitungen. Darin dokumentiert sich nicht nur das Bedauern um den Verlust des einmal erreichten Wohlstandsniveaus, sondern die tiefe Sorge um den gesellschaftlichen Konsens der bundesrepublikanischen Nachkriegsgesellschaft. Eine Gesellschaft, die Sinnstiftung, soziale Wertschätzung und die Teilhabe am gesellschaftlichen Reichtum so eng an die Voraussetzung der lebenslangen Erwerbsarbeit koppelt und denen, die daran nicht teilnehmen können oder wollen, elementare Sicherungen und Integrationschancen verwehrt, verliert in dem Augenblick, wo ein Beschäftigungsverhältnis nicht mehr jedem offensteht, sondern zum jederzeit aufkündbaren Privileg wird, eine zentrale Rechtfertigungsgrundlage ihrer eigenen Ordnungsprinzipien. Es wird dann immer schwerer, die auf diese Weise von den Teilnahmechancen Ausgeschlossenen zur Zustimmung und Unterstützung einer Ordnung zu bewegen, von der sie nicht mehr profitieren. Die soziale Kohäsion der Gesellschaft ist dann gefährdet.

Das Verunsicherungspotential, das von den aktuellen Veränderungen ausgeht, gilt aber längst nicht mehr nur für die Erwerbslosen. Auch innerhalb des Erwerbssystems tun sich Brüche und Krisen auf, die alte Orientierungsmuster und Institutionen entwertet haben: Die Zunahme „flexibler" Beschäftigungsverhältnisse, der abnehmende Anteil unbefristeter Vollzeitstellen und die Deregulierung betrieblicher Beschäftigungsformen sind längst nicht mehr auf das sekundäre Segment sogenannter marginalisierter Beschäftigungsverhältnisse beschränkt. Während 1970 noch 84 % aller Beschäftigten eine unbefristete Vollzeitstelle innehatten, war dies 1995 nur noch bei 68 % der Beschäftigten der Fall. Der Anteil der Teilzeitbeschäftigten verdoppelte sich von 5 auf etwa 10 %. Mehr als 13 % umfaßt die Gruppe der ausschließlich geringfügig Beschäftigten (vgl. Kommission 1996: 64). Immer größere Teile auch der akademischen Arbeitsmärkte finden sich durch projektförmige Erwerbsverhältnisse aus der Schablone des „Normalarbeitsverhältnisses" herausgelöst. Die Grenzen, die zuvor Freizeit und Arbeitszeit, Berufsrolle und Persönlichkeit voneinander getrennt haben, sind eingerissen, und auch korporatistische Formen der sozialen Schließung durch Verbände, Berufskammern und Bildungszertifikate haben einen Teil ihrer Wirksamkeit eingebüßt und erweisen sich immer häufiger als sinnlose Instrumente im Kampf um soziale Selbstbehauptung.

In den aktuellen Debatten zum Wandel des Sozialcharakters der Arbeit tritt deshalb eine zentrale sozialwissenschaftliche Diagnose hervor: Der moderne Kapitalismus sei vor allem dadurch charakterisiert, daß er sein ökonomisches Prinzip des marktförmigen Tausches von allen sozialen Bezügen und kulturellen Werten entkoppelt hat (Neckel 2001, 2003; Bode/Brose 1999). Er scheint sozialer Rückkopplungen nicht mehr zu bedürfen. Das Charakteristikum des neuen Kapitalismus scheint zu sein, sich gegenüber beruflichen Akteuren und den damit zusammenhängenden Institutionen (Berufsverbänden, Bildungssystem, Wohlfahrtsstaat, Institutionen beruflicher Ausbildung) zu verselbständigen und sich über alle gesellschaftliche Widerstände oder moralische Einwände hinwegzusetzen, die die Marktlogik eindämmen könnten (Touraine 2001). Dem wird hier die These entgegengehalten, daß auch der moderne Kapitalismus der Gegenwart in hohem Maße auf kulturelle und moralische Ressourcen (Freiwilligkeit, hohe intrinsische Arbeitsmoral und berufliches Anspruchsniveau) angewiesen ist, um zu funktionieren. Auch der moderne Kapitalismus – so soll im Anschluß an Max Weber argumentiert werden – setzt ein Ethos voraus, das nicht in kapitalistischen Verwertungsinteressen aufgeht. Anders als in der Phase des industriellen Kapitalismus kann er dazu nicht mehr auf die bürgerliche Berufsidee zurückgreifen, da Qualifikationen immer schneller veralten und Arbeit weniger denn je als ein durch Titel und Stelle markierter Besitzstand des Individuums begriffen werden kann.

Die vorliegende Studie verfolgt zwei Ziele: Erstens geht es darum, mittels der Berufsanalyse eine *theoretische* Reorientierung vorzunehmen, die die Verknüpfung von Arbeit mit beruflichen Handlungsorientierungen, Identitäten und Statusordnungen wieder in Erinnerung ruft. Damit wird zugleich der Versuch unternommen, die Berufssoziologie wieder an die Gesellschaftstheorie anzubinden. Zweitens versucht die Studie, am Beispiel der empirischen Untersuchung des Berufsfeldes Werbung und des Habitus und Aufstieges der *Kreativen* einen für die aktuelle gesellschaftliche Entwicklungsphase besonders typischen beruflichen Akteurstypus zu skizzieren. Dieser stellt sich der Verschmelzung von sinnstiftenden Lebensformen mit marktlichen Prinzipien nicht mehr entgegen, vielmehr erklärt er den Wettbewerb von Ideen und Talenten zum Leitbild seines beruflichen Handelns.

Im ersten Teil werden die Ursachen des Auflösungsprozesses des Paradigmas beruflicher Arbeit nachgezeichnet. Dabei soll zunächst der Versuch unternommen werden, die Marginalisierung der klassischen Berufssoziologie im Kontext des sozialwissenschaftlichen Diskurses nachzuzeichnen, um das dissonante Konzert vielfältiger Stimmen in den gesellschaftlichen und soziologischen Debatten besser verstehen zu können. Drei Ebenen der Diskussion sollen dazu aufeinander bezogen werden: die Debatte zum Strukturwandel des modernen Kapitalismus, die Debatte zum Wandel von Arbeit und Beschäftigung und die Diskussion um die Vermarktlichungstendenzen von Identität und Lebensführung. Aus dieser Diskussion lassen sich die prinzipiellen Optionen zur theoretischen Reorientierung eines berufssoziologischen Zugangs zum Wandel der sozialen Ordnung im neuen Kapitalismus ableiten.

Im zweiten Teil soll deutlich gemacht werden, welchen Beitrag die klassische Berufssoziologie zur Kulturanalyse der durch den Globalisierungs- und Vermarktlichungsprozeß angestoßenen Entwicklung moderner Erwerbs- und Arbeitsformen leisten kann. Dazu werden ausgehend von Durkheim, Weber und Parsons unterschiedliche Perspektiven auf aktuelle Veränderungen kapitalistischer Arbeits- und Erwerbsformen erarbeitet. Abweichend von der aktuellen Diagnose des Strukturverfalls beruflicher Arbeit (Casey 1995; Sennett 2000; Freidson 2001) soll eine positive Bestimmung neuer Arbeitsformen vorgenommen werden. Diesem Vorgehen liegt die Annahme zugrunde, daß die neuen kapitalistischen Arbeitsformen neue Glaubenssysteme, Ideale und neue Wertorientierungen hervorgebracht haben, die nicht einfach der Eigensinnigkeit ökonomischer Verwertungsinteressen untergeordnet werden können: Auch der neue, durch Prozesse der Deinstitutionalisierung aus den industriegesellschaftlichen Verankerungen herausgelöste Kapitalismus bedarf einer Fundierung in Werten und Ordnungssystemen, die dieser nicht aus sich selbst schaffen kann. Nur unter der Voraussetzung, nicht nur materielle, sondern auch ideelle Anreize zu bieten, also in Idealen, Überzeugungen und Gefühlen verankert zu sein, kann die soziale Organisation von Arbeit und Erwerb die Mobilisierung einer Vielzahl von Menschen überhaupt gewährleisten.

Im dritten Teil der Arbeit, dem Hauptteil, geht es um Aufstieg und Ethos des Akteurstypus der *Kreativen*. Dieser Akteurstypus hat sich nicht nur in der hier untersuchten Werbebranche, sondern auch in anderen Berufsfeldern der Kulturindustrien, z. B. in den Film- und Musikproduktionen, Fernseh- und Rundfunkanstalten, Multi-Mediabranchen und Verlagshäusern herausgebildet. Aufgrund der Ausweitung des Dienstleistungs- und Informationssektors und der Herausbildung hochspezialisierter Produktions- und Konsumformen wird Kreativität als berufliche Qualifikation aber auch außerhalb der Kulturindustrien wichtiger. Zentrales Anliegen des dritten Teils ist es, die beruflichen Handlungs- und Identitätskonstruktionen der Kreativen zu untersuchen und auf den Strukturwandel des Kapitalismus zu beziehen. Einen methodischen Zugang bietet dabei die Analyse von Spannungsfeldern und Konflikten. Erstens geht es um den Konflikt zwischen schöpferischem und zweckrationalem Handeln, zwischen außeralltäglichen und alltäglichen Komponenten der Berufsarbeit, wie er bereits von Weber als charakteristisch für professionelles Handeln bezeichnet worden ist (Seyfahrt 1981: 197). Das zweite Spannungsmoment bezieht sich auf die Dialektik von struktureller Freisetzung und institutioneller Einbindung des beruflichen Handelns: Berufliche Identitäten haben sich im neuen Kapitalismus zunehmend aus den allgemeinen, unpersönlichen und abstrakten Normen des Sozialen herausgelöst, weshalb Berufe immer weniger als Organisationsprinzip, denn als Subjektivierungsprinzip von Arbeit verstanden werden. Da sich insgesamt eine Tendenz der Herauslösung beruflicher Handlungsformen aus den fordistischen Strukturen des industriemodernen Produktions- und Berufssystem feststellen läßt, kann die Untersuchung der Kulturberufe am Beispiel des Arbeitsfeldes Werbung für die Entwicklung der modernern Gesellschaft paradigmatische Ergebnisse zutage fördern. Dabei soll auch der Frage nach den neuen institutionellen Strukturen beruflichen Handelns und beruflicher Laufbahnen, durch die die Kultur- und Symbolwelten des neuen Kapitalismus verankert werden, nachgegangen werden.

Der Akteurstypus der *Kreativen* ist dem Widerspruch spätkapitalistischer Arbeitskulturen, dem Konflikt zwischen expressiven und utilitaristischen Wertorientierungen, zwischen der Idee persönlicher Selbstverwirklichung und den marktbezogenen ökonomischen Austauschbeziehungen und Denkweisen in besonderer Weise ausgesetzt. Dieser Widerspruch wird in der Fallstudie auf drei Ebenen untersucht: erstens, auf der Ebene der professionellen Deutungsmuster, zweitens auf der Ebene der Arbeitskulturen und drittens auf der Ebene des beruflichen Habitus. Auf der *Ebene der professionellen Handlungsorientierungen* äußert er sich als Konflikt zwischen einer wissenschaftlich-rationalen und einer stärker expressiv-ästhetischen Herangehensweise an die Werbegestaltung (der sich innerhalb der Branche im Konflikt zwischen Werbegestaltern und Marktforschern niederschlägt), auf der *Ebene der Arbeitskulturen* als Widerspruch zwischen einer rational-bürokratischen Disziplinierung des Angestellten und seiner Freisetzung aus den Restriktionen des normalen betrieblichen Arbeitsalltags und auf der *Ebene des beruflichen Habitus* als

Konflikt zwischen der Arbeitsdisziplin auf der einen Seite und der Entfaltung ästhetischer, kreativ-expressiver Fähigkeiten, deren Prinzipien sich den allgemeinen, unpersönlichen und abstrakten Normen des Berufslebens entgegensetzen, auf der anderen Seite. Die Analyse der zentralen Spannungs- und Konfliktfelder der Werbeexperten steht im Mittelpunkt der Untersuchung des Berufsfeldes Werbung.

Teil I
Wiederkehr des Marktes – Ende der europäischen Nachkriegsprosperität?
Eine Ortsbestimmung des sozialwissenschaftlichen Diskurses

War man bis in die 1970er Jahre der Ansicht, daß die Erwerbsarbeit *der* zentrale gesellschaftliche Tatbestand sei, so beherrschte nach dem Zusammenbruch des „orthodoxen Konsensus" (Müller 1992b: 153 ff.) in den 1980er Jahren „ein neuer soziologischer Subjektivismus" (Offe 1984) das Feld, der die Sphäre von Arbeit und Erwerb weitgehend in den Hintergrund drängte. Dieser verortete die treibenden Kräfte des gesellschaftlichen Wandels stärker an den Rändern oder gänzlich außerhalb der Erwerbssphäre, also in den Bereichen von Bildung, Familie, Geschlechterarrangements, von pluralisierten Milieus und Lebensstilen. Es wurde zunehmend bezweifelt, ob zentrale Charakteristika auch der spätmodernen Gesellschaften überhaupt noch durch die Brille von Arbeit, Beruf und Erwerb erfaßt werden können. Seit etwa Mitte der 1990er Jahre zeichnet sich erneut eine Zäsur im sozialwissenschaftlichen Diskurs ab. Erneut richtet sich die Aufmerksamkeit auf die Analyse von ungleichen Ressourcenverteilungen. In der aktuell angebrochenen Phase hat der Bereich von Ökonomie, Arbeit und Erwerb seine Zentralstellung im soziologischen Diskurs zurückerobert, während interpretative Paradigmen und kultursoziologische Theorieansätze, die das Feld der Sozialwissenschaften bis in die 1980er Jahre hinein beherrschten, tendenziell in den Hintergrund gedrängt werden. Es kann kein Zufall sein, daß dieser Wandel innerhalb des sozialwissenschaftlichen Diskurses mit dem Ende der europäischen Nachkriegsprosperität zusammenfällt. Darin spiegelt sich ein Wandel der dominanten gesellschaftlichen Konfliktstoffe wider: Der Rückbau des Wohlfahrtsstaates und die Bedrohung breiterer Mittelschichten durch die spürbare Absenkung des Lebensstandards haben das Bewußtein für die Rolle ökonomischer Verteilungsprinzipien geschärft. Vor dem Hintergrund eines erstarkenden globalen Kapitalismus und des Abbaus der Systeme kollektiver Sicherungen ist die Ökonomie erneut zu einem dominanten Faktor gesellschaftlicher Entwicklung und sozialer Ungleichheit geworden. Darin entspricht die gegenwärtige Lage durchaus der Diagnose von Max Weber (1980: 539): Solange der Wohlstand gesichert ist, dreht sich das gesellschaftliche Spiel um die ständischen Differenzierungslinien, d.h. die „feinen Unterschiede" von Bildung und Lebensstil, kultureller Distinktion und Identität. Geht aber in Zeiten des sozialen Wandels „der Fahrstuhl" für alle nach unten, schiebt sich die nackte Klassenlage wieder in den Vordergrund, und auch die ökonomischen Verteilungskämpfe gewinnen gegenüber den ständischen Differenzierungslinien und kulturellen Distinktionen wieder an Bedeutung.

Charakteristisch für die aktuelle Phase des sozialwissenschaftlichen Diskurses ist das Zurückdrängen interpretativ-hermeneutischer Perspektiven, die soziale Ordnung auf der Ebene von Lebensformen, Lebensstilen, kulturellen Klassen und kollektiven Identitäten, kurz: auf der Ebene sinnhafter Strukturen festmachen. Während der makrostrukturelle Wandel des globalen Kapitalismus gut dokumentiert ist, fehlen bislang weitgehend Analysen, die sich auf mikrosoziale Veränderungen von Identität, Sozialcharakter und Lebensführung beziehen. Im nun folgenden Teil dieser Arbeit wird der Versuch unternommen, beide Ebenen zu verknüpfen und so zur Wiederbelebung des interpretativen Paradigmas beizutragen. Dazu wird an klassische Konzepte der Berufssoziologie von Durkheim, Weber und Parsons angeknüpft.

1. Das Paradigma beruflicher Arbeit und der Wandel des sozialwissenschaftlichen Diskurses

Unbestritten galt lange Zeit der Beruf als Schlüsselkonzept zur Erforschung von Identität, sozialer Ungleichheit und sozialer Differenzierung. Mit seiner Hilfe, so schien es, ließ sich ein detailliertes Gesellschaftsbild entwerfen und an eine kritische Zeitdiagnose anschließen. Die Beschäftigung mit den Phänomenen Arbeit und Beruf steht gewissermaßen an der Wiege der Soziologie: Marx, Weber und Durkheim entwarfen bei aller Divergenz ihrer theoretischen und methodischen Zugänge das Modell einer mit Arbeit befaßten, von ihrer Rationalität vorangetriebenen und von Arbeitskonflikten erschütterten Erwerbsgesellschaft (Offe 1984). Die Zentralstellung von Arbeit und Beruf bei den soziologischen Klassikern erwächst aus der Primärerfahrung der Industrialisierung im auslaufenden 19. und beginnenden 20. Jahrhundert und des rapiden Anwachsens der marktvermittelten Erwerbsarbeit. Dabei lassen sich, ausgehend von den Klassikern, drei bis heute gesellschaftstheoretisch relevante Perspektiven der Berufssoziologie ausmachen:

Eine erste Perspektive, die bei Durkheim (1992a) angelegt und später im Strukturfunktionalismus von Parsons ausgearbeitet wurde, befaßt sich mit den Funktionen von Berufen bei der Gewährleistung gesellschaftlicher Aufgaben und Strukturen. Berufe sind (historisch tradierte) Formen der Erfüllung gesellschaftlicher Aufgaben und Funktionen, die sich im Prozeß der Modernisierung immer weiter spezialisiert haben. Je höher der Grad an Spezialisierung von Wissen und Fähigkeiten, desto größer auch der Grad beruflicher Arbeitsteilung.[1] Die Einsicht in den

---

[1] Der Zusammenhang zwischen beruflicher Arbeitsteilung und sozialer Differenzierung wurde erstmals in der Tradition der Politischen Ökonomie von Adam Smith und Herbert Spencer als zentrales Struktur- und Entwicklungsmoment moderner Gesellschaften identi-

Zusammenhang zwischen beruflicher Arbeitsteilung, Sozialstruktur und sozialer Differenzierung (Kühl 2003) liegt auch den gesellschaftstheoretischen Entwürfen von Daniel Bell (*Die postindustrielle Gesellschaft*, 1975) oder von Manuel Castells (*Die Netzwerkgesellschaft*, 1996) zugrunde.

Ein zweiter Fragenkomplex ist dort auszumachen, wo es um den Zusammenhang zwischen dem System der beruflichen Arbeitsteilung und dem System sozialer Ungleichheit geht. Ihm hat sich schwerpunktmäßig die Sozialstrukturanalyse gewidmet.[2] Nach wie vor wird die Verteilungsstruktur von Geld, Titeln, Rängen und Macht sowie die Ausformung konkreter Ungleichheitsrelationen durch das Berufssystem gefiltert (Luckmann/Sprondel 1972; Beck/Brater/Daheim 1980). Der Beruf ist soziale Gerinnungsform der Arbeit und zugleich Leitmedium der gesellschaftlichen Anerkennung. Die Berufsrolle markiert den Schnittpunkt, an dem soziale Prozesse in individuelle Merkmale übersetzt werden, den Schnittpunkt zwischen Gesellschaft und Individuum. Sie entscheidet über Statusattribute wie Einkommen, Prestige, Privilegien und Macht. Sie ist das Endresultat eines Vergesellschaftungsprozesses. In sie gehen die Ungleichheiten, die durch soziale Herkunft, Geschlecht und durch soziale Laufbahnen (die Bildungs-, Ausbildungs-, Berufslaufbahnen) erzeugt werden, konstitutiv mit ein. Wer eine Berufsrolle hat, hat soziale Ungleichheit bereits mitübernommen (Eder 1989). Aber die beruflichen Positionen sind nicht ein für alle Male fixiert, vielmehr ist die Abgrenzung von Berufen und ihr hierarchisches Gefüge umstritten und Gegenstand sozialer Auseinandersetzungen um gesellschaftliches Ansehen und soziale Herrschaft (Beck/Brater/Daheim 1980)[3], weshalb berufliche Klassifikationen nach Status und Prestige immer auch Gegenstände gesellschaftlicher Auseinandersetzungen um die Außenabgrenzung von Berufen darstellen (Wegener 1985).

Ein dritter Fragenkomplex befaßt sich mit der Bedeutung von Berufen bei der Stabilisierung der Persönlichkeit. Der Beruf ist eine sozial-

---

fiziert, dem die moderne Zivilisation ihren kollektiven Wohlstand verdankt. Durkheim, der an diese Diskussion anknüpft, betont jedoch nicht die Produktivitäts- und Effizienzvorteile sozialer Differenzierung, sondern ihre potentiell destruktive Wirkung auf die moralische Verfaßtheit der Gesellschaft (Durkheim 1992a).

2 Normativer Bezugspunkt der klassischen Sozialstrukturanalyse stellt die „meritokratische Triade" (Berger/Konietzka 2001) dar. Idealerweise sind Bildung, Beruf und Einkommen so miteinander verknüpft, daß die erreichten beruflichen Positionen auf individuelle Bildungs- oder Leistungsunterschiede zurückgeführt werden können.

3 Besonders hervorgehoben wird die Bedeutung von Aushandlung und Abgrenzung von Berufsrollen in der konflikttheoretischen Professionssoziologie (Abbott 1988; Freidson 1986; Collins 1990): Professionelle Leistungsanforderungen und Zertifikate werden in dieser Tradition als kollektivistische – und meist auch gegen die Prinzipien marktförmiger Konkurrenz gerichtete – Strategien der sozialen Schließung betrachtet.

moralische Integrationsinstanz. Auch hier haben „die Gründerväter" Durkheim, Weber und Parsons die entscheidenden Fundamente gelegt. Trotz der Unterschiedlichkeit ihrer Ansätze (Müller 1992a: 51) identifizieren sie den Beruf als Medium moralisch inspirierter Sinnstiftung in einer funktional differenzierten Gesellschaft, die als ein Gegengewicht zur technisch-ökonomischen Rationalität moderner Gesellschaften kulturelle Integrationsaufgaben übernimmt. Für Weber (1971, 1988a, 1988b) stellt der Beruf eine Lösung des Problems des zunehmenden Sinnverlusts in einer rationalisierten und säkularisierten Welt dar. Der Beruf ist Träger einer besonderen, nämlich religiösen Ethik, die in den professionellen Habitus eingegangen ist und sich hier als Verpflichtung gegenüber der Sache und als Antrieb zur Bewährung gegenüber dieser Verpflichtung auswirkt. Durkheim (1984b, 1992b, 1999) sieht in Berufsgruppen zentrale Träger des gesellschaftlichen Zusammenhalts. Berufe, insbesondere berufliche Milieus, sind für die gesellschaftliche Integration und für die moralisch inspirierte individuelle Lebensführung von kardinaler Wichtigkeit, weil sie Inseln sozialer Integration (mechanische Solidarität) in einer durch wirtschaftliche Beziehungen geprägten Gesellschaft bilden und somit dazu beitragen, die „Anomie", also den Zustand der Normlosigkeit, in der Ökonomie durch institutionelle Regelungen zu beseitigen.

Die großen Themen der klassischen Berufssoziologie sind also: Sozialmoralische Einbindung und normative Integration, soziale Differenzierung, soziale Ungleichheit und Identität und Lebensführung. Diese Themen wurden in der Mobilitäts- und Schichtungsforschung, in der Zeitdiagnose, in der Familien- und Sozialisationsforschung, in der Organisations- und Industriesoziologie immer wieder aufgegriffen und empirisch untersucht. Ungeachtet der großen Variationsbreite der unterschiedlichen Ansätze, so mein Argument, umreißt der geschilderte Katalog von historisch-empirischen, theoretischen und moralisch-praktischen Aufgaben daher das *klassische Paradigma berufsförmig strukturierter und sozial integrierter Arbeit*. Die soziale Einheit von Arbeit und Erwerb von den soziologischen Klassikern bis in die siebziger Jahre hinein war der Beruf: Der Beruf ist der Transmissionsriemen, durch den Prinzipien sozialer Ungleichheit und der Verteilung von Macht und Partizipationschancen (Beck/Brater 1978) zu Strukturen verfestigt wurden, der Schnittpunkt, an dem soziale Lagen und klassenspezifische Habitus- und Lebensformen in individuelle Merkmale übersetzt werden. Der Beruf kann als die Schlüsselinstitution der Arbeit betrachtet werden, durch die die Struktur gesellschaftlicher Arbeitsteilung, das System sozialer Ungleichheit und die Bedingungen wirtschaftlichen Wandels mit den

Prinzipien der individuellen Lebensführung und der gesellschaftlichen Moral vermittelt werden und in Wechselwirkung zueinander treten. Schließlich ist der Beruf, folgen wir den Klassikern Durkheim (1984b, 1992a, 1999) und Parsons (1964a), eine *Brückeninstitution* zwischen Ökonomie und sozialer Ordnung, weil die von den Berufsgruppen entwikkelten Regeln die Funktion haben, die durch den Markt belohnten egoistischen Kalküle einzudämmen und moralisch zu regulieren (Durkheim 1992b: 66 f.). Auf dieser Basis erfüllt der Beruf auch limitierende Funktionen gegenüber der Vergesellschaftung durch Märkte und ökonomische Interessen. Die Wertmuster von Berufen lassen sich nämlich den Effizienzanforderungen von Unternehmen nicht völlig unterordnen. Nach Parsons (1964a) weicht insbesondere die Gruppe der Professionen aufgrund ihrer institutionellen Regulationen, ihrer wissenschaftlichen Verankerung und ihrer Orientierungen an zentralen sozialen Werten (Gesundheit, Gerechtigkeit, Sinnstiftung etc.) von dem Idealtypus des Marktes noch weiter ab. Das bedeutet, daß dem Beruf die Aufgabe zukommt, Erwerbsstreben an moralische Grundsätze des Allgemeininteresses rückzubinden.[4]

Dies zeigt sich auch hinsichtlich der Bedeutung der Berufsmoral bei der *Herausbildung und Stabilisierung des modernen kapitalistischen Wirtschaftssystems*. Weber (1988b) sah in der Ethik der „Berufspflicht und der Berufsehre" und nicht etwa im Gewinnstreben, in der Gier nach Geld und Reichtum die wesentliche Entstehungsvoraussetzung des modernen Kapitalismus. Durkheim wiederum schrieb der Berufsmoral kompensatorische Funktionen zu. Er sah durch den entfesselten Kapitalismus einen drohenden Verfall der öffentlichen Moral voraus und wies den Berufsgruppen die Aufgabe zu, „viele neue Zentren des Gemeinschaftslebens" zu schaffen (Durkheim 1983: 465), um den gesellschaftlichen Anomietendenzen entgegenzuwirken. Und Parsons (1964a), der sich Durkheims Kritik (1992a) an einer rein utilitaristischen Gesellschaftskonzeption anschloß und der Soziologie ein eigenständiges, normatives Profil gegenüber der Ökonomie zu verleihen suchte (Beckert 1997), sah in Berufen, vor allem in den akademischen Berufsgruppen, den Professionen, institutionelle Träger gesellschaftlicher Zentralwerte, die den Bestand moderner Gesellschaften gewährleisten sollten.

Seit Ende der 1970er Jahre ist dieser Minimalkonsens, wie ihn das Paradigma berufsförmiger Arbeit sowohl für die Ungleichheitsanalyse, die Sozialisationsforschung, die allgemeine Gesellschaftstheorie und die Arbeits-, Erwerbs- und Industriesoziologie bereitgestellt hat, zunehmend

---

4 Eine ausführliche Auseinandersetzung mit den wirtschaftssoziologischen Implikationen der klassischen Berufssoziologie von Durkheim und Parsons findet sich bei Beckert (1997).

in den Hintergrund gedrängt worden. Die Gründe dafür sind komplex und greifen über den engeren wissenschaftlichen Zusammenhang von Klassenstruktur, Arbeit und Identität hinaus. Sie betreffen zum einen innertheoretische Wandlungen des sozialwissenschaftlichen Diskurses, zum anderen reale Veränderungen sozialer Lebenszusammenhänge. Versucht man die Sollbruchstellen des Paradigmas beruflich strukturierter Arbeit zu identifizieren, so sind in erster Linie folgende Punkte zu betrachten: Die Verdrängung der Berufssoziologie aus dem Zentrum von Sozialforschung und Gesellschaftsanalyse erfolgte in zwei historischen Etappen. Die erste Phase, die Phase der Individualisierung und Pluralisierung von Lebensformen, wurde durch den Aufstieg kultursoziologischer Perspektiven und der Abkehr vom normativistischen Paradigma sozialer Strukturen begleitet und führte zu einem abnehmenden Interesse am Themenbereich Arbeit, Beruf und Erwerb (1.1). In der zweiten, seit den 1990er Jahren angebrochenen Phase, die durch die Entwicklungen eines globalisierten Kapitalismus angestoßen wurde (1.2), wurde Arbeit und Erwerb als Forschungsgegenstand zwar wieder rehabilitiert, doch jüngste Erfahrungen eines „desorganisierten Kapitalismus" (Lash/Urry 1996) führten zu der Annahme, daß Arbeit sich aus dem System beruflicher Strukturen herausgelöst habe (Voß 2001: 292; Voß/Pongratz 1998).

1.1 Die interpretative Wende und der „Subjektivismus" in den Sozialwissenschaften.
Zur Marginalisierung von Arbeit und Erwerb

Eine wieder an die klassische Berufssoziologie anknüpfende Analyse beruflicher Arbeit hat sich zunächst die Gründe zu vergegenwärtigen, vor denen der umschriebene Minimalkonsens aufgekündigt und die Berufssoziologie ihre prominente Stellung im Kontext der Gesellschaftsanalyse verloren hat. Betrachten wir zunächst den ersten Einschnitt: Sozialstrukturelle Wandlungen – wie der Ausbau des Wohlfahrtstaates und die Bildungsexpansion – führten nicht nur zu einer Steigerung des materiellen Lebensstandards und der sozialen Absicherung, sondern auch zu einer Freisetzung des Einzelnen aus den traditionellen Bindungen von Klassenlage, Beruf und Familienformen. Dieser Wandel wurde unter den Stichworten „Individualisierung und Pluralisierung der Lebensstile" diskutiert. Darunter wurden eine Reihe von Veränderungen gefaßt, die die Sozialstruktur, die Lebensverläufe und die Reproduktionsmechanismen sozialer Klassenlagen und Berufspositionen betrafen. Die Diskussion führte zur Abspaltung der Arbeits- und Berufssoziologie aus den Kernbereichen von Gesellschaftsanalyse und kritischer Zeitdiagnose. Diese Entwicklung kann als Querschnittsphänomen betrachtet werden, das unterschiedliche Forschungsbereiche umfaßt:

Innerhalb von Ungleichheitsforschung und *Sozialstrukturanalyse* wurden „weiche Indikatoren", „horizontale Disparitäten" und kulturelle Unterschiede entdeckt. War die Ungleichheitsforschung im Rahmen von Klassen- und Schichtenkonzepten (Geiger 1949; Schelsky 1965) bis in die 1970er Jahre hinein strukturzentriert (Berger/Hradil 1990), weil die Verteilungsstruktur aller ungleichheitsrelevanter Merkmale an Beruf und Herkunft festgemacht wurde (Blau/Duncan 1967), so kann man seit den 1980er Jahren eine Erweiterung der Indikatoren feststellen (Eder 1989)[5]. Kulturelle Variablen wie Geschlechts- und Kohortenzugehörigkeit, regionale Unterschiede, Alter, ethnische Identitäten und nationale Zugehörigkeiten (Hradil 1987) fanden Eingang in den Indikatorenkatalog.[6] Die neuen Ungleichheiten lassen sich immer weniger nach dem Modell der konventionellen Klassen-, Schichtungs- und Mobilitätsvorstellungen interpretieren, weshalb der Beruf, einst *der* zentrale Bestimmungsfaktor und Indikator sozialer Ungleichheit, nur mehr als ein Merkmal unter vielen betrachtet werden kann. Auch im Kontext der Klassentheorie fanden konzeptionelle Verschiebungen statt, durch die die Kultursoziologie in das Zentrum der Ungleichheitsforschung hineingeholt wurde. Am prominentesten findet sich eine soziokulturelle Klassentheorie, die auf die Beziehung von Lebenschancen und Lebensstilen gerichtet ist, im Werk von Pierre Bourdieu (1982) wieder. Wer in den Auseinandersetzungen um die „legitime" Kultur die besseren Ressourcen mobilisieren kann, so die Quintessenz dieser Klassentheorie, der hat die besseren Konkurrenzbedingungen im Kampf auch um bessere Klassenpositionen. Im Unterschied zu vorangehenden Konzepten der Sozialstrukturanalyse, die sich für kulturelle Merkmale lediglich als abhängige Variablen „objektiver Klassenlagen" interessierten, wird der Lebensstil[7], d. h. Fragen des Geschmacks, der Einstellung und des Habi-

---

5 Die Geschichte der Sozialstrukturanalyse läßt sich als eine kumulative Erweiterung der Indikatoren lesen. Diese Entwicklung reicht von der Skalendiskussion der 1950er Jahre über die Mobilitätsstudien der 1960er Jahre und die Klassenanalyse der 1970er Jahre bis hin zur kultursoziologischen Bestimmung von Klassenlagen und klassenspezifischen Lebensformen durch Lebensstile, sozialen Praxen und Milieus in den 1980er Jahren (Eder 1989; Müller 1992b).

6 Ausführlicher zur Diskussion neuer sozialer Ungleichheiten und horizontaler Disparitäten vgl. Weiß et al. (2001).

7 Unter „Lebensstilen" versteht Bourdieu sozial distinktive Varianten kultureller Praktiken, denen soziale Lagen entsprechen, die willkürlich nicht zu wechseln sind (Bourdieu 1982: 278 ff.).

tus, nun zum kulturellen Einsatz im Kampf um soziale Vorteile und Positionen.

Innerhalb der *Biographie- und Lebenslaufforschung* (Kohli 1985, 1986, 1994) konstatierte man, daß die Prozesse der Pluralisierung und Individualisierung von Lebensstilen zur institutionellen Freisetzung des Einzelnen aus standardisierten Lebensformen, wie sie einst durch traditionelle Familienformen und klassische Berufsverläufe bereitgestellt wurden, geführt haben (Brose/Hildenbrand 1989). Dies gelte vor allem für die Familie und die dort beobachtbare Pluralisierung von Lebensformen (Burkart 1994, 1995b, 1997). Seit den 1980er Jahren sind aber auch Erwerbsverläufe von der „biographischen Unsicherheit" (Wohlrab-Sahr 1992) betroffen. Insbesondere für Frauen gilt seitdem, daß Inkonsistenzen zwischen Bildungsinvestitionen und Arbeitsmarktchancen zu biographischen Entkopplungen, zu Lücken zwischen zuvor eng gekoppelten Lebensphasen führen. Aufgrund der gewachsenen Ansprüche an die individuelle „Selbst-Steuerung der Biographie" (Wohlrab-Sahr 1992) lassen sich berufliche Karrieren zudem nicht mehr ohne weiteres einer standardisierten beruflichen Laufbahn zuordnen, an die sich die übrigen sozialen Systeme anlagern und auf die sie zugeschnitten sind (Kohli 1994: 222), sondern werden in ihrer Ereignisfolge von dem Einzelnen als Zusammenhang individueller Entscheidungen wahrgenommen.[8] Trotz dieser Freisetzungsprozesse wiesen Lebensverläufe bis Mitte der 1990er Jahre dank wohlfahrtsstaatlicher Einbindung eine beträchtliche Normalisierung und Standardisierung auf. Staatlich subventionierte Bildungsangebote, Arbeitsschutzregelungen und soziale Einkommenssicherung, Rentenversicherung und öffentliche Altenpflege hatten zu einer beispiellosen Standardisierung von Lebensverläufen (Zapf 1983: 72) beigetragen und individuelle Lebensläufe in politisch normalisierte und erwartbare Kollektivschicksale transformiert.

Auch die Professions- und Berufsforschung wurde von der kulturalistischen Reformulierung der Sozialforschung erfaßt. Exemplarisch hat die konflikttheoretische *Professionsforschung* die Rolle einer aktiven Interessen- und Berufspolitik bei der Akkumulation sozialer Privilegien und der Monopolisierung beruflicher Chancen hervorgehoben (Larson 1977,

---

8 Damit seien neue Anforderungen an das Individuum verbunden, wie sie in der Individualisierungstheorie von Ulrich Beck bereits in den 1980er Jahren formuliert wurden: Es komme zu einer neuen „Unmittelbarkeit von Individuum und Gesellschaft" (Beck 1986: 117 f.), die zwar nicht zur Aufhebung gesellschaftlicher Determinationen führe, gesellschaftliche Krisen jedoch dem individuellen Versagen anlaste. Individualisierung kann mit einer Formulierung von Neckel charakterisiert werden „als ein äußerst prekäres Verhältnis, das man zu sich und den gesellschaftlichen Bedingungen haben kann, denen man seine soziale Existenz verdankt" (Neckel 1991: 171).

1993; Freidson 1986, 1994, 2001; Collins 1990; Gouldner 1980). Statt Berufsrollen als „objektive", d. h. durch instrumentelle Fähigkeiten begründete Positionszuweisungen zu begreifen, wurde zunehmend die Auffassung der sozialen Konstruiertheit beruflicher Arbeitsteilung profiliert (Eder 1989: 22). Die Einsicht in die sozialhistorische Kontingenz von Berufsschneidungen kann als die Grundüberzeugung auch des *industriesoziologischen Ansatzes* der deutschen Berufssoziologie gelten (Beck/ Brater 1978; Bolte 1983): Die Vertreter dieses Ansatzes wenden sich dezidiert gegen eine strukturfunktionalistische Auffassung von Berufen als „soziale Positionen", die sich gleichsam sachgesetzlich aus dem technischen Fortschritt ergeben (Bolte 1983: 22). Die „Schneidung" von Berufsrollen wird demgegenüber als Gegenstand gesellschaftlicher Auseinandersetzungen um Ansehen, Einfluß und Sozialstatus dechiffriert: Berufsrollen haben eine gesellschaftliche Geschichte, in deren Beziehungs- und Kooperationsstrukturen soziale Laufbahnmuster und Positionierungen, also gesellschaftliche Ungleichheitsverhältnisse konstitutiv mit eingegangen sind. Im Berufsstatus ist das Resultat von Klassenkämpfen um die soziale Geltung von Berufen und damit um soziale Macht verkörpert.

Die hier skizzierten Verschiebungen der sozialwissenschaftlichen Forschungsinteressen in Richtung auf kulturwissenschaftliche Themen und Fragestellungen, die mit der Marginalisierung der Arbeits- und Berufssoziologie einhergingen, müssen im Kontext umfassender kulturtheoretischer Strömungen innerhalb der Sozialwissenschaften seit Ende der 1970er Jahre verstanden werden. Mit dem Erfolg der interpretativen Schulen und der Zurückweisung eines an Durkheim und Parsons angelehnten strukturfunktionalistischen Gesellschaftsmodells (MacDonald 1995) wendete man sich zunehmend gegen die Annahme, moderne Gesellschaften seien auf die Reproduktion einer vorabdefinierten Sozialstruktur festgelegt und Berufe würden als Kernelement dieser normativ geregelten und institutionalisierten Struktur zur Stabilität dieser Ordnung beitragen. Symbolischer Interaktionismus, Phänomenologie, Ethnomethodologie und die Entstehung einer post-empirischen Wissenschaftsphilosophie hatten die funktionalistische Gesellschaftstheorie durch eine interpretative Perspektive herausgefordert. Dem Systemdenken einer auf gesellschaftliche Bestandserhaltung ausgerichteten Denkweise wurde die Handlungs- und Vorstellungsabhängigkeit sozialer Strukturen entgegengesetzt, die es mit sich bringt, daß man Gesellschaften schlechterdings nicht als geschlossene, sondern als offene Systeme behandeln muß. In den Arbeiten von Berger/Luckmann (1970) bis Giddens (1988) gewann eine dialektische Konzeption von Gesellschaft an Konturen, die einen wechselseitig konstitutiven Einfluß von Individuum und Gesellschaft, Handlung und Struktur behauptet (Müller 1992b: 158 ff.). Damit war eine Konzeption des Sozialen verbunden, die auf Distanz geht zu einem Leitbild gesellschaftlicher Ordnung im Sinne von normativ geregelten Verhaltenserwartungen (soziale Rollen) und institutionalisierten Strukturen (Reckwitz 2004a). Die Autoren des „cultural turn" – seien es Bourdieu oder Foucault, Giddens oder Goffman – rekonstruieren die Strukturiertheit der Handlungswelt nicht als Resultat eines normativen Konsenses, sondern als Produkt der konflikthaften Aushandlung von Sinnzuschreibungen: Diskurse, Praktiken, Wissensordnungen, Typisierungen sind die Medien, durch die unterschiedliche soziale Gruppen eine für ihre soziale Positionierung günstige Wirklichkeitssicht konstruieren.

Mitverantwortlich für den „cultural turn" in Sozialtheorie und soziologischer Zeitdiagnose innerhalb der deutschen Sozialwissenschaften war die Tatsache, daß die Grundzüge der bundesrepublikanischen Erwerbsgesellschaft nach dem Zweiten Weltkrieg bis in die 1980er Jahre hinein durch die stabilen Koordinaten von prosperierender Industrie, Arbeitsgesellschaft und Sozialstaat geprägt waren. Die beispiellose Erhöhung des Lebensstandards, die massive Bildungsexpansion und der Ausbau des Wohlfahrtsstaates haben die Rolle von Bildung, Lebensstilen und – ganz allgemein – postmateriellen Werten ins soziologische Bewußtsein gehoben und demgegenüber die Bedeutung von Arbeit und Erwerb als die „harten" Determinanten von Klassenlagen, Sozialstruktur und Ungleichheit in den Hintergrund gedrängt (Müller 1992b: 29 ff.). Diese thematische Zuspitzung war Teil einer umfassenden konzeptionellen Verschiebung der sozialwissenschaftlichen Forschungsinteressen in Richtung kulturtheoretischer und kulturwissenschaftlicher Perspektiven. Das Offenlegen der *kulturellen* Reproduktionsmechanismen von Ungleichheiten, im wesentlichen im Bereich des Bildungswesens, der Lebensstile und der Geschlechterverhältnisse, die historische und theoretische Rekonstruktion der Genese moderner Herrschafts- und Disziplinartechniken im Anschluß an Elias und Foucault und die Analyse mikrosozialer Machtprozesse und alltäglicher Formen der Repression in der „Lebenswelt" standen im Zentrum des sozialtheoretischen und sozialwissenschaftlichen Diskurses des letzten Drittels des 20. Jahrhunderts.

1.2 Die Wiederkehr des Marktes. Deregulierung der Arbeit – Integrationsdefizit moderner Erwerbsgesellschaften?

Seit etwa Mitte der neunziger Jahre zeichnet sich erneut eine Zäsur im sozialwissenschaftlichen Diskurs ab. In der nun angebrochenen Phase hat der Bereich Ökonomie, Arbeit und Erwerb seine Zentralstellung im sozialwissenschaftlichen Diskurs zurückerobert. Diese Verschiebung innerhalb des sozialwissenschaftlichen Diskurses zeigt sich in der Fülle der im letzten Jahrzehnt entstandenen soziologischen Deutungsansätze, die sich mit Gegenstandsfeldern wie „Geld" (Deutschmann 1999; Ganßmann 1996), „Wettbewerb" (Nullmeier 2001; Bröckling et al. 2000), „Marktvergesellschaftung" (Neckel 2001; Beckert 1997; Nullmeier 2001), „Produktion" (Piore/Sabel 1989; Lash/Urry 1996) sowie „Ökonomie und Subjektivität" (Bode/Brose 1999; Holtgrewe/Voswinkel/ Wagner 2000; Voß/Pongratz 1998; Moldaschl/Voß 2003) auseinandersetzen.

Als Auslöser für die „Wiederkehr der Marktgesellschaft" (Neckel 2003) wird ein allgemeiner Strukturwandel betrachtet, in dessen Folge sich die Machtchancen ökonomischer Akteure maßgeblich erweitert haben. Nicht nur wurde durch die globale Ausdehnung der Konkurrenzbedingungen kapitalistischer Ökonomie die Deregulierung von Arbeitsmärkten vorangetrieben, auch innerhalb der Unternehmen kam es zur engeren Kopplung von Produktion und Markt (Baethge 2001). Das „eherne Gehäuse" versachlicht-bürokratischer Herrschaft und funktional-beruflicher Arbeitsteilung (Voß 2001: 293), wie es im alten System fordistischer Massenproduktion ausgebildet worden ist, mußte vielerorts einer prozeßorientierten Arbeitsweise weichen. Die Ausdehnung kapitalistischer Konkurrenzbedingungen in allen Lebensbereichen wurde von einer Wiederbelebung neoliberaler Ideologien und einem nachdrücklichen Angriff auf die Sicherungen des Wohlfahrtsstaates begleitet und führte zu einer grundlegenden Umstrukturierung zentraler Institutionen auch im Bildungsbereich. Es werden marktförmige Prinzipien in Bereichen implementiert – z.B. in der öffentlichen Verwaltung, in Krankenhäusern und Universitäten –, die zuvor als Enklaven außerhalb des Ökonomischen unter staatlicher Aufsicht standen. Institutionen wie Arbeitsämter, Kirchen und Museen sollen nun „wettbewerbsfähig" und „kostengünstig" arbeiten. Sie unterliegen einem betriebswirtschaftlichen Kalkül und werden nach den Vorstellungen von Unternehmensberatungsfirmen umgestaltet (Bröckling 2000: 134). Nicht Wissenschaft und Bildung, sondern Wettbewerb und Markt dominieren demnach das ideologische Feld der „Marktgesellschaft" (Neckel 2001).

Auch die Sphäre von Arbeit und Erwerb wurde von den Tendenzen der Vermarktlichung erfaßt. Die Freisetzung von Arbeitsverhältnissen aus sozialintegrativen Einbindungen zeigt sich sowohl im Versuch der Arbeitgeber, an klassischen Bestandteilen der Kollektivverträge zu rütteln und eine stärkere Lohnspreizung zu fordern, als auch in der Tendenz, bei der Lohn- und Gehaltsfindung nicht nur leistungsbezogene Maßstäbe anzulegen, sondern auch den Beitrag zum Unternehmenserfolg zu berücksichtigen. Damit schlagen sich nach Bode/Brose (1999) marktförmige Unsicherheiten aber in direkter Weise – und nicht nur über eine potentielle Entlassung – auf die Beschäftigten nieder. Die „Internalisierung des Marktes" kommt auch in Strategien der organisatorischen Dezentralisierung und der Veränderung der Produktionsabläufe (just in time; lean production; profit center) zum Ausdruck, die das Beschäftigungsrisiko neu verteilen, wodurch die Austausch- und Leistungsbeziehungen tendenziell den Charakter von Werkverträgen bekommen, die langfristige Vertrauensbeziehungen erschweren. Damit differenziert sich nach Bode/Brose (1999) auch die Palette der ungesicherten Beschäftigungsverhältnisse: Befristungen, Schein-Selbständigkeit, freie Mitarbeit, Telearbeit unterlaufen das Normalarbeitsverhältnis und seine betrieblich abgesicherten Privilegien und Sicherheiten.

Was sind die Ursachen für diese Entwicklung? Von industriesoziologischer Seite wird der Wandel von Unternehmensstrukturen als Ursache angeführt. Auch innerhalb der Unternehmen kam es zur Vermarktlichung (Baethge 2001). Die treibenden Kräfte dieses Prozesses können auf zwei Begriffe gebracht werden: vertikale Desintegration und flexible Spezialisierung. *Vertikale Desintegration* bezieht sich darauf, daß die Produktion nicht an einem einzigen Ort in großem Umfang betrieben wird; vielmehr werden andere Betriebe dazu verpflichtet, so viel Vorarbeiten für die Produktion zu erledigen, wie nur möglich. Es kommt also zur Verringerung der Leistungstiefe des Unternehmens und zur Auslagerung von Produktions-, Vertriebs- oder Verkaufsaufgaben. Unter *flexibler Spezialisierung* (Piore/Sabel 1984) wird der Einsatz flexibler, meist computergestützter Produktionstechniken und Arbeitsprozesse verstanden, die Unternehmen in die Lage versetzen sollen, schneller und flexibler auf spezifische Marktnischen und den Wandel der Konsumentennachfrage zu reagieren. Dies hat die Zunahme von kleinen, technologisch hochkompetenten Firmen zur Folge, die mit niedrigen Produktionszahlen für hochqualitative Marktnischen produzieren[9] und in denen

---

9 Dem Paradigma flexibler Spezialisierung (Piore/Sabel 1984) liegt die These zugrunde, daß die soziale Gestaltung von Betriebs- und Arbeitsstrukturen von den zentralen Merkmalen des Produktionsregimes (fordistisch, postfordistisch) abhängig ist. Als fordistisch wird das industrielle Regime der ersten beiden Drittel des 20. Jahrhunderts bezeichnet, das durch

die fordistischen Prinzipien taylorisierter Arbeitsteilung zunehmend durch projektförmige Arbeits- und Kooperationsmuster abgelöst worden sind (Kern/Schumann 1985; Baethge/Baethge-Kinsky 1998). Maßgeblich für den Strukturwandel der Arbeitswelt sind demnach zum einen die Tendenzen organisatorischer Dezentralisierung, also der Abbau von Hierarchieebenen, verstärkte Delegation und Partizipation, Arbeitszeitflexibilisierung, Gruppenarbeit und Projektmanagement (Baethge/Baethge-Kinsky 1998; Moldaschl 2003), zum anderen die Tendenzen der betrieblichen Auslagerung von Marktdienstleistungen (Transportwesen, Reinigungs-, Wach-, Wäscherei-, Restaurationsdienstleistungen etc.) und konzeptionellen Dienstleistungen (Unternehmensberatung, Marktforschung, Informatiksysteme, Rechtsberatung, Werbung), durch die die Anzahl der Kleinbetriebe gewachsen ist.

Dies sind die wesentlichen Gründe für die Abwendung der allgemeinen Soziologie und der kritischen Zeitdiagnose von dem Erkenntnispotential einer auf berufssoziologische Kategorien gestützten Sozialforschung seit den 1970er Jahren. Die Ausgrenzung der Berufssoziologie aus dem kanonischen Bestand der Sozialtheorie von ihren Anfängen bis heute erfolgte – wie wir gesehen haben – in zwei Phasen. Beide historische Entwicklungsphasen haben ihren Teil dazu beigetragen, daß die Berufssoziologie ihre einstmals prominente Rolle innerhalb des sozialwissenschaftlichen Diskurses mehr und mehr verloren hat. Die erste Etappe, die Phase der interpretativen Wende bzw. des „cultural turn", bestand in einer kulturwissenschaftlichen Verschiebung in den Sozialwissenschaften des letzten Drittels des 20. Jahrhunderts (Reckwitz 2000: 22). In der nun angebrochenen Phase kehrt das Ökonomische in den sozialwissenschaftlichen Diskurs zurück, doch jüngste Erfahrungen eines globalen und „desorganisierten Kapitalismus" (Lash/Urry 1996) haben verstärkt Zweifel an der Berufsförmigkeit von Arbeit als kollektive Vergesellschaftungsform und biographisches Muster der Lebensführung aufkommen lassen. Das betrifft auch die Schließungsfunktion von Berufen, durch die einzelne Berufsgruppen bisher strukturelle Privilegien (Status, Macht, Prestige, Autonomie) behaupten konnten. An die Stelle des Berufsinhabers trete die Figur des „Arbeitskraftunternehmers"

---

vergleichsweise stabile Marktumwelten, langlebige Produkte und Produktionsverfahren sowie durch eine reduzierte Innovationsdynamik charakterisiert war, die stärker von den Betrieben kontrolliert und gesteuert als durch Marktprozesse initiiert und erzwungen wurde. Fordistische Produktion konzentriert sich auf die intensive Erschließung *vorhandener* Märkte für eine in ihren Grundzügen bereits entwickelte Palette von Produkten. Als postfordistisch wird demgegenüber das flexibel spezialisierte Produktionsregime bezeichnet, das durch dynamische Märkte, verschärfte Wettbewerbsbedingungen und globale Wertschöpfungsketten (Baethge/Baethge-Kinsky 1998) gekennzeichnet ist.

(Voß/Pongratz 1998), der in der Lage sein müsse, effizient in permanente Weiterbildung zu investieren, um sich unter Bedingungen ständig wechselnder Karrieremuster und Qualifikationen optimal „zu vermarkten". Entsprechend wird die Sphäre von Arbeit und Erwerb in den Sozialwissenschaften gegenwärtig primär aus einem eher *ökonomischen* statt aus einem *beruflichen* Blickwinkel betrachtet.

Mit der Verdrängung des berufssoziologischen Vokabulars drohen jedoch wichtige Untersuchungsperspektiven verlorenzugehen. Dies gilt zum einen für die Frage nach dem Wandel beruflicher Identitäten im Kontext der Wissensgesellschaft. Zum anderen abstrahiert die dominante erwerbs- und arbeitssoziologische Perspektive von den in beruflicher Arbeit verkörperten Sinn- und Wertgrundlagen. In Anbetracht der Tatsache, daß qualifizierte Dienstleistungsberufe (Unternehmensberatung, Werbung, Medienberufe, Forschung etc.) – man spricht von Wissensarbeitern – das gegenwärtige Profil der Erwerbsgesellschaft immer stärker bestimmen (Deutschmann 2001), scheint es gerade in der aktuellen Situation gesellschaftlichen Umbruchs unverzichtbar, neben der strukturellen Dimension (Aufweichung des Normalarbeitsverhältnisses, flexible Spezialisierung) auch Fragen des *beruflichen Handelns* (Bildungsbegriffe, Werte, Berufsethos, Berufs- und Ausbildungskulturen) in die zeitgeschichtliche Diagnose mit einzubeziehen. In diesem Zusammenhang bedarf auch der institutionelle Wandel beruflicher Arbeit einer stärkeren Berücksichtigung. Charakteristisch für den Wandel kapitalistischer Erwerbsgesellschaften ist ja nicht allein die bloße Steigerung und sachliche Differenzierung des Wissens, verändert haben sich auch *Orientierungsmuster* und *Institutionen*, durch die berufliche Leistungen bewertet werden und sich mit Laufbahnen und Positionen verzahnen.

1.3 Dimensionen des beruflichen Wandels von Arbeit und Erwerb. Ein analytischer Bezugsrahmen

Durch die Abspaltung der Arbeitssoziologie von den klassischen Konzepten der Berufssoziologie wurde das Forschungsfeld nicht nur unübersichtlicher, sondern auch eines gesellschaftstheoretisch anschlußfähigen Rahmens beraubt. Paradox genug scheint in dem Maße, in dem die Soziologie über ihren paradigmatischen Gegenstand keine theoretisch gesicherte und empirisch abgestützte Auskunft mehr zu erteilen vermag, die Bereitschaft zu wachsen, über die Entwicklung von Arbeit und Erwerb zu „debattieren". Nur so läßt sich der lebhafte Diskurs über Arbeit und Erwerb in einer Zeit erklären, in der im gleichen Atemzug die „Entstrukturierung der Erwerbsgesellschaft durch zunehmende

Vermarktlichung der Arbeitsbeziehungen" und die „Reprofessionalisierung von Arbeit", der „Abbau betrieblicher Reziprozitätsbeziehungen" und der Vormarsch neuer „unternehmensbezogener Kulturen" behauptet wird. In dieser aktuellen Phase des Orientierungsverlusts und der Ratlosigkeit soll hier dafür plädiert werden, wieder an die Berufssoziologie anzuknüpfen, um den Bankrotterklärungen soziologischer Analysefähigkeit einerseits und den Diagnosen einer vermeintlich allein durch ökonomische Imperative globaler Netzwerke, Ströme und Märkte determinierten Arbeitsgesellschaft andererseits wirkungsvoll entgegentreten zu können.

Es bedarf einer theoretischen Neuorientierung der Arbeits- und Berufsforschung, die neben den ökonomischen Bedingungen auch institutionelle und kulturelle Veränderungen mit einbezieht. Sie muß folgenden Erfordernissen gehorchen:

Sie muß erstens eine komplexe Konzeptualisierung *beruflicher Akteure* vornehmen[10]. In der aktuellen Debatte dominieren systemisch-marxistische Theorieperspektiven, die den Wandel von Arbeit und Identität überwiegend aus dem Strukturwandel kapitalistischer Produktions- und Rationalisierungsprozesse ableiten. Meist wird ungeprüft unterstellt, daß die zunehmende Flexibilisierung und Globalisierung moderner Ökonomien berufliche Handlungsspielräume begrenzen (Sennett 2000), ohne daß diese überhaupt eigenständig untersucht würden. Darüber hinaus ist zu untersuchen, unter welchen Bedingungen berufliche Akteure aktiv in den sozialen Wandel eingreifen. Die Bedeutung von Berufsgruppen für den sozialen Wandel wurde bislang insbesondere für Professionen nachgewiesen (Freidson 1979, 1986; Abbott 1988). Wie Lepsius gezeigt hat, waren die Professionen einst wichtige Vermittler sozialer Autorität, durch die es dem Bürgertum gelang, die Gesellschaft nach seinen Ideen und Wertorientierungen umzugestalten (Lepsius 1987: 80). In der vorliegenden Studie soll die Frage aufgeworfen werden, ob die beruflichen Trägergruppen der Medien- und Kulturindustrien in der Gegenwart einen vergleichbaren Einfluß ausüben, indem sie zum kulturellen Erfolg des globalen Kapitalismus beitragen.

---

10 Die Vernachlässigung beruflicher Akteure gilt insbesondere auch für neuere Ansätze der institutionellen Ökonomie (Granovetter 1985; DiMaggio 1994) und der Regional- und Netzwerkökonomie (Storper/Christopherson 1987; Noller/Ronneberger 1995), die in den letzten Jahren an Einfluß gewinnen konnten. Auch regulationstheoretische Ansätze, die im Kontext der angelsächsischen Diskussion an Bedeutung gewonnen haben, verzichten auf Akteurskategorien und Institutionenanalysen zugunsten der Modelle aus der Gouvernanceforschung. Konzepte wie „Heterarchien" (Grabher 2001, 2002), „Projekte und Karrieren" (Faulkner 1983; Faulkner/Anderson 1987) dominieren die Analyse.

Zweitens geht es darum, den Wandel *sozialer Rechtfertigungsmuster* von Herrschafts- und Ungleichheitsverhältnissen im globalen Kapitalismus nachzuvollziehen. Welche Prinzipien der Rechtfertigung und Anerkennung von Statusdifferenzen und Ungleichheitsformen gelten im neuen Kapitalismus? Welche Rolle spielen Berufsgruppen, insbesondere die Berufsgruppen der Kultur- und Medienberufe dabei? Jede Form der beruflichen Arbeitsorganisation und sozialen Kooperation begründet Statusunterschiede und Ungleichheitsverhältnisse, zu deren Rechtfertigung sie auf verbindliche Regeln und Klassifikationssysteme zurückgreifen muß.[11] Wie gelingt es Berufsgruppen im Kapitalismus der Gegenwart, die häufig spektakulären Ungleichheiten zu rechtfertigen? Welche Formen von beruflichen Laufbahnselektionen und Bewährungsmustern werden im Arbeitssystem verankert? Welche institutionellen Formen der biografischen *Sinnstiftung* und der Anerkennung durch Arbeit werden dem Individuum damit angeboten?

Drittens – und eng auf die Frage der Einflußmöglichkeiten beruflicher Akteure bezogen – sind der *gesellschaftliche Beitrag* und die kulturellen *Vermittlungsfunktionen* von Berufsgruppen zu berücksichtigen. Berufliche Arbeit erschöpft sich nicht in betrieblich verwertbaren Leistungen, sondern partizipiert an der Vermittlung von Wissensbeständen und Werten und der Verwirklichung gesellschaftlicher Strukturen. Sie leistet also einen Beitrag zur sozialen und kulturellen Reproduktion von Gesellschaften. Dies gilt insbesondere für Dienstleistungsberufe, deren Funktion weniger in der Produktion von Gütern, als in der Gewährleistung der institutionellen und kulturellen Rahmenbedingungen von Gesellschaften besteht[12]. Es stellt sich deshalb die Frage, welchen Beitrag neuere Dienstleistungsberufe in Kulturindustrien und Massenmedien bei der Ausdeutung und Vermittlung gesellschaftlicher Zentralwerte wie Gesundheit, Sicherheit oder Wahrheit leisten.

Viertens müßte ein *makrosoziostruktureller* Rahmen des Wandels von Arbeit und Beruf und eine brauchbare Typologie unterschiedlicher Beschäftigungsformen erarbeitet werden. Die Beschäftigungsstruktur moderner Erwerbsgesellschaften findet sich aktuell in einer Umbruchphase, in der neue Ungleichheiten und Verwerfungslinien entstehen. Dabei lö-

---

11 Berufliche Statusordnungen verweisen somit auch auf die *symbolische* Dimension sozialer Ungleichheiten und Klassenbeziehungen (Weiß et al. 2001).

12 Nach Berger/Offe (1984: 233) umfaßt der Dienstleistungssektor „die Gesamtheit jener Funktionen im gesellschaftlichen Reproduktionsprozeß, die auf die Reproduktion von Formalstrukturen, Verkehrsformen und kulturellen Rahmenbedingungen gerichtet sind, unter denen die materielle Reproduktion der Gesellschaft stattfindet". Dies schließt die „Instandhaltung der physischen Bedingungen des gesellschaftlichen Lebens, der kulturellen und legalen Normensysteme, die Übermittlung und Weiterentwicklung des Wissensbestandes einer Gesellschaft, ihre Informations- und Verkehrssysteme ein" (ebd.).

sen sich traditionelle Klassifikationsmuster auf. Zum einen sind neue Verwerfungslinien entstanden, die traditionelle Unterscheidungen zwischen Kopf- und Handarbeit, Industrie- und Dienstleistungsarbeit bereits hinter sich gelassen haben. Zum anderen kommt es zu neuen Spaltungen auch innerhalb von Berufsfeldern – etwa in Form von freiberuflich tätigen und fest angestellten Mitarbeitern.

Erst wenn eine solche theoretische Neuorientierung gelingt, wenn es gelingt, über eine rein organisations- und betriebssoziologische Perspektive auf Arbeit und Beruf hinauszugehen, von der die aktuelle Debatte dominiert wird, und kulturelle Dimensionen des sozialen Wandels wieder stärker mit einzubeziehen, wird es möglich, die Arbeits- und Berufsforschung wieder an gesellschaftstheoretische und zeitdiagnostische Perspektiven anzubinden. Wenn nicht, so wird die Arbeits- und Berufssoziologie zwangsläufig zu einer unbedeutenden Bindestrichsoziologie herabsinken, welche die Konturen des aktuellen Wandels nicht mehr anzugeben vermag.

2. Ein neuer Sozialcharakter der Arbeit? Zum Umbau moderner Erwerbsgesellschaften

Die Umwälzung der Märkte, der plötzliche Aufstieg, Zusammenbruch oder Wandel von Unternehmen sind ein Merkmal des neuen Kapitalismus. Vergleichsweise stabile Marktumwelten, langlebige Produkte und Produktionsverfahren wurden durch die globale Ausweitung von Märkten, Finanzdiensten und Technologien aufgehoben (Kern/Schumann 1985; Kern/Sabel 1994; Baethge/Baethge-Kinsky 1998). Es beginnt der Aufstieg der flexiblen Organisation. Diese Organisation produziert nicht mehr in einer Reihe festgelegter Schritte, sondern wählt unter zahlreichen möglichen Prozeduren einige wenige aus, die sie ausführt. Dabei vergrößert und verkleinert sie sich ganz nach Bedarf, denn die Arbeit ist nicht auf bestimmte Funktionen festgelegt, sondern an Aufgaben orientiert. Diese Arbeitsweise ermöglicht die „Abflachung" von Organisation durch Ausdünnung von Hierarchieebenen bzw. die Auslagerung von Funktionen. Während das Unternehmen von einer Aufgabe zur nächsten übergeht, baut es Personal auf oder ab. Diese Variabilität der Belegschaft betrifft nicht nur den Einsatz von Zeitarbeitskräften oder Subunternehmen, sondern auch die interne Struktur des Unternehmens durch Einsatz befristeter Arbeitsverträge.

Je stärker diese Entwicklung voranschreitet, desto deutlicher wird, daß Arbeit und Beschäftigung in der neuen Arbeitswelt nicht mehr im

Rahmen eines einmal festgelegten beruflichen Qualifikationsprofils, einer fixierten beruflichen Rolle aufgehen, die der Einzelne zu spielen hat. Die flexible Organisation hat das pyramidenförmig aufgebaute Unternehmen alten Stils zunehmend verdrängt. Daraus resultieren grundlegende Veränderungen auch des Sozialcharakters der Arbeit (Engler 2005; Gorz 2000; Sennett 2000). Diese manifestieren sich nicht allein in der Erosion des „Normalarbeitsverhältnisses" samt seiner vertraglich-rechtlichen Ausgestaltungen, sondern auch in einem Bedeutungsverlust der Berufsidee, verstanden als ein biographisches Projekt der Lebensführung. Der neue flexible Kapitalismus – so argumentiert z. B. Richard Sennett (2000) – habe das einstige Leitbild der Berufskarriere als langfristigen Lebensentwurf zerstört, das Max Weber (1988b) bekanntlich als eine Voraussetzung der Ethisierung der Erwerbsarbeit und des Geistes des Kapitalismus angesehen hat, und oberflächliche, flexible Beziehungen an die Stelle langfristiger Bindungen gesetzt. Laut Sennett ist ein neuer individualisierter Sozialcharakter im Entstehen begriffen, der immer weniger Loyalitäten entwickeln kann und dessen soziale und persönliche Identität immer brüchiger wird.

Allerdings bleibt der Ansatz von Sennett bei einer reinen Verfallsdiagnose stehen, ohne zu einer positiven Bestimmung des neuen Sozialcharakters der Arbeit zu kommen. Um ein differenziertes Bild des Wandels zu zeichnen, sollen im folgenden unterschiedliche Ebenen des beruflichen Wandels unterschieden werden. Im klassischen System stellt der Beruf sowohl eine Institution sozialer Arbeitsteilung, als auch eine bestimmende Kategorie für die Zuweisung von Einkommens- und Lebenschancen (Status, Prestige, Autonomie) dar. Darüber hinaus ist der Beruf ein Medium gesellschaftlicher Partizipation und der Sinnstiftung. Letzteres wurde durch die Flexibilisierung von Wirtschaftsordnungen zwar verändert aber nicht aufgehoben. Auch bei den gesellschaftlichen Folgen des Wandels sind unterschiedliche Ebenen zu berücksichtigen. Von den Prozessen, die Auswirkungen auf Identität und Sozialcharakter haben, sollen im folgenden drei Ebenen genauer beleuchtet werden: der Wandel von Herrschaft und Macht in flexiblen Unternehmen, die Veränderung der sozialen Verfassung der Erwerbsgesellschaft und der Wandel sozialer Ungleichheiten und Statuszuweisungen im Medium beruflicher Arbeit.

2.1 Das Ende beruflicher Arbeitsteilung? Zum Wandel von Herrschafts- und Kooperationsstrukturen

Zentral für den Wandel von Macht und Herrschaft in Unternehmen ist die Aufweichung des Prinzips rollenförmiger Arbeitsteilung durch feste berufliche Funktionszuweisungen. In der flexiblen Organisation läßt sich beobachten, daß Arbeitsteilung, die zuvor in der inhaltlichen Berufsstruktur „sachlich" begründet werden konnte (Beck/Brater 1978), nun ausgehandelt werden muß (Casey 1995; Kunda 1992). Unmittelbare und kurze Aufgaben treten in den Vordergrund, wodurch der Zeithorizont der Institution verkürzt wird. Das alte pyramidenförmig aufgebaute Unternehmen verfügte über eine „rationalisierte" Arbeitsteilung, wonach jeder Stelle, jeder Position eine genau definierte Funktion mit bestimmten Fähigkeiten und Fertigkeiten entsprach. Diese definierten die Rolle, die der Einzelne zu spielen hatte, wiesen ihm einen fest umrissenen Platz innerhalb des Sozialsystems zu. Im flexiblen Unternehmen sind diese Rollen durch kurzfristige Engagements, multiple Fähigkeitsprofile und projektförmige Kooperationszusammenhänge weitgehend verdrängt worden (Casey 1995: 186; Baethge/Baethge-Kinsky 1998). Dieser Prozeß kann im Anschluß an den soziologischen Neo-Institutionalismus als Deinstitutionalisierung verstanden werden. Er umschreibt eine tendenzielle Entobjektivierung von beruflichen und betrieblichen Formen der Arbeitsteilung und eine Umstellung von routinehaften hin zur reflexiven und flexibleren Abgrenzung von Arbeitsaufgaben. Damit gewachsen ist die Begründungspflicht für Arbeitshandeln und die Übertragung von fest institutionalisierten Entscheidungsroutinen (bzw. -zwängen) und Aufgabenzuweisungen auf das Individuum. Die Folgen für den Einzelnen sind durchaus ambivalent: Zwar wird die Aufweichung beruflich-hierarchischer Arbeitsteilung einerseits unter dem Gesichtspunkt demokratischer Kooperationsformen begrüßt, andererseits werden damit tendenziell auch die Bildungszertifikate entwertet, die die freie Konkurrenz von Arbeitskräften bislang einschränkten und durch die Ansprüche auf bestimmte Berufspositionen (bzw. auf spezifische Wissensbereiche und Fähigkeiten) geltend gemacht werden konnten. Folgende Thesen über den Wandel betrieblicher Interaktionsformen lassen sich daraus ableiten:
1. Die Freisetzung aus fixierten beruflichen Rollenbeziehungen deutet darauf hin, daß die Institution Beruf als Bündelung von Arbeitsvollzügen, Kompetenzen und Qualifikationen ihren überindividuellen Faktizitätscharakter verliert und stärker subjektiviert wird. Berufliche Befähigungen und Qualifikationen, ja das ganze berufliche Schicksal machen

sich nun stärker an persönlichen Eigenschaften fest. Auch die Regeln der Kooperation sind nicht mehr hinreichend organisatorisch fixiert, sondern unterliegen der kommunikativen Logik von Teamarbeit. Statt für ein begrenztes berufliches Aufgabenprofil wird nun von jedem Einzelnen verlangt, für den gesamten Arbeitsprozeß verantwortlich zu sein. Das verlangt vom Einzelnen eine ständige Selbstorganisation von Aufgabenzuweisungen und die Fähigkeit, zwischen unterschiedlichen Tätigkeitsfeldern zu wechseln (Baethge/Baethge-Kinsky 1998).

2. Weil Arbeitsprozesse stärker als bisher durch *Kommunikation* gestaltet werden, gewinnt der soziale Austausch eine strategische Funktion im Kontext arbeitsbezogener Kooperations- und Herrschaftsbeziehungen. Anstelle der Pflichtethik zählt die „Sensibilität", d.h. die Fähigkeit, mit schlecht definierten Situationen umzugehen. Wo bislang nicht kommuniziert werden mußte, weil man nur auf seinen Stellenplan und seine Aufgabenbeschreibung zu schauen brauchte, um herauszufinden, was von einem verlangt wurde, dort muß jetzt kommuniziert werden, muß jeder bereit sein, in Auseinandersetzung mit anderen seine eigene Aufgabe zu definieren und umdefinieren zu lassen. Die Kommunikation hat damit zwei Aufgaben zu lösen: Sie übernimmt einerseits die Koordination der Arbeitsteilung, die zuvor durch betriebliche Herrschaftsstrukturen fixiert worden ist, zugleich ist sie aber andererseits ein Mittel des informellen sozialen Austauschs (Baecker 2003). Dadurch werden die Grenzen zwischen den funktional-arbeitsbezogenen und persönlichen Aspekten sozialer Beziehungen am Arbeitsplatz durchlässiger. Diese Tendenz wird durch die Bedeutung von offiziell eingesetzten „Unternehmenskulturen" verstärkt, die bestrebt sind, die Grenze zwischen Persönlichkeit und Arbeitsrolle aufzuweichen und die „ganze Persönlichkeit" als bislang ungenutzte Produktivitätsressource zu nutzen.

3. Aufgrund des Wandels der Beschäftigungsstruktur hin zu qualifizierten und wissensbasierten Tätigkeiten, bei denen Unternehmen verstärkt auf intrinsische Antriebe und Motivationen angewiesen sind (Frenkel et al. 1999), werden auf seiten der Unternehmen normative Kontrollstrategien gegenüber organisatorischen Disziplinar- und Überwachungsmaßnahmen wichtiger. Unternehmen bedienen sich deshalb zunehmend symbolischer Herrschaftsstrategien. Die Identifikation mit der „Organisationskultur" bzw. den Werten des Unternehmens wird daher zunehmend als Qualifikationsvoraussetzung angesehen. Durch den Zwang zur normativen Identifikation mit den Unternehmenszielen steigt auch die Gefahr der betrieblichen Vereinnahmung der Beschäftigten durch „Unternehmenskulturen" und neue partizipative Führungsstrategien (Kunda 1992; Casey 1995).

4. Mit zunehmender Deinstitutionalisierung von Beschäftigungsverhältnissen und Arbeitsmarktindividualisierung (Berger/Konietzka/ Michailow 2001) verschärft sich zum einen die Konkurrenz zwischen den Beschäftigten, zum anderen wird die Bedeutung von Netzwerkverbindungen und Reputation für den Betrieb, aber auch für die berufliche Positionierung des Einzelnen wichtiger. Diese bekommen den Status „eines Kapitals" (Gottschall 1999). Der Einzelne ist dabei dem Widerspruch zwischen dem Streben nach beruflicher Selbstbehauptung und dem Risiko der Regression in familienähnliche Arbeitszusammenhänge ausgesetzt. Einerseits haben Betriebe ein großes Interesse an der Schaffung „kompetitiver Kulturen", andererseits macht Teamarbeit ein Arbeitsklima erforderlich, in dem Leistungen nicht immer individuell zugerechnet werden dürfen.

5. Infolge der Durchsetzung normativer Führungsstile ist mit einer Aufwertung von Kompetenzen des „impression management" (Goffman) zu rechnen. In dem Maße, wie die neuen Organisationskulturen formal-unpersönliche Weisungsketten durch subtilere Formen der Gruppenkontrolle und der normativen Verpflichtung zur Selbstverantwortung ersetzt haben, hängt vieles von der Kontrolle expressiver Gefühle und Gesten ab. Auch Unternehmen sind an der Kontrolle dieser Aspekte interessiert: Sie versuchen, durch Klimareporte und Mitarbeiterbesprechungen intime Kenntnisse über Motivation und Arbeitsklima in den Teams zu gewinnen. Auch diese Entwicklung ist paradox: Die Aufweichung „rigider bürokratischer Strukturen" und die Förderung wettbewerbsförmiger Strukturen soll die Selbstbehauptung des Einzelnen fördern, doch im Widerspruch dazu steht, daß das Bestreben nach Autonomie durch die Forderung nach totaler Identifikation mit der Agenturphilosophie und dem eigenen Team unterminiert wird. Expressivität und Emotionalität unterliegen zunehmendem Konformitätsdruck und einer strategischen „Manipulation" durch den Einzelnen.

6. In dem Maße, wie sich funktional-berufliche Muster der Arbeitsteilung auflösen, werden auch Wissen, Qualifikation und Expertenmacht diffuser, sie sind weniger an ein bestimmtes berufliches Milieu, eine bestimmte Ausbildung gebunden. Bildungstitel als „institutionalisiertes kulturelles Kapital" (Bourdieu 1983) verlieren folglich an Bedeutung. Damit verbunden ist die Schwächung institutionell geschützter beruflicher Aufgaben- und Tätigkeitsmonopole, die die freie Konkurrenz der Arbeitskräfte bislang einschränkten. Offen bleibt, ob und unter welchen Bedingungen damit auch ein Machtverlust für die Beschäftigten einhergeht. Zumindest legt die Vermarktlichung der Arbeitsprozesse und die Ausweitung der Konsumsphäre eine eher egozentrische Moral nahe. In

der deutschen Diskussion wird daher auch betont: Beschäftigte verlieren die „unbedingte Hingabe" an ihren Beruf und nehmen eine instrumentelle Haltung zu ihren Arbeitsfähigkeiten ein, weil es darum geht, diese unter Marktgesichtspunkten optimal zu verwerten.

7. Diese Entwicklungen besagen keineswegs, daß soziale Ungleichheiten an Bedeutung verlieren, eher kommt es zu einer Verschiebung ihrer Reproduktionsmechanismen. Anstatt „berufliche" Ungleichheit über eine explizite Trennung von Berufsrollen herzustellen und zu strukturieren, wird sie heute zunehmend interaktiv oder über versteckte symbolische Mechanismen der Chancenzuweisungen erzeugt. Dabei spielen – wie in anderen gesellschaftlichen Bereichen auch – askriptive Merkmale wie Geschlecht, ethnische Zugehörigkeiten etc. eine wichtigere Rolle. Damit wird die Aufrechterhaltung und Strukturierung von arbeitsbezogenen Herrschafts- und Ungleichheitsverhältnissen in zunehmendem Maße von kontextspezifischen Merkmalen abhängig und entsprechend instabil.

Konfrontiert man diese Thesen mit empirischen Befunden, dann verweisen diese auf der einen Seite auf nicht unbeträchtliche Veränderungen in den Beschäftigungsverhältnissen. Auf der anderen Seite signalisieren sie immer noch ein hohes Maß an Kontinuität traditioneller Arbeitsverhältnisse, vor allem in Deutschland, das über eine im internationalen Vergleich besonders starke Berufstradition verfügt (Blossfeld 2001). Die hier beschriebene Entwicklung ist in den USA bereits sehr viel weiter fortgeschritten (Deutschmann 2002; Wendisch 2000) als in Deutschland, wo sich die genannten Trends noch nicht ungebrochen und universell durchgesetzt haben. Dies gilt zunächst einmal für die Aufweichung des Normalerwerbsverhältnisses. Neueren Untersuchungen zufolge[13] kommt es durch die neue, flexible Erwerbsordnung nicht zu einer grundsätzlichen Auflösung der Normalerwerbsform, sondern zu deren Aufweichung primär an den *Schwellen* von Erwerbsverläufen und an den *oberen* und *unteren Enden* der Beschäftigungshierarchie: Flexibilisiert hat sich zum einen der Übergang von der Ausbildung in den Beruf und der Ausstieg aus dem Berufsleben, flexibilisiert haben sich zum anderen auch die Beschäftigungsverhältnisse in den hoch- und geringqualifizierten Tätigkeitsbereichen. Für Personen mit mittleren berufsbildenden Abschlüssen gilt in Deutschland dagegen noch immer das Normalarbeitsverhältnis. Flexibilisierung zieht nicht zwangsläufig einen Statusverlust oder einen Identitätsverlust nach sich. So können Hochqualifizierte aus der Deregulierung sogar Einkommensvorteile ziehen, im Unterschied zu den Geringqualifizierten, die in jeder Hinsicht die

---

13 Vgl. dazu die Beiträge in Berger/Konietzka (2001).

Verlierer der aktuellen Flexibilisierung von Arbeit darstellen. Je höher die Qualifikation, desto erfolgreicher können tendenziell die Spielräume der Deregulierung genutzt werden und desto größer sind auch die Chancen auf Anerkennung und Identifikation mit der Arbeit. Negativ und destabilisierend haben sich Beschäftigungsabbau, Befristungen, geringfügige Beschäftigungen und betriebliche Flexibilisierungen dagegen bei den Randbelegschaften und gering Qualifizierten ausgewirkt (Berger/ Konietzka/Michailow 2001: 227). Für den mittleren Bereich gilt hingegen, daß berufsfachliche Arbeitsmärkte keineswegs ihre Bedeutung eingebüßt haben. Vor allem in Deutschland, dem Land des dualen Ausbildungssystems, scheint man in diesem „mittleren" Feld von einer Aufhebung beruflich strukturierter Arbeitsmärkte noch um einiges entfernt zu sein (Deutschmann 2002). Hier ist der Beruf als „institutionalisierte Arbeitskraftschablone" (Beck/Brater 1978) und als Prinzip betrieblicher Arbeitsteilung noch die prägende Arbeits- und Qualifikationsform. Demgegenüber finden wir in den USA eine sehr viel geringere Orientierung an berufsfachlichen Arbeitsmärkten. Auch Bildungszertifikate spielen bei der Rekrutierung von Beschäftigten eine geringere Rolle.

2.2 Zur Aufweichung des Gesellschaftsvertrags der Industriemoderne

Nicht nur Machtverteilung und Herrschaft, sondern auch die soziale Verfassung moderner Erwerbsgesellschaften ist von dem Umbau des Kapitalismus betroffen. Die Ausweitung ökonomischer Konkurrenzbedingungen, der Abbau des Wohlfahrtsstaates und die Deregulierung von Arbeitsmärkten haben das Zusammenspiel der Institutionen grundlegend verändert: Die Renten- und Sozialversicherung, die Familie, die Bildungsinstitutionen, die Formen der privaten Lebensführung und der Bereich staatlicher Interventionen werden sich den Imperativen der globalen Wirtschaft anpassen müssen. Die Folgen dieses Wandels für soziale Gerechtigkeit und Sicherheit sind Gegenstand aktueller sozialpolitischer und sozialwissenschaftlicher Debatten (Vobruba 2000; Gorz 2000; Miegel 2001; Dahrendorf 2001; Engler 2005; Sennett 2000, 2005). Diskutiert werden z.B. die Auswirkungen der Schrumpfung des Arbeitsvolumens (Miegel 2001) auf die Erwerbsbevölkerung. Auch neue, globale Formen sozialer Ungleichheiten und Exklusion (Castel 2000; Kronauer 2002) sind Themen der aktuellen Debatte. Schließlich ist auch die innere Spaltung der „Dienstleitungsgesellschaft" in einen „High-Tech-Teil" hochqualifizierter Beschäftigter und einem „High-Touch-Teil" eines zunehmend aus Migranten rekrutierten Haushaltshilfekorps ein zentrales Thema der aktuellen Debatte (Dahrendorf 2001; Hochschild 2000).

Die Bedeutung dieser Phänomene erschließt sich jedoch erst im Lichte von normativen Leitbildern der Arbeit und Vorstellungen einer gerechten Gesellschaftsordnung. Der sozialpolitische Diskurs ist daher keinesfalls nur ein begriffstechnisch operationalisiertes, „neutrales" Interpretationsinstrument, sondern transportiert stets eine normative Botschaft. Weit davon entfernt, sich in ihrem kognitiven Gehalt zu erschöpfen, sind sie aufgrund ihrer normativen Konnotation immer schon partielle Urteile, da die Begriffswahl die Analyse bereits vorformt. Bedeutung, Wirkungen und Folgen der aktuellen Veränderungen von Arbeit, Beruf und Erwerb erschließen sich erst, wenn ein Zusammenhang zwischen dem aktuellen Strukturwandel und den kulturell geltenden Vorstellungen und Leitbildern der gesellschaftlichen Ordnung von Arbeit, Beruf und Erwerb hergestellt wird. Die aktuelle, von Soziologen wie Beck, Gorz und Dahrendorf angestoßene Debatte über die „Bürgergesellschaft" bzw. „die multiaktive Gesellschaft" (Gorz 2000: 102ff.), in der gesellschaftliche Ordnungen entworfen werden, in denen Erwerbsarbeit nicht mehr die alleinige Quelle des Einkommens, der sozialen Anerkennung und der sozialen Absicherung sein soll, sind Beispiele für Auseinandersetzungen um Klassifikationen und Deutungshoheiten.

Welches ist die „normative Mission", die es erlaubt, die Spannung zwischen dem Leitbild einer demokratischen Erwerbsgesellschaft und der Realität von sozialer Ungerechtigkeit bzw. Exklusion auszuloten? Der Bezugspunkt, der in diesem Zusammenhang bemüht wird und der durch die gesellschaftlichen Entwicklungen seit Anfang der 1980er Jahre problematisch geworden ist, ist der „Gesellschaftsvertrag der Industriemoderne". Versucht man den Kern dieses Arrangements zu erkennen, so kann man die Industriegesellschaft im Rückblick als den ungeschriebenen Gesellschaftsvertrag einer nun zu Ende gehenden Epoche beschreiben (Dettling 2000: 202f.): Eine prosperierende Volkswirtschaft stellt (fast) allen, die danach fragen, einen Erwerbsarbeitsplatz zur Verfügung, ein wachsender Sozialstaat verspricht allen, die nicht oder nicht mehr im Erwerbsleben stehen, einen entsprechenden Lebensstandard. Und die Familie schließlich gilt als ein äußerst verläßlicher „dritter Sektor" der Gesellschaft, der den Menschen Geborgenheit und Anerkennung, unabhängig von Leistung oder Versagen, bieten kann.

Akzeptiert man diese summarische Charakterisierung der Industriegesellschaft als strukturellen und normativen Bezugspunkt des Diskurses über Arbeit und Erwerb, dann wird auf dieser Folie die gesellschaftsdiagnostische Brisanz der Rede vom „Ende der Arbeitsgesellschaft" oder von der „Zukunft der Bürgergesellschaft" deutlich. Solange die institutionellen und kulturellen Voraussetzungen gegeben waren, war die soziale Architektur der Industriegesellschaft in sich erfolgreich und stimmig. Spätestens seit den 1980er Jahren sind es mindestens drei herbe Einschnitte, die den Gesellschaftsvertrag der Industriemoderne in Frage stellen:

- Die früher einmal normalen Arbeitsverhältnisse (Vollzeit, unbefristet, sozial und rechtlich abgesichert) werden immer mehr zu einem knappen Gut; die Zahl der abhängig beschäftigten Vollzeiterwerbstätigen ging bis Mitte der 1990er Jahre auf 66% zurück. Paradoxerweise ist es gerade der Bedeutungszuwachs der Produktionsressource Wissen (Stehr 2001), durch die der Arbeitsbedarf moderner Volkswirtschaften auf geradezu beängstigende Weise reduziert wird. Denn ein wesentlicher Grund für die abnehmende Zahl „normaler" Arbeitsplätze ist in dem enormen Produktivitätserfolg hochindustrialisierter Volkswirtschaften zu sehen. Diese Produktionssteigerungen haben sich weitgehend vom Arbeitseinsatz entkoppelt. Die Konsequenz ist, daß ein höheres Wachstum mit immer weniger Arbeit erwirtschaftet werden kann.[14]
- Auch die zweite Säule, die sozialstaatliche Absicherung eines Mindestlebensstandards der im Arbeitsmarkt dauerhaft nicht mehr integrierbaren Bevölkerungsgruppen, droht mit dem Abbau des Wohlfahrtsstaates allmählich wegzubrechen. Es kommt zu einer tiefen sozialen Kluft zwischen jenen, die Arbeit haben, und jenen, die keine haben. Für einen wachsenden Teil der Bevölkerung kommt die sozialstaatlich nicht mehr abgefederte Erwerbslosigkeit einem totalen sozialen Ausschluß gleich. Für die Wahrnehmung und Semantik sozialer Ungleichheiten hat dies gravierende Konsequenzen, wie jüngst eine Studie gezeigt hat (Kronauer 2002: 38). Ungleichheiten folgen nicht mehr primär der Logik einer durch Klassengrenzen gefilterten beruflichen Arbeitsteilung, d.h. dem Prinzip der wechselseitigen, aber ungleichen Abhängigkeiten im Kontext beruflicher Arbeitsteilung (Durkheim 1992a), sondern der Logik von Teilhabe (an Wohlstand, Beschäftigung, Bürgerstatus) und Ausschluß (Castel 2000). Nicht die berufliche Chancenzuteilung, sondern Probleme von Armut, Arbeitslosigkeit und Migration werden in Zukunft das öffentliche Bild von sozialer Ungleichheit prägen.

---

14 Dieser Produktivitätszuwachs von Arbeit kann anhand folgender Zahlen illustriert werden: Obwohl sich im 20. Jahrhundert das Arbeitsvolumen pro Kopf, gemessen an der individuellen Arbeitszeit pro Jahr, (von 3000 auf 1530 Stunden) halbierte, konnte sich das Volkseinkommen pro Kopf versechsfachen, die Stundenproduktivität sogar verzwölffachen (Miegel 2001: 207).

- Schließlich steht auch die dritte Säule des industriemodernen Gesellschaftsvertrages – die Familie als emotionales Rückgrat und Lieferantin unbedingter Zuneigung und Fürsorge – zur Disposition (Burkart 1997; Koppetsch/Burkart 1999; Holtgrewe 2003; Hochschild 2002). Immer weniger Männer werden einen Familienlohn nach Hause bringen. Immer mehr Frauen werden sich an beruflichen Perspektiven orientieren. Einer Untersuchung des Instituts der deutschen Wirtschaft in Köln zufolge wird in Deutschland nur noch jede dritte Familie von einem Alleinverdiener versorgt, während dies vor 30 Jahren noch in knapp sechs von zehn Haushalten so gewesen ist (Hülskamp/Seyda 2004). Auch die bislang von Frauen unentgeltlich erbrachten Solidaritäts- und Unterstützungsleistungen (Betreuung von Alten, Kranken und Kindern) werden in Zukunft stärker aus der Familie ausgelagert werden.

Sollten sich diese Trends fortsetzen, und vieles spricht dafür, wird damit eine Fülle von gesellschaftlichen Einrichtungen und Strukturen in Frage gestellt, die zu den Errungenschaften der industriellen Epoche gerechnet werden durften: der Staat, die Rentenversicherung, die politischen Parteien, die Öffentlichkeit, die Kirchen, die Gewerkschaften, die Familie und alle anderen Institutionen, die unsere Vorstellung vom „guten Leben" in wesentlichen Dimensionen bestimmt haben. Ein Aspekt dieser Veränderungen ist z. B. die zunehmende gegenseitige Durchdringung von Privatheit und Öffentlichkeit, Erwerbsarbeit und privater Lebensführung (Gottschall 1999): Während innerhalb der Familie die traditionelle Liebesökonomie durch eine explizitere Arbeitsteilung abgelöst wird (Hochschild 2003), kommt innerhalb der Berufssphäre „die ganze Persönlichkeit" mitsamt ihrer ganzen Subjektivität und Emotionalität als bislang ungenutzte „Rationalisierungsreserve" ins Spiel (Moldaschl/Voß 2003). Diese auch als „Entgrenzung von Arbeit und Leben" (Gottschall/Voß 2003) bezeichnete Entwicklung kann als die Verschränkung zweier Prozesse charakterisiert werden: als Ökonomisierung von familiären Beziehungen (Illouz 2003; Koppetsch 2005), wobei Liebe und Partnerschaft zunehmend durch rationale Kalküle gesteuert werden, und als Subjektivierung der Arbeit. Letzteres umfaßt z. B. die Fähigkeit des Kapitalismus, den Arbeitnehmern das Gefühl zu geben, sich am Arbeitsplatz „wie zu Hause zu fühlen" (Hochschild 2003). Durch die Einrichtung neuer „Arbeitskulturen", die eine Surrogat-Familie anbieten, sollen die Beschäftigten Bestätigung, Gemeinschaft und emotionale Unterstützung erfahren (Kunda 1992; Casey 1995; Hochschild 2003). Ob sich damit, wie Hochschild (2003) meint, die emotionalen Qualitäten der Sphären Arbeit und Familie tatsächlich vertauscht haben, sei dahingestellt. Wahrscheinlich ist jedoch, daß sich unsere Begriffe von Arbeit und Beruf und von Familie und Partnerschaft in dem Maße verändern werden, wie auch das industriegesellschaftliche Arrangement der Geschlechter zur Disposition steht.

Halten wir also fest: Im Zentrum des Gesellschaftsvertrags der Industriemoderne steht die Erwerbstätigkeit als Medium sozialer Teilhabe und als ein *politisches Recht*, das zunächst weitestgehend auf die männliche Bevölkerung beschränkt war, sich nun aber zunehmend auch auf den weiblichen Teil der Bevölkerung erstreckt. Als ein Recht wird es deshalb erachtet, weil die wesentlichen Chancen sozialer (Anspruch auf soziale Absicherung), ökonomischer (Anspruch auf ein volles Einkommen) und politischer Teilhabe (Recht auf kollektive Handlung, Repräsentation und Organisation, etwa in Gewerkschaften und Berufsverbänden und in der Öffentlichkeit) an den Besitz der inzwischen immer seltener werdenden Stellen mit regelmäßiger Vollzeitarbeit, und *allein* daran gebunden sind. Bis heute droht bei einem Verlust des festen Arbeitsplatzes die Gefahr, nicht nur das Einkommen zu verlieren, sondern auch die Möglichkeit, sinnvollen Aktivitäten nachgehen zu können und sozialen Kontakt zu anderen aufzubauen etc. Das „Recht auf Arbeit" ist also gleichbedeutend mit dem Anspruch, Zugang zu den politischen, ökonomischen und sozialen Aspekten der Staatsbürgerlichkeit zu erlangen. Solange dem so ist, werden Aktivitäten, die von der Norm regelmäßiger Vollzeitarbeit abweichen, als minderwertig wahrgenommen, als etwas, das dazu führt, die Rechte des Individuums zu beschneiden bzw. ihm Vorteile und gesellschaftliche Anerkennung zu verweigern.

2.3 Der Wandel beruflicher Ungleichheiten. Zur Entwertung des klassischen Systems sozioprofessioneller Statuszuweisungen

Nicht nur die rollenförmigen Muster von Kooperation und Herrschaft, auch das klassische System sozioprofessioneller Statuszuweisungen ist in den Arbeitszusammenhängen der flexiblen Organisation entwertet worden. Dieses basierte darauf, daß sich aus beruflichen Positionen Einkommenschancen und soziale Sicherheiten (Baethge 2001) und bisweilen auch sehr weitgehende gesellschaftliche Einfluß- und Autoritätschancen ableiten ließen (Lepsius 1987). Insbesondere das deutsche System beruflicher Bildung mit seinen klar vorgezeichneten, gesetzlich fixierten Ausbildungs- und Berufsprofilen war lange Zeit für die soziale Positionierung in Arbeitszusammenhängen maßgeblich. Berufstitel schufen ein System institutionell geschützter Aufgabenfelder, das die freie Konkurrenz der Arbeitskräfte einschränkte. Dies galt auch für akademische Berufsgruppen und vor allem für die Professionen. Für letztere stellte das Bildungssystem die wichtigste Institution der Validierung von beruflichem Wissen und Status dar.[15] Diese Konstellation findet sich aufgrund des umfassenden Wandels, der insgesamt die Identität der modernen Gesellschaft und ihre Bestandsnormen berührt, erheblichen Veränderungen ausgesetzt:

- Bildungstitel und Berufsabschlüsse sind aufgrund der Flexibilisierung von Qualifikationsmustern und aufgrund der Zunahme von „Wissensberufen" als Kriterien der Statuszuweisung relativ zu anderen Merkmalen unwichtiger geworden. Von diesen Tendenzen sind akademische Berufsfelder in zunehmendem Maße betroffen (Hartmann 1995; Lane et al. 2000; Schnell 2003). Aber auch im Bereich des Berufsbildungssystems zeichnen sich Veränderungen ab. Selbst in Deutschland, einem Land, das im Vergleich zu Frankreich und insbesondere zu den USA über eine besonders starke Berufsbildungstradition verfügt, werden Bildungsabschlüsse und berufliche Ausbildungen als Kriterien der Statuszuweisung nun unwichtiger. Aufgrund der Verlagerung von erfahrungs- zu wissensbasierten Qualifikationen werden Positionszuweisungen zunehmend vom Nachweis unbestimmbarer Fähigkeiten und „dynamischer Leistungsprofile" abhängig (Baethge 2001).
- Wesentliche Linien sozialer Ungleichheit manifestieren sich nicht mehr *zwischen*, sondern *innerhalb* dieser Berufsfelder, und dies geschieht häufig auch entlang ethnischer, geschlechtsspezifischer (Wetterer 1992, 1995) und religiöser Zugehörigkeiten (Hohn/Windolf 1989; Lamont 1992; Hartmann 1995, 2002). Diese Zugehörigkeiten treten damit gegenüber beruflichen Statusgrenzen als zunehmend wichtigere Ursachen für Einkommensunterschiede, Aufstiegschancen und Kompetenzzuschreibungen im Arbeitsleben auf. Für die zunehmende Ungleichheitsrelevanz dieser Zugehörigkeiten (Weiß et al. 2001) gibt es zwei aufeinander verweisende Ursachen. Zum einen sind aufgrund der Angleichung von Bildungschancen, vor allem für Frauen, wesentliche institutionelle Zugangsbarrieren zu Berufsfeldern weitgehend abgebaut worden, weshalb symbolische Grenzlinien an Bedeutung gewinnen. Zum anderen ist davon auszugehen, daß ethnische, geschlechtsspezifische oder religiöse Zugehörigkeiten in dem Maße an Bedeutung gewinnen, wie die Person selbst mit all ihren Ta-

---

15 Durch dieses wurde die *Industrielogik* technischer Rationalität, askriptiver Neutralität und Professionalität in Berufslaufbahnen und Berufsbildern verankert (Bourdieu/Boltanski/de Saint Martin/Maladier 1981).

lenten und privaten Merkmalen zum beruflichen Kompetenzkriterium wird.
- Immer häufiger treten an die Stelle formaler Zugangsbarrieren informelle Ausschluß- und Statuskriterien (Heintz et al. 1997), die mikrosozial in Interaktionen durch „symbolische Grenzziehungen" (Lamont 1992) hergestellt werden, die ihre Wirkung in den inoffiziellen Zwischenräumen der alltäglichen Lebenswelten entfalten. Damit werden Kriterien des beruflichen Erfolgs relevant, die nicht nur die instrumentellen Arbeitsfähigkeiten im engeren Sinne umfassen, sondern die ganze Person mit einbeziehen, an deren individuellen Attributen sich berufliche Befähigung, aber auch beruflicher Mißerfolg festmachen kann. Deutlich wird dies z. B. an einer Rekrutierungspraxis, in der Biographie, Lebensstil, Auftreten, Charisma oder sprachliche Fähigkeiten, d. h. Zeichen einer Zugehörigkeit zu bestimmten sozialen Kreisen, als Selektionskriterien dienen und zu Qualifikationen umgedeutet werden (Hohn/Windolf 1989).
- Daraus ergibt sich die paradoxe Konsequenz, daß Bildungskapital als allgemeine Ressource zwar wichtiger wird, die zugehörigen Bildungstitel aber ihre Platzanweiserfunktion innerhalb der beruflichen Felder verlieren. Es kommt zur „Diskreditierung des Sozialklassenmodells" (Boltanski/Chiapello 2003: 352). Mit der Tertiarisierung und der Zunahme qualifizierter Angestellter wurden Bedingungen geschaffen, unter denen der Status im Arbeitsleben nicht mehr kollektiv als typisches Berufs- oder Klassenschicksal erfahren werden kann, sondern individuell zugerechnet wird.[16] Auch haben sich die Sozialmilieus innerhalb der Betriebe homogenisiert, denn zwischen leitenden und normalen Angestellten (anders als zwischen leitenden Angestellten und Arbeitern) gibt es keine wesentlichen Unterschiede in Klassenzugehörigkeit und Lebensführung mehr. Die qualifizierten Angestellten sind dagegen weniger häufig als im klassischen Modell in Führungs- und Kontrollfunktionen anzutreffen, da auch die Zahl der Hierarchieebenen reduziert wurde.

---

16 Die Notwendigkeit zur individuellen Marktbehauptung zeigt sich vor allem dort, wo – wie z. B. in den Kulturberufen (Gottschall/Betzelt 2003a, b) – kollektive Interessenvertretungen durch Berufsverbände und Kammern gar nicht erst aufgebaut wurden (Betzelt 2003) und abgesicherte Monopole für bestimmte Teilarbeitsmärkte nicht beansprucht werden können.

2.4 Arbeit und Lebensführung heute
Zur Frage beruflicher Identitäten

Die bis hierher entwickelten Gedanken lassen sich folgendermaßen zusammenfassen: Die Erosion des sozialen Kapitalismus hat nicht nur zur Aufweichung der institutionellen Architektur der Industriemoderne beigetragen, sie hat auch neue Formen der Ungleichheit hervorgebracht. Dabei ist Beruflichkeit auf unterschiedlichen Ebenen erodiert: Als Prinzip der Zuweisung von Einkommens- und Lebenschancen, als Garant sozialer Sicherheiten und als Prinzip rollenförmiger Arbeitsteilung. Fraglich ist allerdings, ob dadurch auch die Identifikation mit dem Beruf aufgehoben wird. Wenn dies so wäre, hätte man ein plausibles Argument für die normative *Desintegration* der Erwerbsgesellschaft durch die aktuelle Transformation gewonnen. Die Flexibilisierung des Kapitalismus und die Auflösung von Normalarbeitsverhältnissen wäre dann als untrügliches Anzeichen einer Gesellschaft zu lesen, in der über Arbeit und Beruf langfristig keine Sozialintegration mehr gewährleistet werden kann, in der Reziprozität, persönliche Sinnstiftung und berufliche Wertbindungen einer zunehmend instrumentellen Haltung zum Opfer fallen – mit der nicht völlig abwegigen Vision des Arbeitskraftunternehmers (Voß/Pongratz 1998), der noch seine eigene Individualität nach ökonomischen Kalkülen rationalisiert (Moldaschl/Sauer 2000).

Für diese Diagnose spricht, daß auch die sozialmoralische Macht des Professionalismus (Gouldner 1980) aufgrund ihrer zunehmenden Marktabhängigkeit geschwächt wird (Freidson 2001; Theobald 2003). Autonomie und Privilegien klassischer Professionen werden zunehmend durch heteronome Instanzen von Wettbewerb und Markt ausgehöhlt bzw. durch Qualitätskontrollen (Evaluationswesen) unterlaufen (Leicht/ Fennell 1997; Bröckling et al. 2000). Professionen müssen sich im Zuge der Umgestaltung von immer mehr öffentlichen Einrichtungen unter Wettbewerbsgesichtspunkten in Gestalt der sonst nur aus der Privatwirtschaft bekannten Quality-Management-Praktiken und Rankings der konkurrenzvermittelten Kontrolle des Marktes unterwerfen. Es kommt zur Externalisierung von Validitätskriterien professioneller Arbeit. Dazu tragen auch die diskursive Verwandlung von Klienten in Kunden und die Entwicklung neuer Evaluationskonzepte bei. Damit ist aber die normative Exklusivität sowie das Recht auf Selbstkontrolle professioneller Arbeit in Frage gestellt. Möglicherweise nähern sich professionelle

Handlungsorientierungen an die Struktur kommerzieller Dienstleistungsberufe in Unternehmen an.[17]

Gegen die These von der völligen Erosion sozialmoralischer Grundlagen spricht jedoch, daß sich neue Erwerbsformen ohne soziale Rückkopplungen in den Lebenswelten des Kapitalismus nicht hätten durchsetzen können. Ohne Projektionen eines „erfüllten Lebens" kann auch das moderne Erwerbssystem die zu seinem Bestand notwendigen motivationalen Voraussetzungen nicht gewährleisten. Plausibler scheint demgegenüber die Annahme zu sein, daß sich die marktlich entfesselte Gesellschaftsordnung ihre eigenen Sinnressourcen und Legitimationssysteme erschafft, indem sie sich mit Lebensformen verbindet, die den neuen Kapitalismus in kultureller Hinsicht erfolgreich machen (Neckel 2003). Die Bedeutung dieser Wert- und Sinnsysteme im Kontext beruflicher Handlungsorientierungen nachzuweisen, ist ein Anliegen dieser Studie.

3. Von der Netzwerkgesellschaft zur Subjektivierung der Arbeit. Die Architektur des neuen Kapitalismus

Der gemeinsame Nenner der in den beiden vorangehenden Kapiteln geschilderten Auflösungstendenzen scheint zu sein, daß sich ökonomische Kräfte soweit aus den Institutionen und Normen der industriellen Gesellschaftsordnung herausgelöst haben, daß sie nicht mehr ohne weiteres als *soziale* Verhältnisse, als gesellschaftliche Ungleichheitsverhältnisse oder Herrschaftsbeziehungen entschlüsselt werden können. Der Grund dafür wird in der Befreiung von den kollektiven Strukturen wirtschaftlicher Ordnungszusammenhänge gesehen oder vielmehr: Die Struktur zwingt die sozialen Akteure dazu, frei zu sein, da der neue Kapitalismus nur unter der Bedingung produktiv sein kann, daß die Akteure die regelgebundenen „fordistischen" Strukturen überwinden.

Im Unterschied zur industriellen Phase des Kapitalismus scheint es in der Informationsökonomie auch nicht mehr möglich, relevante soziale Akteure, Interessenskonflikte oder Statusgruppen zu identifizieren. Damit geht nach Meinung einiger Autoren eine Desymbolisierung sozialer Hierarchien und Statusordnungen einher (Lash 1996: 209; Sennett 2000, 2005; Touraine 2001). Nicht das normative Ordnungsproblem – die

---

17 Auch hier zeigt sich ein Forschungsdefizit der Professionssoziologie: Während die Auswirkungen dessen, was in neueren Zeitdiagnosen und Sozialtheorien als Vermarktlichung verstanden wird, für die Entwicklung öffentlicher Dienste und ihrer Arbeitsformen noch kaum erforscht ist, widmet sich die klassische Industrie- und Arbeitssoziologie schon seit 15 Jahren den Folgen der „Internalisierung des Marktes in Unternehmen".

Vermeidung der Anarchie widerstreitender Interessen kraft einer normativen Konsensbildung sowie die Erfüllung von Pflichten und die Einhaltung von Disziplin – erscheint im Kontext der neuen Arbeitsordnung fundamental, sondern das kognitive Strukturproblem eines unvermeidlichen Umgangs mit der chaotischen Fülle der durch die Informations- und Kommunikationstechnologien eröffneten Möglichkeiten. Was nun als richtig gilt, hängt nicht mehr von allgemein gültigen Wertsystemen ab, sondern von den kontingenten Ordnungsleistungen der jeweiligen Informationssysteme. Jeder muß sich beständig an eine Welt anpassen, die ihre Beständigkeit verliert. Dies hat nach Meinung der genannten Autoren dazu geführt, daß die Situation des Subjekts in der modernen Arbeitswelt nicht mehr nach dem Modell der Entfremdung verstanden werden kann. Nicht der Konflikt zwischen Institutionen und Individuen, sondern die Kopplung des Subjekts an die Bewegungen des Marktes bestimmen demnach nun das Modell des Handelns. Dieser Konflikt ist nach Touraine (2001) heute weniger denn je von Bedeutung, weil sich Strukturen weitgehend verflüchtigt haben. Damit ist auch eine neue Form der individuellen Pathologie verbunden, wie Alain Ehrenberg (2004) in seiner aufschlußreichen Studie *Das erschöpfte Selbst* herausgearbeitet hat: In der industriellen Phase des Kapitalismus prägten Disziplin, Entfremdung und der Konflikt zwischen der Welt der Institutionen und den individuellen Ansprüchen die Problematik des modernen Individuums. Mit dem Wegfall der festen Strukturen und Grenzen treten Antriebsschwäche (Depression), Sucht und psychische Entleerung an deren Stelle.

In der derzeitigen Phase des Übergangs ist jedoch noch nicht sichtbar, welche Struktur das Beschäftigungssystem und die Prinzipien beruflichen Handelns in Zukunft annehmen werden. Was fehlt, sind Typologien und Konzepte beruflicher Arbeit, die auch innerhalb des großen und expandierenden Feldes hochqualifizierter Arbeit differenzieren. Durch welche symbolischen und ökonomischen Grenzen werden Ausschlußprinzipien in der kommenden Phase westlicher Erwerbsgesellschaften begründet? Wer sind die Gewinner und die Verlierer der informations- und medientechnologischen Transformation von Arbeits- und Erwerbsformen? Was wird aus den klassischen Expertenberufen, den Professionen? Welche Rolle wird den unterschiedlichen Expertengruppen bei der Definition gesellschaftlicher Problemsichten in Zukunft zukommen? Die Beschäftigungsstruktur moderner Erwerbsgesellschaften findet sich aktuell in einer Umbruchphase, die das durch die beiden Extrempole (abhängig beschäftigte Arbeitnehmer und Professionelle) aufgespannte Kontinuum von Beschäftigungsformen, das für die industrielle Epoche charakteristisch war, zunehmend fraglich werden läßt.[18] Zum einen sind neue Verwerfungslinien entstanden, die traditionelle Unterscheidungen zwischen Kopf- und Handarbeit, Industrie- und Dienstleistungsarbeit bereits hinter sich gelassen haben.[19] Zum anderen kommt es zur stärkeren Polarisierung auch innerhalb von Berufsfeldern. Dies zeigt etwa die zunehmende Aufspaltung zwischen freiberuflich tätigen (bzw. Teilzeitbeschäftigten) und fest angestellten Beschäftigten. Viele Belegschaften werden durch die Einführung zeitlich befristeter Verträge in „Etablierte" und „Außenseiter" gespalten (Engler 2005: 63), meist ohne, daß diese Differenz durch unterschiedliche Qualifikationen oder Aufgabenfelder gerechtfertigt werden kann. Diese Situation prägt die Beschäftigungsfelder vor allem in den Kulturberufen, etwa in den Berufsfeldern des Journalismus, in der Werbung, in der Informatik und in Fernseh- und Rundfunkanstalten (Gottschall 1999). Hinzu kommt, daß auch sektorenspezifische Trennlinien, etwa die traditionelle Unterscheidung zwischen kommerziell-wirtschaftlichen und kulturell-öffentlichen Beschäftigungsfeldern, durch die zunehmende Privatisierung von Kulturanstalten (Medien, Museen, Ausstellungen) ins Wanken geraten. Schließlich sind neue Beschäftigungskategorien zwischen kultureller Handlungslogik und ökonomischer Verwertbarkeit entstanden: Die „Ich-AG", der Individualberuf (Voß 2001) oder der „Arbeitskraftunternehmer" (Voß/Pongratz 1998) verweisen auf hybride Berufskategorien, in denen sich Markt und Kultur, Identitätskonzepte und Profitimperative nicht mehr voneinander trennen lassen.

Dies löste den Ruf nach theoretischer Neuorientierung aus. Analog zur Diagnose vielfältiger Erscheinungsformen sind eine Fülle neuerer Deutungsversuche entstanden, die aus ganz unterschiedlichen theoretischen Perspektiven die Wesenseigenschaften des neuen Kapitalismus zu erfassen suchen. Von den neueren Arbeiten, die sich mit dem Wandel

---

18 Damit wird auch die traditionelle Arbeitsteilung zwischen der Arbeits- und Industriesoziologie auf der einen Seite und der Professionssoziologie auf der anderen Seite in Frage gestellt. In der industriellen Phase des Kapitalismus konnte sich die Arbeits- und Industriesoziologie auf ökonomische Handlungsmodelle bei der Erklärung betrieblicher Beschäftigungsverhältnisse stützen. Arbeit und Beschäftigung schienen, vor allem innerhalb des industriellen Sektors, in erster Linie durch ökonomische Verwertungszusammenhänge und technologische Rationalisierung determiniert. Demgegenüber stellt die Professionsforschung die kulturelle Ebene (professionelles Ethos, Gemeinwohl, Wertbindungen) in den Vordergrund. Aufgrund der Kulturalisierung des Ökonomischen entstehen jedoch immer mehr Beschäftigungsfelder, die durch beide Logiken bestimmt sind: Einerseits müssen immer mehr professionelle Experten ihre Dienstleistungen kommerzialisieren, andererseits haben sich immer mehr Beschäftigungsfelder innerhalb des Produktionssektors tertiarisiert, d. h. sie werden durch Wissen und Information bestimmt.

19 Dazu gehört zum Beispiel auch die von Castells (1996) angeführte Aufspaltung zwischen „symbolic analysts" und „generic labor".

von Arbeit und Beschäftigung unter den neuen ökonomischen Bedingungen befassen, sollen hier zwei Deutungsversuche herausgegriffen und skizziert werden: eine radikale Lesart, die betont, daß wir uns im Entstehungsprozeß einer neuen kapitalistischen Gesellschaftsformation, der Formation der Netzwerk- bzw. Wissensgesellschaft befinden, die einen signifikanten Bruch mit den Verhältnissen der Industriegesellschaft markiert, und eine gemäßigte Lesart, die den Wandel von Arbeitsformen im Kontext des klassischen arbeits- und industriesoziologischen Theorievokabulars deutet und nicht als grundlegende gesellschaftliche Transformation, sondern lediglich als Akzentverschiebung des in der Industriemoderne bereits angelegten Grundwiderspruchs zwischen Kapital und Arbeit begreift. In beiden Fällen stellt sich die Frage, welche Bedeutung dieser Wandel für die Entwicklung von Arbeit und Identität hat.

3.1 Arbeit und Beschäftigung in der Informations- und Wissensgesellschaft

Kaum ein Konzept hat die aktuelle Diskussion um die Zukunft moderner kapitalistischer Wirtschaftsordnungen nachhaltiger geprägt als der in drei Bänden vorliegende Entwurf von Manuel Castells (1996, 1997, 1998) *The Network Society*. Castells charakterisiert den aktuellen Wandel als einen Bruch mit den Verhältnissen der Industriegesellschaft. Entscheidend für die Herausbildung des Gesellschaftstyps der Informationsgesellschaft war nach Castells das Zusammentreffen der Restrukturierung des krisengeschüttelten Kapitalismus seit den 1970er Jahren mit der Herausbildung neuer Informations- und Kommunikationstechnologien. Durch die Herausbildung globaler, wissensbasierter Wirtschaftsordnungen werden Wertschöpfungsgewinne, anders als noch in der industriellen Phase des Kapitalismus, immer weniger durch die Erschließung neuer Energiequellen und immer stärker und überproportional durch systematische Verfahren der Wissensproduktion erzielt. Neu ist daran nicht die kritische Rolle von Wissen und Information an sich – deren Bedeutung ist für alle Gesellschaftsformen unbestritten. Die informationstechnologische Revolution besteht vielmehr darin, daß durch die Durchdringung aller bisherigen Tätigkeiten mit Technologien der Wissensverarbeitung und Wissenserzeugung eine enorme Produktivitätssteigerung erreicht wurde: „Information processing is focused on, improving the technology of information processing as a source of productivity." (Castells 1996: 17) Diese neue informationelle Wirtschaft bringt eine neue organisatorische Logik hervor, die auf Netzwerken beruht, durch die Unternehmen und Geschäftsprojekte untereinander verbunden werden. Dadurch steigt die Anpassungsfähigkeit an eine ökonomische Umwelt, die angesichts des rapiden technischen Wandels und unvorhersehbarer wirtschaftlicher Dynamiken kaum zu kontrollieren sei. Um die neuen Chancen für sich nutzen zu können, muß das Unternehmen selbst zum Netzwerk werden und jedes seiner Elemente dynamisieren (ebd.: 171 f.).

3.1.1 Netzwerke als dominierendes gesellschaftliches Organisationsprinzip

Netzwerke, so Castells These, dominieren nicht nur die Struktur des Wirtschaftssystems, sie prägen als dominante soziale Form die gesellschaftliche Morphologie des Informationszeitalters und verdrängen die bürokratischen und hierarchischen Strukturprinzipien des Industriekapitalismus. Der neue Kapitalismus mit seiner immer weiter ausgreifenden Herrschaft der internationalen Finanzmärkte wird demnach in Zukunft durch das flexible Netzwerkunternehmen bestimmt. Auch Netzwerke von politischen Unternehmen und neue Kommunikationsnetzwerke (Internet, E-Mail) bestimmen die Struktur der zukünftigen Gesellschaftsordnung. Demnach wirken Netzwerke substantiell auf alle gesellschaftlichen Prozesse und Lebensformen ein. Auch die Verteilung wertvoller Güter und sozialer Einflußmöglichkeiten wird langfristig durch diese bestimmt:

> „Dominant functions are organized in networks pertaining to a space of flows that links them up around the world, while fragmenting subordinate functions, and people, in the multiple space of places, made of locales increasingly segregated and disconnected from each other." (Castells 1996: 476)

Damit ist eine grundsätzliche Verlagerung gesellschaftlicher Strukturprinzipien verbunden. Das „eherne Gehäuse" mechanisch-maschineller Produktion, das die Lebensformen des industriellen Zeitalters bestimmte, wird demnach durch „flexible elektronische Knotenpunkte" abgelöst (Steinbicker 2001: 103). Nur die Schnittstellen und Knotenpunkte der Netzwerke werden zu strategischen Punkten, die denen, die sie kontrollieren, Macht verleihen, während Ströme von Kapital, Information und Wissen den Gang der gesellschaftlichen Entwicklung bestimmen. Entsprechend gilt als die basale Einheit gesellschaftlichen Handelns nicht mehr ein Subjekt, sei es ein Individuum (Unternehmer, Arbeiter) oder ein Kollektivsubjekt (eine soziale Klasse, eine Gewerkschaft, ein Unternehmen, der Staat), sondern ein Netzwerk, das aus einer Vielzahl von Individuen und Organisationen besteht und sich beständig an andere Netzwerke und Märkte anpaßt (ebd.: 198). Nicht die Vermittlung von Interessen mit kulturellen Bindungen und Institutionen (Lepsius 1990), sondern die unbegrenzte Fähigkeit zum Wandel und zur Anpassung an eine Umwelt, die sich in permanenter Veränderung befindet und häufig nicht vorhersehbar ist, bestimmt nach Castells den Sozialcharakter der neuen Gesellschaftsordnung.

Auch die neueren deutschen Beiträge zur „Wissensgesellschaft" (Willke 1998; Stehr 2001)[20] und „Informationsgesellschaft" (Stichweh 1998) betonen die Dominanz informationeller Infrastrukturen. Charakteristisch für die Wissensgesellschaft ist demnach nicht allein die Tatsache, daß wirtschaftliche Wertschöpfung zunehmend von Wissen statt vom Arbeits-, Kapital- oder Materialeinsatz abhängig wird, sondern vor allem die Tatsache, daß Wissensbasierung und Symbolisierung alle gesellschaftlichen Lebensbereiche durchdringt:

> „Die Wissensgesellschaft beruht auf ‚embedded intelligence' in dem Sinne, daß ihre Infrastrukturen (Telekommunikationssysteme, Telematik- und Verkehrssystemsteuerung, Energiesysteme) mit eingebauter, kontextsensitiver Expertise arbeiten, ihre Suprastrukturen (Institutionen, Regelsysteme, governance regimes) lernfähig organisiert sind und aktiv Wissensbasierung betreiben." (Willke 1998: 164)

Was folgt daraus nun für Arbeit und Beschäftigung? Auch hier stimmen die Entwürfe der „Wissensgesellschaft" und der „Netzwerkgesellschaft" in ihren grundlegenden Aussagen überein: Aufgrund der erhöhten Nachfrage nach Wissensarbeit gewinnt Kopfarbeit insgesamt an Bedeutung, denn der Wert der neuen Produkte (Software, Logik-Chips, Computer, Farbdisplays, elektronische Spiele, Videoclips, Spielfilme) bestimmt sich nicht mehr nach seinem Materialwert, sondern seinem Wert an eingebauter Intelligenz. Hinzu kommt, daß aufgrund der ständigen Innovation das berufliche Wissen kontinuierlich revidiert wird und nicht mehr durch eine einmalige Fachausbildung oder professionelle Ausbildung erworben werden kann (Willke 1998: 163). Und je weiter sich neue Informationstechnologien ausweiten, um so größer ist der Bedarf an selbständigen und qualifizierten Arbeitskräften. Diese Gruppe netzwerkorientierter und informationeller Arbeitskräfte (Castells 1996: 472) avanciert zur Kernbelegschaft des neuen Kapitalismus, einfache Arbeiter werden hingegen marginalisiert. Auch wird ein Großteil der Arbeitsplätze durch Automation und Rationalisierung überflüssig. Es kommt zu einer zunehmenden Polarisierung zwischen den selbstprogrammierenden Wissensarbeitern und den anderen, einfachen Arbeitskräften sowie zu einer Ausweitung von Teilzeitarbeit, befristeten Arbeitsverhältnissen, Selbständigkeit, freier Mitarbeit, informellen und halbformellen Arbeitsarrangements. Darüber hinaus bildet sich ein neues System

---

20 Ursprünglich geht das Konzept der Wissensgesellschaft auf Peter Drucker (1969) *The Age of Discontinuity* zurück.

internationaler Arbeitsteilung heraus, das zur strukturellen Exklusion ganzer Kontinente bzw. bestimmter, an die Informationsnetzwerke nicht angeschlossener Gebiete, inmitten der reichsten Länder, führt (ebd.). Nach Willke (1998) ist zudem von einer Verbreiterung der zuvor auf eine kleine professionelle Elite beschränkten Wissensklasse auszugehen. Da Wissen nicht mehr ausschließlich und vielleicht nicht einmal in erster Linie in den Organisationen des Forschungs- und Wissenschaftsbetriebs, sondern in allen gesellschaftlichen Bereichen hervorgebracht wird, verliert die Wissenschaft ihr Deutungsmonopol an einen Pluralismus ganz unterschiedlicher Wissensformen, wodurch auch eine Vervielfältigung unterschiedlicher, für die Produktion, Tradierung und Vermittlung von Wissen zuständigen Akteursgruppen erfolgen wird.

3.1.2 Das normative Defizit der Entwürfe der Netzwerkgesellschaft und Wissensgesellschaft

Den Konzepten der Netzwerkgesellschaft und der Wissensgesellschaft verdanken wir wichtige Einsichten in die Entfaltung einer globalen, auf Wissen basierenden Wirtschaftsordnung. Und es kann kein Zweifel daran bestehen, daß es insbesondere Castells gelingt, dank der Vielzahl der angeführten empirischen Studien und Details eine Standortbestimmung des durch die neue kapitalistische Produktionsweise ausgelösten Strukturwandels moderner Gesellschaften, ihrer globalen Verflechtungen, Spaltungen, Polarisierungen und Fragmentierungen zu geben. Um so bedauerlicher ist es, daß eine Analyse der institutionellen und normativen Grundlagen der Netzwerkgesellschaft unterbleibt.[21] Die Untersuchung konzentriert sich ausschließlich auf den *Strukturwandel* moderner Wirtschaftssysteme, während die sozialmoralischen Ressourcen, ohne die auch die Ströme der Finanz-, Medien- und Informationsnetzwerke nicht bewegt werden können, unerörtert bleiben. Der lebensweltliche Unterbau, die kollektiven Wissensordnungen und Handlungsorientierungen der Akteure, durch die Netzwerkgebilde sozial rückgekoppelt und normativ motiviert werden, bleiben unterbelichtet.[22]

Die gleiche Kritik kann auch auf das Konzept der „Wissensarbeit" (Willke 1998) ausgedehnt werden. Einerseits behaupten die Vertreter dieser Konzeption, daß jede menschliche Tätigkeit wissensbasiert in dem Sinne ist, daß Erfahrung und Wissen eine Rolle spielen. Deshalb sei

---

21 Vgl. ausführlicher zu dieser Kritik Steinbicker (2001: 103) und Perkmann (1999: 624).
22 Castells diskutiert das Verhältnis zwischen dem Sozialen, also der Ebene der Bedeutungen, Normen und Institutionen, und dem Ökonomischen nicht explizit, scheint jedoch davon auszugehen, daß die Sphäre von Interaktion und Lebenswelt durch die techno-ökonomische Basis determiniert wird (Perkmann 1999: 623).

auch nicht Wissen und Information per se, sondern der Umstand, daß sich neue Produktionsformen auf die Generierung und Prozessierung von Informationen beziehen, also Wissen reflexiv auf sich selbst anwenden (ebd.: 21), charakteristisch für den Qualifikationstyp der Wissensarbeit.[23] Andererseits unternehmen sie keine Abgrenzung gegenüber anderen Qualifikationsprinzipien. Ist die Fähigkeit, neues Wissen zu generieren und auf sich selbst anzuwenden, nicht Teil beinahe jeder qualifizierten Berufsausbildung (Beck/Brater 1978)?

Eine genauere Bestimmung des Erwerbstypus der „Wissensarbeit" bzw. der „informationellen Arbeit" erfordert eine institutionelle Perspektive, die Arbeits- und Berufsethos sowie strukturelle Privilegien (Status, Macht, Autonomie, Prestige) der Wissensarbeiter miteinbeziehen müßte. Es ist unwahrscheinlich, daß sich die neuen Wissenszusammenhänge völlig abgekoppelt haben von gesellschaftlich vermittelten Deutungs-, Herrschafts- und Ungleichheitsverhältnissen und unmittelbar in den profitorientierten Verwertungsinteressen von Unternehmen aufgehen. Auch die neuen Wissensformen und -infrastrukturen werden durch und in sozialen Handlungen reproduziert und durch Normen und Werte geprägt. Sie können nicht auf den Status einer Ressource oder einer Ware reduziert werden. Zudem ist das in seiner wirtschaftlichen Bedeutung stetig zunehmende Wissen keine unanfechtbare, unstrittige oder interpretationsfreie Instanz, sondern von kulturellen Ausdeutungen abhängig und damit Gegenstand gesellschaftlicher Auseinandersetzungen um kulturelle Vorherrschaft. Daher stellt sich für eine Sozialwissenschaft die dringende Frage, von welchem Umbau sozialer Institutionen, Sinnorientierungen und Akteurskonstellationen die Herausbildung einer Netzwerkgesellschaft begleitet wird. Wer sind die sozialen Trägergruppen des in seiner wirtschaftlichen Bedeutung stetig zunehmenden Wissens und welche Verschiebungen in den Reproduktionsmechanismen von Herrschafts- und Ungleichheitsverhältnissen zieht der Aufstieg der „Wissensarbeit" nach sich? Welche Rolle spielen Besitz und Herkunft dabei? Da die neuen Entwürfe zur Netzwerkgesellschaft und Wissensgesellschaft weder dem System beruflicher Qualifikationen noch den kulturellen Einflüssen von Mentalität und Lebensformen eine eigenständige Erklärungskraft für den sozialen Wandel einräumen, können sie diese Fragen nicht beantworten. Dazu wäre es erforderlich, ihre Einsichten um die Analyse kultureller Werte, sozialer Institutionen und beruflicher Akteure zu ergänzen.

---

23 Ähnlich definiert Castells (1996) das Konzept der „informationellen Arbeit": Neben kommunikativen, organisatorischen, wissenschaftlichen und technologischen Kompetenzen wird die Fähigkeit zur Selbstprogrammierung als selbsttätige Aneignung neuer Fähigkeiten hervorgehoben.

3.2 Der neue Sozialcharakter der Arbeit zwischen „Vermarktlichung" und „Subjektivierung" Die gemäßigte Deutungsstrategie

Ein detaillierteres Bild der Auswirkungen des ökonomischen Wandels auf Identität und Persönlichkeit erhalten wir in den neueren Ansätzen der Arbeits- und Industriesoziologie (Voß/Pongratz 1998; Deutschmann 2002, 2003; Lohr 2003; Moldaschl/Voß 2003). Ihr Erkenntnisinteresse gilt auch nicht dem Strukturwandel der Gesellschaft im Ganzen, sondern, wesentlich bescheidener, dem Wandel von Arbeit und Beschäftigung im Kontext kapitalistischer Unternehmen. Gegenüber dem großangelegten Versuch Castells, die aktuellen Transformationen durch ein neues theoretisches Paradigma abzubilden, betonen sie die Kontinuität des in der Industriemoderne angelegten Grundwiderspruchs zwischen Kapital und Arbeit (Deutschmann 2002, 2003). Herrschaft und Kontrolle wird demnach durch die Aufweichung regelgebundener „fordistischer" Strukturen nicht aufgehoben, vielmehr setzen sich anstelle der tayloristischen, bürokratischen Herrschaftsprinzipien neue, subtilere Mechanismen der kapitalistischen Kontrolle von Arbeit durch, die lediglich den Vorschein einer größeren Freiheit vermitteln. Sie greifen im Endeffekt jedoch viel umfassender auf Subjektivität und Lebensführung zu und führen somit zu einer kapitalistischen Vereinnahmung der ganzen Persönlichkeit.

Da profitorientierte Regulations- und Kontrollmodi in Unternehmen eindringen (Moldaschl/Sauer 2000; Moldaschl 1998), wobei hierarchische durch marktförmige Koordinationsmechanismen (Profitcenter, teilautonome Abteilungen, Wettbewerbsprinzipien) zunehmend verdrängt werden, wird die umfassende Nutzung persönlicher Fähigkeiten zur „entscheidenden Rationalisierungsressource" (Baethge 1991: 13). Die konkrete Ausgestaltung der Arbeitsaufgaben wird nun enger an die arbeitenden Subjekte gebunden, was eine stärkere Selbstkontrolle der Beschäftigten voraussetzt (Baethge 1991; Lohr 2003; Moldaschl/Sauer 2000; Moldaschl 1998). Auch die verringerte Bedeutung berufsfachlicher Strukturen und Qualifikationsschablonen (Voß 2001: 294) hat nach Meinung der Autoren zum zunehmenden Bedarf des besseren „Zusammenspiels von personalen und organisationalen Momenten" (Lohr 2003: 515) geführt. Beide Entwicklungstendenzen werden in der aktuellen arbeitssoziologischen Debatte als „Subjektivierung der Arbeit" bezeichnet.[24] Subjektivierung als Verwertungsstrategie wird demnach um

---

24 Subjektivierung wird in der Perspektive betrieblicher Rationalisierung als Verlagerung von der Außensteuerung zur Innensteuerung der Arbeit betrachtet: „Subjektivierung soll nun

so zentraler, je unbestimmter und weniger technisierbar die Arbeitsaufgaben sind. Insbesondere Dienstleistungsarbeit, die als „immateriell, abstrakt, reflexiv und kontingent" gilt, verlangt ein „Mehr an Subjektivität von den Beschäftigten" (ebd.: 516), da ihr Routinecharakter gering ist und weder durch technische Systeme ersetzt, noch durch hierarchische Befehlsketten angeordnet werden kann (Deutschmann 2002: 41). Aber auch immer mehr Arbeitsfelder im herstellenden Bereich verlangen dem Einzelnen Interpretations- und Urteilsfähigkeit sowie eine situationsbezogene Aktualisierung ihrer fachlichen Kompetenzen ab, die – sei es in Form der Überwachung und Regulierung technischer Systeme in der Produktion, sei es im Zusammenhang kommunikativer Beratungs- oder Betreuungssituationen bei Dienstleistungen (Baethge 1991: 13) – nur *freiwillig* erbracht werden können (Deutschmann 2002: 95 ff.). Sie beinhalten einen Beitrag zur Gewährleistung von Prozessen, die Fähigkeit zur Kooperation und kreatives Potential und Verantwortlichkeit. Sie können also gerade nicht von oben angeordnet werden, sondern bedürfen einer Kooperations- und Vertrauensbasis.

Damit ist ein zentraler Widerspruch in der Subjektivierungsdebatte angesprochen: Als ökonomische Verwertungsstrategie ist Subjektivierung auf das Vertrauen und die Zustimmung von Beschäftigten angewiesen. Vertrauen aber kann weder befohlen noch angeordnet werden, es kann auch nicht „bezahlt" werden (Luhmann 1973). Es setzt eine normative Übereinkunft der Beteiligten, d. h. die Anerkennung gemeinsamer Wertgrundlagen voraus. Dasselbe gilt für die Sinngebungen, die in Form lebensweltlicher Ansprüche (Baethge 1991; Moldaschl 2003: 36 f.) an die Arbeit herangetragen werden. Auch diese können nicht umstandslos unter das Paradigma betrieblicher Rationalisierung und Kontrolle subsumiert werden. Die Einzelnen wollen innerlich an der Arbeit beteiligt sein und auf der Basis berufsinhaltlicher, kommunikativer und expressiver Fähigkeiten *anerkannt* werden. Sie streben danach, Kompetenzen, Qualifikationen und Fähigkeiten einzubringen, sich selbst zu verwirklichen und persönlich zu entfalten (Baethge 1991). Diese Ansprüche gehen in der betrieblichen Verwertung von Arbeit nicht auf, sie greifen auf Wissensstandards und kulturelle Werte zurück, die ihre historischen Wurzeln in außerökonomischen Erfahrungen und Institutionen haben und nicht selten der Marktlogik von Arbeit entgegenstehen. Je stärker Arbeit auf gesellschaftliche und kulturelle Strukturen bezogen ist, desto fraglicher wird jedoch, ob das Phänomen der Subjektivierung

---

die bürokratisch verschütteten subjektiven Potentiale freilegen, Engagement und Begeisterung mobilisieren, teure Kontrollsysteme durch kostenlose und effektivere Selbstkontrolle substituieren, Herrschaft durch Selbstbeherrschung virtualisieren und Planung durch Improvisation flexibilisieren" (Moldaschl 2003: 31).

von Arbeit mit dem Paradigma betrieblicher Rationalisierung und Kontrolle überhaupt hinreichend erfaßt und verstanden werden kann. Aus dieser inneren Widersprüchlichkeit erklärt sich auch, daß die Debatte zwischen einer emanzipatorischen Lesart[25] und einer ideologiekritischen Lesart oszilliert, die die Subjektivierung als eine Verwertungsstrategie der Unternehmen, als Herrschaftsideologie im Dienste des Kapitals „entlarvt" (Moldaschl 2003: 37). Dies kommt etwa in der folgenden Aussage zum Ausdruck:

„Das aufgewertete und ‚befreite' Subjekt erbt im Zuge der Dezentralisierung gewissermaßen die Aufgabe der Instrumentalisierung seiner selbst. Mehr als bisher richtet es berufliche Ziele und lebensweltliche Bedürfnisse an den Erfordernissen des Betriebes aus – nicht erzwungen, sondern freiwillig. Die Rücknahme der Fremdbestimmung in der Arbeit wird quasi zur Voraussetzung einer größeren Fremdbestimmung über den Sinn der Arbeit." (Moldaschl/Sauer 2000: 220)

In dieser Sichtweise sind die Individuen selbst nach ihrer Befreiung von betrieblichen Kontrollen nichts anderes als die Objekte ökonomischer Verwertungsinteressen, die im wesentlichen als „Opfer", nicht aber als Akteure ihrer selbst betrachtet werden. Doch mit welchem Recht glauben Individuen, sich in ihrer Arbeit zu verwirklichen, wenn sie in Wirklichkeit nur die Opfer ideologischer Herrschafts- und kapitalistischer Profitinteressen darstellen?

Schließlich bedarf auch der Gehalt des Subjektbegriffs einer historischen Rekonstruktion. Subjektivität unterliegt als ein Sinnmuster, das in gesellschaftlichen Institutionen und kollektiven Wissensordnungen eingebettet ist, gesellschaftlichen Veränderungen. In der arbeitssoziologischen Diskussion bleibt das Konzept jedoch normativ unterbestimmt, mit einer „anthropologischen Hypothek" (Kocyba 2000: 137) belastet, wonach das Subjekt bereits als fertige Persönlichkeit vorliegt und gleichsam von außen an die Arbeitswelt herangetragen wird. Es ist immer schon da, wird funktionalisiert, befreit, ausgebeutet oder als Produktivitätsressource wichtiger. Dabei wird das „Subjekt" als Residualkategorie für alle individuellen Eigenschaften und Bedürfnisse herangezogen, die sich den traditionellen (tayloristischen) Prinzipien technischer und betrieblich-organisatorischer Kontrollstrukturen entziehen. So erscheint zum Beispiel der Wunsch nach Autonomie und Kreativität als „subjektiv", weil er scheinbar ganz individuellen Vorlieben folgt. Die Tatsache, daß auch vermeintlich rein subjektive Ansprüche und Erwartungen an die Arbeit (z.B. in Form von Anerkennung und Status) einer normativen Logik unterliegen und damit historisch-kulturellem Wandel unter-

---

[25] Diese Perspektive wurde von Baethge (1991) unter dem Begriff der „normativen Subjektivierung" eingeführt.

worfen sind, bleibt dabei unberücksichtigt: „Worin Selbstdarstellung gesucht und Selbstbestätigung gefunden wird, variiert nach individuellen Neigungen, Fähigkeiten und Interessen." (Baethge 1991: 11) Arbeitshandeln ist in dieser Perspektive entweder allein ökonomisch, d. h. durch Marktimperative, oder rein subjektiv, durch die Bedürfnisnatur des Menschen motiviert. Sofern Arbeit nicht im Kontext des Betriebes angeeignet und „vernutzt" wird, scheint sie eine rein individuelle Angelegenheit der Selbstverwirklichung.

Sinnvoller scheint es demgegenüber, Subjektivierung von Arbeit nicht vorzeitig unter Marktinteressen zu subsumieren, sondern ihre gesellschaftlichen Sinngrundlagen herauszuarbeiten. Subjektivierung erschöpft sich nicht in betrieblich verwertbaren Leistungen, sie ist Teil der Verwirklichung gesellschaftlicher Werte, erfüllt also auch einen sozialen Auftrag, an dessen individuellem Beitrag sich der berufliche Status von Personen bemißt.[26] Dabei bilden sich neue berufliche Aufgabenfelder, neue Prinzipien sozialer Anerkennung heraus. Auch Kooperationsformen und betriebliche Organisationsstrukturen sind nicht unabhängig von normativen Zusammenhängen zu betrachten.

3.3 Der Siegeszug des globalen Kapitalismus
Eine Ortsbestimmung des sozialwissenschaftlichen Diskurses

Halten wir also fest: Trotz der unbezweifelbaren Einsichten der neueren Entwürfe in den sozialstrukturellen Wandel von Arbeit kann als ihr wesentliches Manko ihre individualistisch-utilitaristische Verengung betrachtet werden. Der neue Vergesellschaftungsmodus beruflicher Arbeit scheint in beiden Fällen direkt aus ökonomischen Verwertungsinteressen hervorzugehen. Darin unterscheiden sich die Ansätze zur Subjektivierung der Arbeit nicht von den Konzepten der „Netzwerkgesellschaft" und der „Wissensgesellschaft". Beide Deutungen vernachlässigen die konstitutive Rolle sinnhafter Strukturen, normativer Einbindungen und beruflicher Wissens- und Wertsysteme. Die soziale Zurichtung durch Arbeit und Erwerb wird in erster Linie aus der Perspektive der *Systemintegration* als Folgeprodukt ökonomischer und verwertungslogischer Imperative erfaßt. Ein theoretisches Konzept, um die Dimension der

---

26 Weshalb aus der Flexibilisierung von Erwerbsformen keineswegs geschlossen werden kann, daß berufliche und arbeitsinhaltliche Orientierungen zugunsten einer Instrumentalisierung der Arbeitskraft an Bedeutung verlieren. Hier liegt eine Vermischung unterschiedlicher Dimensionen von Arbeit vor: der Dimension der Arbeitsform und der des beruflichen Handelns.

Sozialintegration und des normativen Wandels von Arbeit zu erfassen, wird nicht entwickelt (Kocyba 2000). Wie in der Netzwerktheorie Castells, so dominiert auch hier ein der Marxschen Tradition geschuldeter „Effizienzdeterminismus" (Ortmann 1994: 94), in dem die Profitorientierung und das Rentabilitätsprinzip als ultima ratio herrschen. Doch eine Perspektive, die Arbeitsformen jeweils aus der Rationalität der Profitmaximierung (Kühl 2004: 73) ableitet, verfügt über wenig Ansatzpunkte zur Erklärung der kulturellen Eigenlogik des Wandels von Arbeit und Beruf. Aus dieser perspektivischen Verengung führt auch die Debatte zur Subjektivierung von Arbeit, trotz ihres Anspruchs, die normativen Grundlagen des Wandels von Arbeit zu erfassen, nicht hinaus. In dem Maße, wie sie die Einführung partizipativer Unternehmensstrukturen und die neue Adressierung von Angestellten und qualifizierten Arbeitnehmer nicht anders als eine humanisierte und daher besonders effektive und subtile Form der Ausbeutung von Arbeitssubjekten deuten können (Casey 1995), verbleiben sie innerhalb der durch den marxistischen Theorierahmen vorgegebenen ideologiekritisch-entfremdungstheoretischen Sichtweise.

Die Früchte der jüngsten Theorieanstrengungen können deshalb nur vorläufig die tiefgreifende Verunsicherung und Orientierungslosigkeit in den Sozialwissenschaften überdecken. Eher haben sich die Risse, die mit der Pluralisierung und Individualisierung von Lebensformen im „Projekt der Moderne" bereits sichtbar wurden (Müller 1992b: 23 ff.), mit der Ausdehnung des globalen Kapitalismus noch verstärkt. Das zeigt jedenfalls der hektische Theorieumschlag neuer Paradigmen – die Netzwerkgesellschaft, die Informationsgesellschaft, die Wissensgesellschaft. Doch können die neuen Paradigmen dem Verlust der Orientierungs- und Anziehungskraft der Sozialwissenschaften nichts wesentliches entgegensetzen: Trotz der vorläufigen Plausibilität der neueren Leitkonzepte wie „Netzwerke" oder „Wissensarbeit" bleibt ihr soziologischer Gehalt letztlich unbestimmt und über weite Strecken einem ökonomischen Effizienzdeterminismus verpflichtet. Nach außen mag so der Eindruck entstehen, daß sich die Soziologie bemüht, auf der Höhe der Zeit zu bleiben. Doch die Probleme, die der immer raschere Theorieumschlag mit sich bringt, liegen, wie Deutschmann (2004: 47) zurecht bemerkt, auf der Hand: Mit der Beschleunigung der Theorierevolutionen nimmt auch die Radikalität zu, mit der auch brauchbare, gesellschaftstheoretisch anschlußfähige Konzepte und vorhandenes empirisches Wissen über Bord geworfen werden. Auch kommen die meisten dieser Zeitdiagnosen ohne eine genauere Analyse des Berufssystems aus. Und die neueren Analysen, die sich mit Arbeit und Erwerb befassen (Engler

2005; Deutschmann 2001; Bode/Brose 1999; Castel 2000; Moldaschl 2003; Baethge 1991; 2001, Castells 1996; Voß/Pongratz 1998; Casey 1995), legen eine strukturtheoretische Betrachtungsweise zugrunde, die weitgehend auf die Kategorie des Berufs und damit auf die kulturellen Aspekte beruflichen Wandels verzichtet.

Die Entwicklung des sozialwissenschaftlichen Diskurses befindet sich gegenwärtig in einer Umbruchphase, in der das konzeptionelle Feld der Theorien und Forschungsansätze neu sondiert wird. Bislang ist unklar, welche Theorieentwicklung die Sozialwissenschaften nun nehmen werden und wie der Raum im theoretischen Kräftefeld zukünftig strukturiert sein wird. Auf dem Zwischenplateau, auf dem wir uns seit den 1990er Jahren befinden, ist es nicht nur schwer auszumachen, was danach folgt oder folgen sollte, auch besteht die Gefahr einer neuerlichen Fragmentierung der Sozialwissenschaften in voneinander abgeschottete Teildisziplinen. Zum gegenwärtigen Zeitpunkt zeichnen sich folgende Konturen und Tendenzen im sozialwissenschaftlichen Diskurs ab:

1. Der Siegeszug des globalen Kapitalismus hat innerhalb der sozialwissenschaftlichen Diskussion eine umfassende Wiederbelebung der Debatte um Arbeit und Erwerb sowie einen rasanten Aufstieg wirtschaftssoziologischer Perspektiven (Granovetter 1985; DiMaggio 1994; Swedberg 1998; Zelitzer 1988, 1996; Knorr-Cetina/Brugger 2002) ausgelöst. Ein neuer umfassender Deutungsrahmen zur Erklärung der durch Globalisierung, Vermarktlichung und Liberalisierung angestoßenen gesellschaftlichen Umwälzungen fehlt jedoch bislang (Müller 2001). Die aktuelle Debatte zu Ökonomie, Arbeit und Erwerb ist gegenwärtig noch durch ein gesellschaftstheoretisches Vakuum gekennzeichnet. Die Versuche, gesellschaftliche Wirklichkeit nicht mehr, wie in der Phase der interpretativen Wende, über das Paradigma der „Lebensweise", sondern erneut in Kategorien von Knappheitsbezügen und ökonomischen Beziehungen zu erfassen, führte vielfach zu einem Rückfall in einseitig strukturtheoretische oder marxistische Deutungsansätze (das betrifft z. B. die Konzepte von Manuel Castells und Helmut Willke). Diese Ansätze bergen die Gefahr, die aktuelle Transformation moderner Gesellschaften auf Kosten einer multidimensionalen Sichtweise erneut an einem einzigen, scheinbar unwandelbaren Grundprinzip – der Globalisierung, der wachsenden Bedeutung von Wissen und Information, der flexiblen Spezialisierung von Produktionsformen oder der explosionsartigen Steigerung der Produktivität – festzumachen (Piore/Sabel 1989). Demgegenüber scheint es jedoch sinnvoll, auch Ambivalenzen und gegenläufige Trends zur verstärkten „Vermarktlichung" von Arbeitskraft zu berücksichtigen. Denn dem Tauschwertprinzip bei der Vermarktung

der eigenen Arbeitskraft steht zumindest die inhaltliche Identifikation und professionelle Orientierung gerade hochqualifizierter Berufsgruppen entgegen.

2. Auch die Debatte zur Frage nach der sozialen Einbindung des sozialstaatlich entgrenzten Kapitalismus (Neckel 2003: 9) hat einen unglücklichen Verlauf genommen, weil sie in zwei Gegenpositionen zerfällt, die gleichermaßen nicht befriedigen. Auf der einen Seite wartet die neuere Wirtschaftssoziologie mit der stets zutreffenden Einsicht auf, daß die Ökonomie sich von jeher in normative Kontexte, Leitbilder und kulturelle Werte eingebettet findet (z. B. Beckert 1997; Swedberg 1998), ohne allerdings zu einer Deutung des gegenwärtigen Umbruchs, den wir in der globalen Ökonomie erleben, zu gelangen. Diese eher grundlagensoziologisch argumentierende Position bemüht sich um den Nachweis, daß von einem sozial entkoppelten Kapitalismus ohnehin nicht die Rede sein könne. Ohne Vertrauen, normative Einbindungen und kulturelle Übereinkünfte könnten auch Finanzmärkte nicht operieren (Fligstein 2001; Knorr-Cetina/Brugger 2002). Auf der anderen Seite stehen neuere globalisierungskritische Positionen, die unter dem Leitkonzept des „Neoliberalismus" eine weitgehend vom Sozialen entkoppelte Marktökonomie sich durchsetzen sehen und deren ausbeuterische Konsequenzen für den Einzelnen hervorheben (Bourdieu 1998a; Sennett 2000; Gorz 2000). Diese Position behauptet die völlige Loslösung des Kapitalismus von regulierenden Normen. Beide Sichtweisen sind insofern einseitig. Wie Neckel (2003) gezeigt hat, können die globalisierungskritischen Positionen nicht erklären, wie sich der Neoliberalismus ohne stützende normative Kontexte überhaupt durchsetzen konnte, während die erste Position, die gleichsam modellplatonisch das „je schon" Soziale am Ökonomischen hervorhebt, die Gefährdungen der ökonomischen Veränderungen für den Bestand gesellschaftlicher Institutionen unterschlägt. Die soziale Einbettung scheint hier immer gewährleistet, unabhängig davon, ob es den begleitenden Sozialnormen tatsächlich gelingt, die Marktkräfte zu sozialisieren.

3. Ein Grund für die Einseitigkeiten der aktuellen Diskussion ist darin zu sehen, daß die Sozialwissenschaften es lange Zeit versäumt haben, ihre eigene Sichtweise von Marktlichkeit, Wettbewerb und ökonomischem Handeln auszuarbeiten. Die Soziologie entwickelte ihre Perspektiven und Konzepte zunächst in antithetischer Haltung zur ökonomischen Betrachtung der Gesellschaft und zum liberalen Wirtschaftsmodell (Nullmeier 2001). Darin spiegelt sich ein grundsätzliches Problem soziologischen Denkens wider, nämlich die Abspaltung des Ökonomischen aus den Forschungs- und Interessensgebieten der Soziologie. Über die

Trennung des Ökonomischen und des Sozialen konstituierte sich ursprünglich ja das Gegenstandsverständnis der Soziologie in Abgrenzung zu den Wirtschaftswissenschaften. Hatten die Wirtschaftswissenschaften mit rationalem Handeln, genauer, mit Zweckrationalität und Interessen zu tun, so verstand die Soziologie ihren Gegenstand – das Soziale – in Abgrenzung zum Ökonomischen als einen ebenso „reinen", primär durch Werte, Normen und Regeln gesteuerten Handlungsbereich. Theoretisch findet sich dieser Dualismus etwa bei Habermas in der Unterscheidung von instrumentell-erfolgsorientiertem und kommunikativem Handeln bzw. dem Dualismus zwischen System und Lebenswelt wieder (Müller 2000: 429). Die Zuständigkeit für Zweckrationalität auf der einen Seite und Moral auf der anderen Seite – so auch Ganßmann (1996: 26) – wurde säuberlich getrennt vergeben, als ob wirtschaftliches Handeln keine moralische Dimension hätte und normorientiertes Handeln nicht auf Erfolge aus wäre.

4. Plausibler erscheint demgegenüber die Annahme, daß auch die aktuelle Umbruchsituation nicht einer einlinigen Entwicklung zunehmender Rationalisierung (der Finanzmärkte, der Globalisierung, der Wissensgesellschaft, der informationellen Revolution) folgt und nicht allein durch formale Strukturprinzipien (formale Rationalität, funktionale Differenzierung, Reflexivität der Subjekte etc.) beschreibbar, sondern durch Widersprüche und konflikthafte Auseinandersetzungen um sozialen Einfluß und Macht gekennzeichnet ist. Um sich gegen eine allzu simplifizierende Beschreibung der aktuellen Entwicklungslogik kapitalistischer Gesellschaften zu schützen, ist daher eine genauere Untersuchung auch der kulturellen Widersprüche des neuen Kapitalismus erforderlich. Der scheinbaren Eigensinnigkeit der wirtschaftlichen, politischen und wissenschaftlichen Entwicklungsdynamik moderner Gesellschaften kann z. B. die zunehmende Aufladung von Märkten mit symbolischen Bedeutungen, Imaginationen und ästhetischen Zeichen entgegengehalten werden. Diese hat auch innerhalb der Erwerbssphäre zu einer Neubestimmung von Arbeit, beruflichen Rollen und Sinnressourcen beigetragen. Wenn wir mit Luc Boltanski und Ève Chiapello (2003) im folgenden davon ausgehen, daß sich der Kapitalismus unserer Gegenwart vor allem die ästhetische Kritik einverleibt hat, die gegen ihn in den vorangehenden Epochen hervorgebracht wurde, dann folgt daraus auch, daß der von Daniel Bell thematisierte moderne Dauerkonflikt zwischen der Disziplinierung des modernen Subjektes, seiner Einbindung in bürokratische Strukturen und seiner „Ästhetisierung", d. h. der Herausbildung eines erlebnis- und begehrensorientierten Subjekts, heute nicht mehr zwischen privaten und beruflichen Lebenssphären, sondern *innerhalb* der

Arbeitswelt ausgetragen wird. Die Ästhetisierung bzw. Subjektivierung von Arbeit durch die Integration von Kreativität, Individualismus und Selbstverwirklichung hebt die Notwendigkeit zur Disziplinierung dennoch nicht auf. Vielmehr verläuft der „kulturelle Widerspruch des Kapitalismus" nun mitten durch die Arbeitssphäre hindurch.

Teil II
Das Paradoxon der modernen Arbeitswelt
Sozialtheoretische Annäherungen an die Ethik der flexiblen Ökonomie

Die Entfesselung des globalen Kapitalismus hat zur Herauslösung der Arbeit aus der Basismatrix der modernen „Lohnarbeitsgesellschaft" (Castel 2000: 11) geführt. Die verschiedenen Ebenen dieses Freisetzungsprozesses lassen sich wie folgt zusammenfassen: Die marktliche Radikalisierung von Erwerbsordnungen hat zur Aushöhlung des „Normalarbeitsverhältnisses" mit seinen vertraglich-rechtlichen Ausgestaltungen geführt. Neue betriebliche Produktions- und Managementkonzepte haben berufliche Positionen im Kontext betrieblicher Arbeitsteilung entwertet. Und schließlich wurde das traditionelle, durch Titel und Stelle gestützte System beruflicher Statuszuweisungen aufgeweicht, wodurch askriptive Formen der Statuszuweisungen und Grenzziehungen an Bedeutung gewonnen haben. Dadurch ist eine Situation entstanden, in der Arbeitsformen zunehmend durch marktförmige Konkurrenz- und Wettbewerbsbedingungen strukturiert werden (Voß/Pongratz 1998), wobei die Einzelnen in der Lage sein müssen, effizient in permanente Weiterbildung zu investieren, um sich unter Bedingungen ständig wechselnder Karrieremuster und Berufsbilder optimal „zu vermarkten".[1] Verblüffenderweise geschieht das alles zu einem Zeitpunkt, an dem Qualifikationsanforderungen weiter steigen und insgesamt eine Verschiebung der Berufsstruktur hin zu komplexen, qualifizierten Tätigkeiten (Deutschmann 2002) zu verzeichnen ist. Auch die Erwartungen an eine berufliche Sinnstiftung durch eine kreative, anspruchsvolle und erlebnisreiche Tätigkeit (Baethge 1991; Boltanski/Chiapello 2001; Engler 2005), die zuvor auf eine kleine Elite beschränkt waren, haben nun größere Teile der Erwerbsbevölkerung erfaßt.

Versucht man aus der Beobachtung dieser Trends einen zeitdiagnostischen Ausgangspunkt zu gewinnen, so sticht folgende Paradoxie ins Auge: die Kluft zwischen dem Strukturwandel und dem Kulturwandel der Arbeit. Demnach sind die Arbeitsformen der Gegenwart durch zwei widerstrebende Entwicklungen gekennzeichnet. Einerseits legt die Freisetzung und marktliche Durchdringung von Erwerbsmustern und die Ausweitung der Konsumsphäre (etwa in den Bereichen Unterhaltung, Gesundheit, Sinnstiftung) eine eher egozentrische Moral nahe. Dies gilt gerade auch für immer mehr akademische Beschäftigungsfelder, die sich durch projektförmige Arbeitsformen aus der Schablone des „Normalar-

---

1 Zentraler Aspekt ist hierbei nicht nur die Fähigkeit, neues Wissen zu akkumulieren, sondern auch, einmal erworbenes Wissen wieder zu vergessen, um schnell genug auf die beschleunigten Innovationszyklen reagieren zu können. Dabei genügt es immer weniger, die eine oder andere technische Innovation in den akkumulierten Kenntnisstand zu integrieren (Kraemer/Bittlingmayer 2001). Für eine zunehmende Zahl von Erwerbspersonen ist es vielmehr zur Norm geworden, die einmal angeeignete Kenntnisbasis im Verlauf eines Erwerbslebens mehrfach auszutauschen (Sennett 2000).

beitsverhältnisses" herausgelöst haben (Berger/Konietzka/Michailow 2001). Andererseits greifen aber gerade die tertiären Arbeitsformen in bislang unbekanntem Ausmaß auf moralische Ressourcen (Freiwilligkeit, hohe intrinsische Arbeitsmoral und berufliches Anspruchsniveau) zurück (Frenkel et al. 1999; Hochschild 2002; Deutschmann 2002; Boltanski/Ciapello 2003).

Wenn aber die marktliche Durchdringung und Deregulierung von Beschäftigung und Erwerb nicht zur Auflösung von beruflichen Wertbindungen und zur Verbreitung „zynischer Haltungen" führt, stellt sich die Frage nach der Verankerung neuer Arbeits- und Erwerbsmuster in sinnstiftenden Lebensformen und deren Verknüpfung mit den psychischen Antrieben von Individuen. Flexible Arbeitsformen können nicht mehr auf die bürgerliche Berufsidee zurückgreifen, da Qualifikationen immer schneller veralten und Arbeit weniger denn je als ein durch Titel und Stelle markierter Besitzstand des Individuums begriffen werden kann. Häufig hat auch die Arbeit keine festgelegten Inhalte mehr, sondern muß sich ständig an neue Gegebenheiten anpassen. Im Zentrum steht die These, daß sich in den flexiblen Beschäftigungsformen der Gegenwart ein neues Berufsideal, ein Ethos, herausgebildet hat, das sich nicht mehr ausschließlich an Idealen wie Rationalität, Disziplin und Kontrolle, sondern zunehmend an Werten wie Kreativität, Selbstverwirklichung und Authentizität orientiert. Dieses Ethos ist in zweifacher Hinsicht für den Kulturwandel des Kapitalismus zentral: Zum einen vermittelt es zwischen flexiblen Arbeitsformen und Subjektivität, zum anderen eröffnet es neuartige Einflußmöglichkeiten im Kontext gesellschaftlicher Institutionen.

Dieses Ethos wird im folgenden schwerpunktmäßig am Beispiel der Beschäftigungsfelder der Medien- und Kulturindustrien untersucht. Kultur- und Medienberufe sind in mehrfacher Hinsicht typisch für aktuelle Entwicklungstrends: Sie sind durch flexible Arbeitsformen und Berufsbiographien geprägt und greifen weniger als andere akademische Berufsgruppen auf technologische oder wissenschaftliche Qualifikationen zurück; wichtig sind vielmehr expressive Fähigkeiten wie Stil, ästhetische Urteilsfähigkeit und Geschmack.

Charakteristisch für diese Berufsfelder ist darüber hinaus die Kommerzialisierung von Identität und Habitus. Innerhalb des Psychotherapiewesens (Kellner/Berger 1992), der Werbung (Koppetsch 2003) und vor allem bei den publikumsorientierten Kulturvermittlern (Architekten, Künstler und Publizisten), die ihre Wirkung den Massenmedien verdanken, bürgen „persönliches Auftreten", Lebensstile und Individualität für die Qualität der angebotenen Dienstleistungen (Hochschild 1997;

Featherstone 1990, 1991). Dabei wird die persönliche Wirkung zunehmend unter Gesichtspunkten marktförmiger Konkurrenz um Aufmerksamkeit wahrgenommen (Franck 1998). Weil Aufmerksamkeit nicht unbegrenzt vorhanden ist und immer knapper wird, müssen die Sinnangebote immer attraktiver, prägnanter oder innovativer werden, um überhaupt Beachtung auf sich zu ziehen.[2] Zur Untersuchung des Ethos dieser Berufsgruppen sind folgende Fragen richtungsgebend: Auf welche Formen der Sinnstiftung und der intrinsischen Motivation greifen die Kulturberufler zurück? In welchem Verhältnis steht diese Sinnstiftung zur kommerziellen Orientierung der Berufe, wie balancieren diese Berufe zwischen Marktorientierung und beruflich-handwerklichen Standards?

Drei Ebenen kreuzen sich im Vergesellschaftungsmodus beruflicher Arbeit und sollen im Durchgang durch die Diskussion der klassischen Autoren aufeinander bezogen werden: die Ebene kultureller Ideale und Rechtfertigungsprinzipien (Berufsethos), die Ebene sozialer Status- und Laufbahnsysteme (berufliche Kontroll- und Belohnungssysteme) und die Ebene kapitalistischer Erwerbs- und Arbeitsbedingungen (Erwerbsformen). Das Verhältnis dieser Ebenen zueinander wird in den Kapiteln des folgenden Teils unter Rückgriff auf die Berufssoziologie Durkheims, Webers und Parsons' spezifiziert werden[3]. Zunächst wird die Frage nach den Grenzen der marktlichen Deregulierung von Erwerbsformen unter den aktuellen Bedingungen beschleunigten ökonomischen Wandels aufgeworfen (Kapitel 4). Dazu wird im Anschluß an Durkheims Berufssoziologie die Funktion von Berufsgruppen als *Brückeninstitutionen*, die zwischen Ökonomie und Gesellschaft vermitteln, erläutert. Diese Perspektive wird sodann auf die flexiblen Arbeitsfelder der Medien- und Kulturberufe, die sich weitgehend aus betrieblichen Strukturen herausgelöst haben, angewendet. Deren Rechtfertigungs- und Bewährungslogiken werden im Anschluß an das Modell der *projektorientierten Arbeit* von Boltanski und Chiapello (2003) bestimmt (Kapitel 5). Das Konzept der Pro-

---

2 Aufmerksamkeit ist ein knappes Gut. Nicht alles kann von allen aufgenommen werden. Daraus ergibt sich der paradoxe Effekt, daß die Konkurrenz um Aufmerksamkeit noch weiter steigt (Frank 1998: 115f.). Je mehr Kommunikationsangebote auf immer weniger Aufmerksamkeitskapazität stößt, desto knapper wird die Aufmerksamkeit.

3 Diese Perspektive profitiert auch von neueren, an die drei genannten Klassiker anschließenden Beiträgen zur Arbeits- und Berufsforschung. Vgl. etwa Beckert (1997), Koppetsch/Burkart (2002), Kurtz (2001, 2002), Müller (1992a, 2003, 2004), Seyfarth (1981, 1989), Wenzel (2002). Es wird der Versuch unternommen, die Spezifität des Berufsethos der Medien- und Kulturberufe aus der Perspektive der klassischen Berufssoziologie zu erfassen. Die Methode, die dazu angewendet wird, kann als Theorierekonstruktion in heuristischer Absicht verstanden werden: Im Durchgang durch klassische und neuere Entwürfe zur Arbeitsethik bei Durkheim, Weber, Parsons und Boltanski/Chiapello werden Konzepte erarbeitet, die das Bewährungsfeld beruflicher Arbeit im Spannungsfeld von Identität und Ökonomie abstecken.

jektlogik ist nicht nur für die Analyse beruflicher Identitäten, sondern auch für ein Verständnis des Wandels von Expertenrollen relevant. Denn nur, wenn die Projektlogik, wie sie Boltanski/Chiapello als Verlängerung des gegenkulturellen Künstlersubjekts gedeutet haben, im Ethos von Berufsgruppen verankert wird, kann sie sich im gesellschaftlichen Institutionengefüge Geltung verschaffen. Die Struktur dieses Expertenmodells soll im sechsten Kapitel unter Rückgriff auf Konzepte von Parsons' Professions- und Medientheorie untersucht werden. Am Beispiel der Medien- und Kulturberufe wird die Bedeutung projektförmiger Arbeitsstrukturen für die Herausbildung neuer *Expertenkulturen* herausgearbeitet.

Entgegen dem Trend zu einem übereilten Abschied von der Berufssoziologie einerseits und dem weitgehenden Verzicht auf die Anbindung der arbeits- und industriesoziologischen Diagnosen an kultursoziologische und umfassendere gesellschaftstheoretische Ansätze andererseits geht es im folgenden darum, den Wandel von Arbeit und Erwerb auch als ein kulturelles Phänomen, als eine historisch sich wandelnde Form von Sinnstrukturen und Kodes zu rekonstruieren, die in gesellschaftlichen Systemen der Statusverteilung (Anerkennung, Laufbahnen, Positionen) verankert sind.[4]

4. Émile Durkheim: Berufe als Brückeninstitutionen zwischen Ökonomie und Gesellschaft

Durkheim geht in seiner Schrift *Über soziale Arbeitsteilung* (1992a) zwei gesonderten Fragen nach: Worin findet die moderne kapitalistische Gesellschaft ihren Zusammenhalt und welche Rolle spielen Berufsgruppen dabei? Die Beantwortung dieser Fragen führt ihn zu einer Theorie der moralischen Einbindung des Wirtschaftssystems. Diese Fragen sind heute, angesichts der durch die Globalisierung angestoßenen Deregulierungs- und Vermarktlichungstendenzen, erneut von ungeahnter Aktualität. Auch in der Wirtschaftsordnung der Gegenwart stellt sich die Frage, welche *sozialen Begrenzungen* der Dynamik von Märkten und Ökonomie auferlegt werden und welche Bedeutung den Berufsgruppen als Zonen der Interdependenz von Moral und Ökonomie dabei zukommt. Die aktuelle Situation, in der ein massiver ökonomischer Strukturwandel zur

---

4 Es ist nicht ausreichend, die aktuellen Transformationsprozesse der Arbeitswelt allein auf der Basis negativer Konzepte, wie z. B. Prekarisierung, Dequalifizierung, Reduktion der Lohnnebenkosten, Nutzung einer Reservearmee etc. zu bestreiten, ohne Einsichten in die beruflichen Handlungs- und Machtstrukturen zu erlangen.

grundlegenden Entwertung moralischer Orientierungsmuster und Rechtfertigungsprinzipien geführt hat, weist daher Parallelen zu jener wirtschaftlichen, sozialen und politischen Krise Frankreichs auf, in der auch Durkheim über das Verhältnis sozialstruktureller Entwicklung, moralischer Integration und gesellschaftlicher Anomie seiner Zeit nachdachte (Durkheim 1983: 287 ff.). Bekanntlich entwickelte er sein soziologisches Programm in einer Phase des Übergangs, die von einem gesellschaftlichen Krisenbewußtsein geprägt war, weil die traditionale Gesellschaftsordnung weitgehend zusammengebrochen und eine neue Ordnung noch nicht in Sicht war (Müller 1983). Und ähnlich wie für Durkheim damals in der Entstehungsphase der klassischen Industriemoderne stellt sich für uns heute am Beginn der postindustriellen Informationsgesellschaft die Frage, durch welche moralischen Energien, durch welche Wertorientierungen, Ideale und Rechtfertigungsprinzipien unsere marktlich entfesselte Gesellschaft legitimiert und zusammengehalten wird. Wenn Durkheim in seinen Schriften zur *Arbeitsteilung* (1992a) und zum *Selbstmord* (1983) das Verhältnis von Ökonomie und Moral problematisiert, schildert er somit eine äußerst moderne Konstellation.

Für Durkheim war die wirtschaftliche und politische Anomie der französischen Gesellschaft Ausdruck einer moralischen Krise, die er im Zusammenhang mit den wirtschaftlichen Strukturveränderungen sieht (Müller 1983; Beckert 1997: 104):

„Tiefgreifende Veränderungen haben sich innerhalb sehr kurzer Zeit in der Struktur unserer Gesellschaften vollzogen. Sie haben sich mit einer Geschwindigkeit und in einem Ausmaß vom segmentären Typus befreit, für welche die Geschichte kein anderes Beispiel bietet. Folglich ist die Moral, die diesem Sozialtypus entsprach, verkümmert, ohne daß sich an deren Stelle die neue genügend rasch entwickelt hat, um den Raum zu füllen, den die andere in unserem Bewußtsein hinterlassen hat." (Durkheim 1992a: 479)

Offenbar hält die Moral mit der Entwicklung der Gesellschaftsstruktur nicht Schritt. Es kommt zu einem Auseinandertreten zwischen gesellschaftlichen Lebensbedingungen und Orientierungsmustern. Durkheims Interesse gilt also der Entstehung einer neuen Moral in einer Phase der gesellschaftlichen Modernisierung, in der sich die tendenzielle Verselbständigung der Ökonomie in der modernen Industriegesellschaft abzeichnet.

Interessant ist nun, daß Durkheim, der das Problem sozialer Integration im Buch *Über soziale Arbeitsteilung* (1992a) und im Buch über den *Selbstmord* (1983) zunächst den moralischen Selbstheilungskräften der arbeitsteilig differenzierten modernen Gesellschaft überlassen wollte, in späteren Arbeiten wie den *Vorlesungen zur Berufsmoral* (1991) und im

Vorwort zur zweiten Auflage der *Arbeitsteilung* (1992b) zunehmend auf die moralischen Bindekräfte von *Berufsgruppen* hinweist. Weder fordert er eine staatliche Lösung, noch glaubt er, daß der soziale Zusammenhalt einer arbeitsteilig differenzierten Gesellschaft sich allein über eigennützige Interessen der beteiligten Akteure herstellen läßt. Freilich hat er, trotz der Emphase, mit der er Berufsverbände und Berufsmilieus als moralischen Kitt einer durch Marktkräfte beherrschten Wirtschaftsordnung anpreist, keine vollständige Berufssoziologie entwickelt. Weder unterscheidet er zwischen unterschiedlichen Berufstypen, noch erfährt man Genaueres über die Rolle der beruflichen Ethik und ihre Funktion für Identität und Lebensführung, da er die am Ende seiner Selbstmordstudie angekündigte Studie über das Berufsverbandswesen (1983: 466) niemals durchgeführt hat.

Mit den folgenden Überlegungen soll auch keine grundlegend neue Durkheiminterpretation vorgelegt werden, die behauptet, Durkheim sei der Theoretiker der Berufssoziologie par excellence gewesen, den es nun wieder zu entdecken gälte. Die Mission ist wesentlich bescheidener. Es sollen die von Durkheim aufgeworfenen Fragen zum Zusammenhang von gesellschaftlicher Moral, ökonomischem Wandel und Beruf auf unsere heutige Situation übertragen werden. Es wird der Vorschlag gemacht, die im vorangehenden Kapitel skizzierten Tendenzen der Subjektivierung und Ökonomisierung beruflicher Arbeit in Weiterführung von Durkheims Berufssoziologie als eine zunehmende Verselbständigung beruflicher Ideale gegenüber berufsständischen Traditionen und Institutionen zu betrachten. Die für uns interessante Frage ist nun, ob und unter welchen Bedingungen der neue Sozialcharakter der Arbeit eine Lösung für das Integrations- und Legitimationsproblem in der gegenwärtigen Erwerbsgesellschaft darstellt und inwiefern er in der Lage ist, zwischen den ökonomischen Zwängen und den normativen Ansprüchen gesellschaftlichen Zusammenlebens zu vermitteln. Welche Übereinkünfte, welche Moral von Reziprozität und Kooperation liegt den subjektivierten Arbeitsbeziehungen zugrunde? Welches Kompensationsmodell löst das wohlfahrtsstaatliche Modell beruflicher Sicherheiten ab? Welcher Vorstellungswandel beruflicher Arbeit zeichnet sich hier ab? Werden, wie innerhalb der angelsächsischen Diskussion angenommen (Rose 2000; Piore 2003), berufs- und klassenbezogene Integrationsprinzipien der Arbeitsgesellschaft allmählich durch kommunitäre bzw. zivilgesellschaftliche Identifikations- und Inklusionsangebote ersetzt? Oder kommt es, wie für Deutschland zu vermuten ist, vielmehr zur Mobilisierung neuer beruflicher Identitäts- und Orientierungsmuster, die vielleicht auch *gegen* die Prinzipien betrieblicher Kontrolle und Loyalitätspflichten geltend gemacht werden?

4.1 Durkheims Problemstellung: Die Rolle der Arbeitsteilung für die Modernisierung der Gesellschaft

Durkheim ging es um die Frage, woher moderne Gesellschaften angesichts ökonomischer Umwälzungen den notwendigen Bedarf an sozialem Zusammenhalt ausbilden können. Die Moral der traditionellen Gesellschaft mußte in dem Maße verkümmern, wie das Individuum aus dem engmaschigen Netz religiöser und magischer Traditionen, das den Einzelnen direkt an die Gesellschaft gekoppelt hatte, durch die Prozesse der fortschreitenden arbeitsteiligen Differenzierung entlassen wurde. Teilt sich die Arbeit und entstehen immer divergentere Tätigkeitsbereiche und soziale Rollen, dann verlieren sich die Voraussetzungen, unter denen das „Kollektivbewußtsein" gemeinschaftsbildend wirken kann und muß durch eine der zunehmenden Arbeitsteilung angemessenere Form der Solidarität ersetzt werden. Arbeitsteilung impliziert dabei zunächst ganz allgemein die Differenzierung der Tätigkeiten, Berufe und Funktionen, durch die höhere Gesellschaften ein höheres Ausmaß an Komplexität und funktionaler Differenzierung erhalten. Auch in der Sozialtheorie des 18. und 19. Jahrhunderts wird die Arbeitsteilung vielfach als das zentrale Prinzip herangezogen, mit dessen Hilfe der Übergang von traditionalen Agrargesellschaften zu modernen Industriegesellschaften erklärt werden soll. Die individualistisch-utilitaristische Tradition der klassischen Politischen Ökonomie nach Adam Smith entwirft zu diesem Zweck das Bild einer friedlichen und rein vertraglich koordinierten und sozial integrierten Tauschgesellschaft (Müller/Schmid 1992: 496).

Durkheim folgt dieser Tradition insofern, als auch er annimmt, daß Arbeitsteilung wachsende Interdependenz durch zunehmende Kommunikationen, Tauschakte, soziale Beziehungen und den sozialen Koordinationsbedarf erzeugt. Doch zieht soziale Interdependenz gesellschaftliche Integration nach sich, führt Arbeitsteilung zu Solidarität im Sinne eines sozialen Bandes? Hat sie eine friedliche harmonische Assoziation zur Folge, die staatlicher Intervention und weltanschaulicher Zustimmung entbehren kann, wie Herbert Spencer glaubt? Dagegen profiliert Durkheim seine Bedenken, indem er argumentiert, daß die wachsende Notwendigkeit der Regulierung von Arbeitsteilung und ökonomischem Austausch nicht aus den grundsätzlich verhandlungsfähigen Interessen der Individuen allein hergeleitet werden kann, sondern von moralischen

Banden getragen werden muß (Durkheim 1992a: 256, 285; Müller/ Schmid 1992: 496). Demnach lassen sich stabile Beziehungen in einer arbeitsteiligen Gesellschaft nicht ausbilden, wenn sich der soziale Zusammenhalt der beteiligten Akteure allein über deren eigennützige Interessen und vertragliche Beziehungen herstellt (Beckert 1997: 109). Es bedarf auch in modernen, funktional differenzierten Gesellschaften einer moralischen Integration. Allerdings kann es keine soziale Ordnung sein, die zu Lasten der individuellen Freiheit geht, zumal Arbeitsteilung und Individualisierung für Durkheim notwendig zusammengehören. Deshalb stellt sich auch für Durkheim (1992a: 82) die Frage nach dem Zusammenhang von Individualisierung und moralischer Verbindlichkeit in modernen Gesellschaften: „Wie kann es sein, daß das Individuum, obgleich es immer autonomer wird, immer mehr von der Gesellschaft abhängt?"

Diese Form moralischer Integration, die Durkheim organische Solidarität nennt, resultiert nicht länger aus gleichartigen und für alle Gesellschaftsmitglieder unterschiedslos gültigen moralischen Überzeugungen, sondern aus Vorstellungen, welche den divergierenden Einzeltätigkeiten angepaßt sind: „Aus der Natur der gewählten Aufgabe folgen somit ständige Pflichten. Da wir jene häusliche oder soziale Funktion erfüllen, sind wir in ein Netz von Verpflichtungen eingeflochten, das zu lösen wir kein Recht haben" (ebd.: 284 f.). Durkheims weiterführende These ist nun, daß solidarische, d. h. normativ aufeinander abgestimmte Interaktionsformen spontan aus der Arbeitsteilung selbst entstehen (ebd.: 111), da die arbeitsteilig voneinander getrennten Individuen voneinander abhängig sind und dies wissen. Sie sind zur Erfüllung ihrer jeweiligen Leistungen auf die Vorleistungen und die Abnahmebereitschaft ihrer Mitakteure notwendig angewiesen (ebd.: 429 f.). Damit ein solches „Gefühl der Abhängigkeit" auch in erwartungsstrukturierenden Normen seinen ordnungsstiftenden Niederschlag findet, bedarf es als zusätzlicher Voraussetzung eines ständigen Kontaktes zwischen den Beteiligten, durch den die Akteure in gegenseitiger Abstimmung Kooperationsregeln herausbilden. Schließlich reicht es als Bedingung einer spontanen Entstehung der organischen Solidarität nicht aus, daß die Akteure zur wechselseitigen Abstimmung auf Regeln zurückgreifen können. Diese Regeln müssen überdies „Ausdruck der *Gerechtigkeit*" sein (ebd.: 457 f.), sie müssen die *Zustimmung* der Akteure erhalten. Eine gerechte Arbeitsteilung ist nach Durkheim dann gewährleistet, wenn jeder Akteur die seinen Begabungen und Fähigkeiten entsprechende Position einnimmt und dafür angemessen entlohnt wird. „Erzwungen" nennt Durkheim eine Arbeitsteilung, in der „die Verteilung der sozialen Funktionen [...]

der Verteilung der natürlichen Talente nicht oder nicht mehr entspricht" (ebd.: 444). Durkheim fordert die Herstellung von Chancengleichheit, durch die es möglich werden soll, soziale Positionen nach Maßgabe meritokratischer Prinzipien zu besetzen.[5]

4.2 Von der organischen Solidarität zur säkularen Religion?

Wie in der Diskussionsliteratur einstimmig hervorgehoben wird (Schmid 1989; Müller 1992a; Beckert 1997; Joas 1996; Schroer 2000), ist es Durkheim in der Arbeitsteilung denn auch nicht gelungen, Genese und Eigenart der organischen Solidarität in Abgrenzung zur mechanischen Solidarität zufriedenstellend zu erklären. Die Liste der Einwände ist lang: Aus der Tatsache gegenseitiger Abhängigkeit lasse sich noch lange kein Gefühl für diese Abhängigkeit ableiten (Schmid 1989). Darüber hinaus ist Durkheims Begriff organischer Solidarität nicht analytisch neutral, sondern selbst werthaltig, da nur „gerechte" Regeln Durkheims Begriff organischer Solidarität erfüllen, während davon abweichende Formen als pathologische Formen bezeichnet werden (Joas 1996: 91). Schließlich ist die Argumentation in sich zirkulär: aus der arbeitsteiligen Interdependenz entstehe Solidarität, andererseits setzt arbeitsteilige Kooperation nach Durkheim Solidarität jedoch bereits voraus. Am schwersten wiegt jedoch der Einwand, daß Durkheim, der moralische Integration immer am Modell archaischer Gesellschaften abgelesen hat, den besonderen Charakter der organischen Solidarität nicht deutlich machen konnte: „Am Ende schrumpft die organische Solidarität auf die Vertragsmoral der Ökonomen bzw. die industrielle Kooperation bei Spencer zusammen, die Durkheim aber zugleich für die gesellschaftliche und ökonomische Anomie verantwortlich macht" (Müller 1992a: 53). In gewisser Weise ist das Ausbleiben einer Bestimmung dieser neuen Moral vor dem Hintergrund von Durkheims Konzeption des Ökonomischen auch nicht überraschend (Beckert 1997: 104). Da Durkheim die Entfaltung des Marktes als dominanten wirtschaftlichen Koordinationsmechanismus, als soziale Deregulation und somit als amoralische Entwick-

---

5 Um dem Zustand der „gestörten Ordnung oder Anomie" zu entgehen und das grenzenlose Streben der Menschen nach Befriedigung ihrer Bedürfnisse mit den gesellschaftlich verfügbaren Ressourcen in Einklang zu bringen, bedarf es nach Durkheim stabiler und zuverlässiger Mechanismen der Statusbewertung (Durkheim 1983: 279 ff.). Dazu müssen Regulative vorhanden sein, die die jeweils gegebenen Grenzen in der Weise legitimieren, daß sie als gerecht erachtet werden können. Die Kollektivität der Gesellschaft allein verfügt nach Durkheim über ausreichend Autorität, inmitten der miteinander wetteifernden individualistischen Bestrebungen soziale Plätze zuzuweisen, die in ihren Grenzen von den Menschen akzeptiert werden können.

lung begreift, muß er in Widersprüche geraten, wenn er von einer wirtschaftlich entfesselten Arbeitsgesellschaft von sich aus eine neue Moral erwartet. Tatsächlich muß er vornehmlich anomische Tendenzen konstatieren, die als Übergangserscheinungen zu deuten eine Ausflucht ist. Durkheim selbst schien der Gedanke, daß sich diese Moral aus dem gegenseitigen Gefühl der wechselseitigen Abhängigkeit und Interdependenz gewissermaßen von selbst herausbildet (Durkheim 1992a: 285), mit der Zeit immer weniger einzuleuchten. In den späteren Schriften zur *Physik der Sitten und des Rechts* (1999) und dem zweiten Vorwort der *Arbeitsteilung* war er von der Fähigkeit moderner Gesellschaften zur moralischen Regeneration desillusioniert (Durkheim 1992b: 45). Anomische Erscheinungen verhindern es, daß sich die auf Arbeitsteilung beruhende organische Solidarität so entfalten kann, wie Durkheim dies für wünschenswert hielt. Ausgerechnet auf dem Feld der Ökonomie, das einen so dynamischen Aufschwung erfahren hat, herrsche eine beklagenswerte Anomie. Wie vor allem Hans Joas (1996: 93) zeigt, werden die Möglichkeiten der Stabilisierung und Institutionalisierung einer modernen Moral in den späteren Schriften Durkheims stärker auf die Religionstheorie hin entworfen. Zu diesem Zweck dient ihm die Erziehungstheorie und später auch die Religionssoziologie. Beide Stränge werden über die Frage verknüpft, wie in modernen Gesellschaften ein Äquivalent für die religiöse Stützung der Moral gefunden werden kann.

Bereits in der Selbstmordstudie und in den erziehungstheoretischen Schriften wird deutlich, daß Solidarität nicht nur in der Unterwerfung unter gemeinsame Verpflichtungen besteht, sondern der Bindung an gemeinsame Werte bedarf. Eindringlich ist Durkheims erziehungstheoretisches Plädoyer, nicht durch die Verweltlichung der Moralerziehung „unter dem Namen einer rationalen Moral nur verarmte und verblaßte Moral übrig[zu]behalten", sondern „die rationalen Vertreter dieser religiösen Begriffe [zu] finden, die so lange als Vermittler für die wichtigsten moralischen Ideen gedient haben" (Durkheim 1984b: 64). Selbst wenn es keine genuin religiöse Moral geben kann, glaubt er doch zumindest, zeigen zu können, daß es einen innerweltlichen Ersatz für die transzendente Stütze geben wird. Selbstverständlich kann es sich dabei nicht um einen „von oben" angeordneten Religionsersatz handeln. Vielmehr geht es um die Frage, wie säkulare Gesellschaften sich religiöse Erfahrungs- und Handlungsweisen unter nicht-religiösen Bedingungen bewahren können.[6]

---

6 Und es kann kein Zweifel daran bestehen, daß Durkheim in seinem Spätwerk die *Elementaren Formen des religiösen Lebens* (1984a) die Struktur moderner Gesellschaften im Kopf hatte, als er seine Theorie archaischer Religionen formulierte.

Was archaische und säkulare Gesellschaften nach Durkheim also miteinander verbindet, ist die Fähigkeit zur Idealisierung, d.h. zur Auszeichnung bestimmter Vorstellungen und Kategorien als „heilige" Werte.[7] Auch in modernen Gesellschaften bedarf Moral eines sakralen Fundaments, da nur so die Macht und Ehrfurcht begreiflich gemacht werden kann, die sie auf den Einzelnen ausübt. Nur so ist es nach Durkheim möglich, daß Handelnde von Idealen angezogen und über sich selbst hinausgehoben werden. Dank dieser Idealisierung stellt sich die gesellschaftliche Ordnung als ein Zweck dar, der über den Einzelnen hinausreicht und ihm zugleich erstrebenswert erscheint – denn, so Durkheim, die Gesellschaft „hängt an allen Fasern unseres Seins" (Durkheim 1976: 109). Ihre Ideale zu wollen heißt, die Gesellschaft zu wollen, aus der die Einzelnen nicht heraustreten können, ohne ihr Menschsein aufzugeben. Der Einzelne tendiert daher dazu, die Normen des Kollektivs, dem er seine soziale Existenz verlangt, zu idealisieren. „Die Moral beginnt also dort, wo das Gruppenleben beginnt, weil erst dort Selbstlosigkeit und Hingabe einen Sinn erhalten" (ebd.: 105). Weiterhin steht für Durkheim fest, daß jeder Gesellschaftstypus seine eigene Moral hervorbringt, weil Ideale und Moralsysteme „Funktionen der sozialen Organisation" (ebd.: 110) einer jeweiligen Gesellschaftsordnung darstellen. Durkheims spätere Schriften können als Versuche betrachtet werden, eine neue Perspektive auf die Verknüpfung zwischen sozialstruktureller Differenzierung und sozialer Integration zu werfen. Dennoch gibt es zentrale Unterschiede zwischen den moralischen Kodes archaischer und moderner Gesellschaften. Diese werden deutlicher, wenn wir uns nun der Rolle zuwenden, die Durkheim den Berufsgruppen für die soziale Integration zuweist.

4.3 Die Berufsgruppe als moralisches Korrektiv eines entfesselten Kapitalismus

Die zunehmende Skepsis angesichts fehlender Selbstheilungskräfte der kapitalistischen Industriegesellschaft ist der Ausgangspunkt für Durkheims Vorschlag, Berufsgruppen als moralisches Gegengewicht zu den

---

7 In seinen späteren religions- und erziehungstheoretischen Schriften hat Durkheim gezeigt, daß die Fähigkeit zur Herausbildung „heiliger Ideale" auch in säkularen Gesellschaften nicht verschwunden ist, sondern von der Religion in andere kulturelle Domänen gewandert ist. Im Unterschied zu archaischen Gesellschaften sind in modernen Gesellschaften zentrale gesellschaftliche Werte nicht mehr auf das Kollektivbewußtsein gegründet und durch religiöse Traditionen geprägt. Ihre Ideale sind nach Durkheim vielmehr durch einen „Kult des Individuums" charakterisiert, der dem Subjekt generell einen „geheiligten" Status verleiht.

entfesselten Kräften des Marktes einzusetzen, die aus sich heraus keine normative Integration hervorbringen können (Müller 1992a).[8] Durkheim hat, wie wir gesehen haben, das Problem, wie aus der zunehmenden wechselseitigen Interdependenz innerhalb funktional differenzierter Gesellschaften gleichsam spontan eine neue Moral entstehen kann, nicht gelöst. Dieses Problem wird aber nicht aus den Augen verloren. Vielmehr dokumentiert die Studie über den Selbstmord erneut die Dramatik der Gegenwartskrise und ihre Lösbarkeit nur über eine neue Moral. Sie allein ist seines Erachtens dazu in der Lage, im Individuum wachzurufen, was er in der Selbstmordstudie als dringlichste Aufgabe der Gegenwartsgesellschaft beschreibt: „Es muß erreicht werden, daß der einzelne sich wieder solidarischer mit einem Kollektivwesen fühlt, das ihm in der Zeit vorausgegangen ist, das ihn überdauern wird und das ihn ganz überflutet." (Durkheim 1983: 443)

Wenn auch säkulare Gesellschaften über Möglichkeiten der moralischen Einbindung verfügen müssen, stellt sich für Durkheim die Frage, an welche Prinzipien sich diese Moral binden kann. Ein übergreifendes Kollektivbewußtsein, wie in archaischen Gesellschaften, kann diese Aufgabe, wie Durkheim bereits in der *Arbeitsteilung* gezeigt hat, nicht gewährleisten. Charakteristisch für moderne Gesellschaften sei vielmehr, daß sich ihre Ideale nicht mehr in erster Linie an den Kult einer Gruppe heften, dessen religiöser Symbolismus das gesamte soziale Leben reguliert. Vielmehr kommt es zu einer stärkeren Differenzierung unterschiedlicher Moralsysteme nach Maßgabe sozialer Institutionen, in denen die intermediären Moralsysteme, zu denen auch die Berufsgruppen gehören, eine Schlüsselstellung einnehmen. Da sich der moderne Mensch in einer funktional differenzierten Gesellschaft individualisiert hat und verschiedenen Gruppen angehört, so Durkheim in den Vorlesungen zur *Physik der Sitten und des Rechts* (1991), bedarf es auch einer Vielzahl unterschiedlicher Normsysteme.

Moralische Bindung bezieht sich dann nicht mehr auf die gesamte Gesellschaft, sondern auf die verschiedenen sozialen Milieus bzw. sozialen Felder, in denen der moderne Mensch verankert ist. Diese spiegeln die moralische Diversität und „Dezentralisierung" der modernen Gesellschaft wider. Durkheim unterscheidet die verschiedenen Normsy-

---

8 Mit der Forderung nach Institutionalisierung von Berufsgruppen zur Regulierung wirtschaftlicher Beziehungen in der industriellen Gesellschaft nimmt Durkheim eine Position zwischen den beiden Extremen einer rein marktregulierten Ökonomie und der direkten staatlichen Steuerung wirtschaftlicher Beziehungen ein. Das Ziel der moralischen Regulation wirtschaftlicher Beziehungen kann Durkheim zufolge weder durch den Staat noch durch den Markt erreicht werden, sondern erfordert die Etablierung von Berufsgruppen (Beckert 1997: 181 ff.).

steme dieses ausdifferenzierten Regelkomplexes nach dem Grad ihrer Allgemeinheit: Als die Regeln der *universellen*, für alle Menschen geltenden Moralsysteme, die die „Qualität des Menschseins" (1991: 13) an sich ausmachen, identifiziert er die allgemein menschliche Moral. Dazu zählen zum einen die Pflichten, die der Einzelne gegenüber allen anderen Menschen hat, und die Pflichten, die der Einzelne gegenüber sich selbst hat und die seine Würde ausmachen. Als partikular sind all die Normsysteme anzusehen, die sich zwischen diesen beiden Polen befinden: die häusliche oder familiale Moral, die berufliche Moral und die staatsbürgerliche Moral. Da eine Regel um so unpersönlicher ist, je allgemeiner sie ist, bilden Familie, Beruf, Staat und Menschheit für Durkheim eine Hierarchie von Regeln zunehmender Allgemeinheit und Reichweite. Vor allem Familie und Beruf sind als partikulare Normsysteme unverzichtbar, verhindern sie doch, daß ein zentralisierter Staat einer unorganisierten Masse von Individuen gegenübersteht.[9]

Unter den partikularen Normsystemen spielt die Berufsmoral die wichtigste Rolle, da sie den Einzelnen die Chance eröffnet, jenseits traditioneller Bindungen ihre Persönlichkeit zu entwickeln (Durkheim 1983: 449 ff.). Die Familie ist zu klein und partikularistisch und die Religion nicht mehr kräftig genug, um das Individuum in die Gesellschaft einzubinden. Zentral für unsere Fragestellung ist nun, daß Durkheim den Berufsgruppen eine wichtige Funktion bei der normativen Integration des Wirtschaftssystems zuspricht, da diese nicht nur zwischen Individuum und Gesellschaft bzw. Individuum und Staat, sondern auch zwischen *Moral* und *Ökonomie* vermitteln und damit in der Lage sind, die Anomie in der Ökonomie durch institutionelle Regulative und normative Wertbindungen zu beseitigen. Berufsgruppen bilden nach Durkheim eine Schnittstelle zwischen dem System industrieller Beziehungen und dem Prinzip der moralischen Bindung durch die „Macht des Kollektivs". Berufliche Wertbindungen lassen sich nämlich den Effizienzanforderungen von Wirtschaftsunternehmen nicht einfach unterordnen und sind in der Lage, ein rein opportunistisches Verhalten der Akteure am Markt zu unterbinden. Sie sind genau am „Interface" zwischen ethischen und ökonomischen Regulativen plaziert, da sie die soziale Interdependenz der Funktionen (Systemintegration) durch die moralische Kooperation beruflicher Gruppen (Sozialintegration) stützten.

Damit stellen die Berufe für Durkheim ein probates Lösungsmittel für die Frage nach der sozialen Integration moderner Industriegesell-

---

9 Wie Beckert (1997) herausgearbeitet hat, ging es Durkheim, im Unterschied zur deutschen, eher staatsbezogenen Lösungsform des Problems sozialer Integration, vor allem darum, das Vakuum zwischen staatlicher Organisation und atomisierten Einzelnen mit intermediären Strukturen zu füllen.

schaften dar, denn sie sind dem Individuum nahe genug und ihrerseits in das System der Arbeitsteilung eingeflochten, so daß sie das Individuum in die Gesellschaft einfügen können. Sie treten an die Stelle der alten ständischen Organisationen und spiegeln in ihrer Pluralität die gewachsene Komplexität moderner Gesellschaften wider. Nichtsdestotrotz ist auch für die Berufsgruppen die Identifikation mit dem Kollektiv durch Bindung an gemeinsame Werte unerläßlich:

> „Eine Moral ist stets das Werk einer Gruppe und funktioniert nur, wenn die Gruppe sie mit ihrer Autorität beschützt. Sie besteht aus Regeln, die dem Einzelnen auferlegt werden [...]. Nun gibt es aber nur eine moralische und damit allgemeine Macht, die über dem Individuum steht und ihm legitimerweise ein Gesetz auferlegen kann, das ist die Macht des Kollektivs. [...] Diese Grundvoraussetzung jeglicher Moral gilt auch für die Berufsmoral. [...] Und es gibt deren ebenso viele, wie es Berufe gibt." (Durkheim 1999: 17)

4.4 Arbeitsmoral in der flexiblen Ökonomie Deutschland und die USA im Vergleich

Was gewinnen wir aus Durkheims Ansatz und seinen Analysen des moralischen Zusammenhalts in arbeitsteilig differenzierten Gesellschaften? Wie können wir ca. 100 Jahre später, am Beginn des 21. Jahrhunderts, von Durkheims Ansatz für die Untersuchung neuer Formen von Arbeit und Beschäftigung profitieren? Durkheim hat dreierlei gezeigt: Erstens bedarf auch die moderne Ökonomie einer moralischen Integration. Im Unterschied zu Weber, dessen „stählernes Gehäuse" einer transzendenten Stütze nicht mehr bedarf, macht Durkheim die Notwendigkeit einer ideellen Verankerung der wirtschaftlichen Ordnung deutlich. Zweitens hebt Durkheim die Bedeutung kultureller Ideale bei der sozialen Integration des Einzelnen auch in der modernen, säkularisierten Gesellschaft hervor. Drittens spielen Berufsgruppen als Bindeglied zwischen der wirtschaftlichen Tätigkeit und der normativen Gesellschaftsordnung eine zentrale Rolle, die durch die Industrialisierung hervorgerufene moralische Krise zu beheben. Diese drei Aspekte sollen in der nun folgenden Diskussion des sozialmoralischen Wandels aufgegriffen und auf die heutige Situation übertragen werden.[10] Zunächst wird am Beispiel der Bundesrepublik Deutschland die Legitimationskrise des Systems der industriellen Arbeitsgesellschaft skizziert. Sodann wird die Frage nach den kompensatorischen Einbindungen im Kapitalismus der Gegenwart aufgeworfen und auf die unterschiedliche Entwicklung in Deutschland und

---

10 Damit knüpft die hier erarbeitete Perspektive auch an die aktuellen Debatten zur „Marktgesellschaft" (Neckel 2003) und zum „Arbeitskraftunternehmer" (Voß/Pongratz 1998) an.

den USA bezogen. Schließlich werden einige Vorschläge gemacht, welche Funktionen Berufsgruppen als *Brückeninstitutionen* zwischen Ökonomie und sozialmoralischer Ordnung unter Bedingungen projektförmiger Erwerbs- und Arbeitsbedingungen heute erfüllen.

Der aktuelle sozialmoralische Wandel der Arbeitswelt in der Bundesrepublik läßt sich an der Aufhebung des symbolischen Gesellschaftsvertrages der Nachkriegsepoche ablesen. In den Anfängen der Bundesrepublik kam es zunächst zu einem Bedeutungsverlust der Beruflichkeit von Arbeit. Nach dem zweiten Weltkrieg trat das „Normalarbeitsverhältnis", ein Verdienst der Gewerkschaften, an die Stelle eines emphatisch verstandenen Berufs (Müller 2004). Seither ist die Entzauberung von Beruflichkeit in der sozialen Mitte zunächst immer weiter gegangen. Emphatische Beruflichkeit wurde zum Privileg einer professionellen Elite, die eine hohe Identifikation mit ihrer Tätigkeit verband. Für das Gros der Beschäftigten galt jedoch folgendes Arrangement: Anders als der Proletarier, der Marx vorschwebte und der ein Quantum Arbeitskraft gegen eine Lohnsumme eintauscht, unterliegt der Arbeitnehmer in der Gesellschaftsformation, die wir als demokratische Industriegesellschaft bezeichnet haben, nicht dem „hire and fire" eines liberalisierten Arbeitsmarktes, sondern findet sich in einem System „organisierter Reziprozität" (Bode/Brose 1999) eingewoben, das auf folgender Übereinkunft basierte: Arbeitnehmer verkauften mehr als ihre Arbeitskraft, nämlich eine generalisierte Loyalität, die als Gegengabe all jene sozialen Sicherungen in Anspruch nimmt, die sich schließlich zum stählernen Gehäuse des Sozialstaates verdichtet haben, der ein dichtes soziales Netz für alle Risiken des individuellen Lebens aufgespannt hatte. Getragen wurde diese Übereinkunft durch die Basisinstitutionen der Konkurrenzdemokratie, der sozialen Marktwirtschaft und einer durch deren Wirksamkeit genährten Wohlstandsgesellschaft, die ihr Selbstverständnis dem Massenkonsum und dem Wohlfahrtsstaat verdankt (Zapf 1986: 52). Ermöglicht wurde er durch stabile Beschäftigungsverhältnisse, die dem Einzelnen nicht nur Sicherheit, sondern auch Aufstiegsmöglichkeiten boten. Mit diesen Institutionen erkannte die Arbeitsgesellschaft gegenüber dem Arbeitnehmer viel weitergehendere Verpflichtungen an, als der Lohn sie erfüllte. Es ging um die Zusicherung eines materiellen Lebensstandards, der politischen und sozialen Teilhabe, die die Arbeitnehmer für ihre Loyalitätspflichten entschädigten.

Solange die ökonomischen, politischen und soziokulturellen Voraussetzungen gegeben waren, war dieses Arrangement, das weiter oben (Kapitel 2.2) als „Gesellschaftsvertrag der Industriemoderne" bezeichnet wurde, in sich stimmig und sozial gerechtfertigt. In den letzten Jahrzehnten haben sich jedoch massive Risse in der sozialen Architektur des Arrangements aufgetan, die in den neueren Debatten zur Krise der Arbeitsgesellschaft immer wieder thematisiert worden sind (Offe 1984; Bode/Brose 1999). Das industrielle System organisierter Reziprozität, das soziale Sicherheiten im Austausch für Loyalität verspricht, funktioniert nicht mehr. Einer wachsenden Nachfrage nach qualifizierten Arbeitsplätzen steht ein schrumpfendes Angebot gegenüber. Die massive Freisetzung aus den selbst schon wieder zur Tradition der kapitalistischen Gesellschaft gewordenen sozialen Bezügen, wie sie durch Klassenlagen, Gewerkschaften, Berufsbindungen und wohlfahrtstaatliche Sicherungen bereitgestellt wurden, hat den Zusammenhalt der Gesellschaft gefährdet. Die Imperative ökonomischer Rationalität haben nicht nur eine zunehmende Beschäftigungsunsicherheit und eine Verknappung unbefristeter Vollzeitstellen herbeigeführt, sondern auch die soziale Schutzfunktion von Berufsverbänden und beruflichen Qualifikationen bei der Aushandlung von Löhnen und der Festlegung von Wettbewerbsbedingungen geschwächt.

Für eine nicht mehr durch den Gesellschaftsvertrag der Industriemoderne zusammengehaltene Erwerbsgesellschaft stellt sich nun die Frage, wie sie den wachsenden Hiatus zwischen soziokultureller Entwicklung und wirtschaftlichem System, zwischen dem Bedürfnis nach sozialer Integration durch Berufsarbeit und den ökonomischen Zwängen bewältigt, um den aufkommenden sozioökonomischen Problemen zu begegnen.

In der sozialwissenschaftlichen Debatte um die Folgen des ökonomischen Wandels für die soziale Einbindung in die moderne Arbeitsgesellschaft zeichnen sich aktuell nationalspezifische Schwerpunkte ab, die in den unterschiedlichen sozialen Strukturen und intellektuellen Traditionen der Länder begründet sind: Im Zentrum der deutschen Zeitdiagnosen werden die negativen Auswirkungen für die soziale Einbindung des Einzelnen und die moralische Integrationskraft der Berufsarbeit insgesamt hervorgehoben. So haben Voß und Pongratz als theoretische Bestimmung des neuen postfordistischen Arbeitskrafttypus die Kategorie des „Arbeitskraftunternehmers" vorgeschlagen (Voß/Pongratz 1998). Dieser Typus kann sich in Form abhängiger Arbeit wie arbeitnehmerähnlicher Selbständigkeit realisieren. Die diesem Typus zugeschriebenen Kennzeichen – eine erweiterte Selbstkontrolle des Arbeitenden, ein Zwang zur verstärkten Ökonomisierung der eigenen Arbeitsfähigkeiten sowie eine Tendenz zur Verbetrieblichung der alltäglichen Lebensführung – abstrahieren allerdings von arbeitsinhaltlichen und kulturellen

Handlungs- und Wertorientierungen, die für die Frage des sozialmoralischen Wandels ja gerade zentral sind. Dagegen werden in der angelsächsischen Diskussion Fragen des normativen Wandels von Arbeit stärker behandelt (Piore 2003; Casey 1995; Rose 2000). Dabei spielen auch unterschiedliche gesellschaftliche Traditionen eine Rolle. Die Deregulierung und Flexibilisierung von Arbeitsverhältnissen sind in den USA weiter fortgeschritten als in Deutschland.[11] Andererseits verfügen die USA im Unterschied zu Deutschland über eine lange Tradition „zivilgesellschaftlicher" Vergemeinschaftungsformen, die kompensatorische Einbindungen und Identifikationsmöglichkeiten bieten. Das zeigt auch die – verglichen mit Deutschland – größere Bedeutung von „Unternehmenskulturen". Damit reagieren Unternehmen auf den Wunsch nach einer auf die ganze Persönlichkeit bezogenen Einbindung. Getrieben durch die ständige Konkurrenz um qualifizierte Arbeitskräfte, bieten Unternehmen ihren Angestellten zudem umfassende Versorgungs- und Freizeitdienstleistungen – wie z. B. Clubs für Dating, Schach, Karate und Tauchen an (Hochschild 1997). Damit wird auch die Rolle der „Identifikation" eine andere, eine persönlichere.[12] Folgen wir Rose (2000), dann deutet vieles darauf hin, daß das „Soziale" zugunsten der „Gemeinschaft", durch die gesellschaftlicher Zusammenhalt nun bestimmt wird, in den Hintergrund rückt. Dies zeigt auch die „kommunitäre Semantik" der Debatte über „Zivilgesellschaft" und „Werte". Setzt sich dieser Trend fort, dann ist zu erwarten, daß traditionelle Identitäten, durch die das System industrieller Arbeit gestützt wurde, zunehmend geschwächt und durch gemeinschaftliche bzw. emotional besetzte Identifikationsangebote überlagert werden: Netzwerke, „Szenen", „Unternehmensphilosophien" oder Überzeugungsgemeinschaften, mit denen der Einzelne die gleichen Lebensstile oder „Paradigmen" teilt, werden für die Einbindung am Arbeitsplatz dann wichtiger als Gewerkschaftsbindungen oder sozioprofessionelle Zugehörigkeiten (Piore 2003).

Auch dieser Prozeß ist in den USA bereits weiter fortgeschritten. Im Vergleich zu Deutschland spielen Gewerkschaften und Betriebsräte in den USA aus historischen Gründen eine geringe Rolle bei der Interes-

---

11 Diese Situation wird durch die „offenen" Beschäftigungsstrukturen und ein liberales Wohlfahrtsstaatsregime in den USA bedingt. Dagegen spielen in Deutschland, das über „geschlossene" Beschäftigungsstrukturen und einen eher konservativen Wohlfahrtsstaat verfügt (Blossfeld 2001: 257 f.), berufliche und arbeitsrechtliche Regulative weiterhin eine gewisse Rolle.

12 Ähnliche Tendenzen werden in Deutschland, wie in den vorangehenden Kapiteln bereits erläutert, unter dem Stichwort „Subjektivierung der Arbeit" (Baethge 1991; Moldaschl 2003) diskutiert.

senvertretung für Arbeitnehmer. Arbeitnehmerrechte werden in sehr viel stärkerem Maße durch die „pressure groups" wahrgenommen, die sich für die Gleichstellung ethnischer Minderheiten und Frauen am Arbeitsplatz einsetzen und über beträchtlichen sozialpolitischen Einfluß verfügen. Solche Gruppen spielen wiederum in Deutschland, ein Land mit starker gewerkschaftlicher Tradition, eine untergeordnete Rolle. Aus diesem Grund läßt sich auch die Wohlfahrts- und Sozialstaatspolitik in den USA nicht umstandslos auf das deutsche Modell übertragen (Piore 2003).

4.5 Berufliche Identitäten in der Netzwerkgesellschaft

Im informationellen Netzwerkkapitalismus gewinnt eine emphatische Beruflichkeit, die in der Phase des industriellen Kapitalismus einer kleinen professionellen Elite vorbehalten war, wieder an Bedeutung. Als Prinzip sozialer Einbindung sind berufliche Ideale und Identitäten vor allem in qualifizierten Tätigkeitsbereichen relevant.[13] Dabei hat sich einiges gegenüber den Berufskulturen des Industriekapitalismus verändert. Dies soll am Beispiel solcher Berufsgruppen untersucht werden, die sich sehr weitgehend aus der Rollenstruktur betrieblicher Herrschaft und beruflicher Selbstverwaltung (Verbände, Körperschaften und Interessenvertretungen) herausgelöst haben, nämlich den Berufen der Medien- und Kulturindustrien. Für diese Felder stellt sich die Frage, durch welche Prinzipien der Zusammenhalt gewährleistet wird. Führt die These Durkheims von der sozialmoralischen Brückenfunktion von Berufsgruppen hier weiter? Durch welche Ideale und Wertbindungen wird die Identifikation mit Berufen ermöglicht?

Um die zentrale These gleich vorwegzunehmen: Berufliche Identität und Sinnstiftung wird in diesen beruflichen Feldern über expressive Werte (z. B. Kreativität, Charisma, Authentizität, Talent) gestiftet, die, wie Boltanski/Chiapello (2003) in ihrem Buch über den „neuen Geist des Kapitalismus" formuliert haben, aus den ästhetischen Gegenbewegungen in das kapitalistische System absorbiert worden sind. Diese Sinnorientierungen vermitteln zwischen den Anforderungen der flexiblen Ökonomie und den sozialmoralischen Ordnungen der Gesellschaft, indem sie marktförmige Selektions- und Bewertungsprinzipien

---

13 Auch hierbei sind nationale Unterschiede zu berücksichtigen: In Deutschland, das im Unterschied zu den USA und anderen liberalen Beschäftigungssystemen über eine starke berufliche Tradition verfügt (Blossfeld 2001), spielen berufliche Ideale und Anspruchskonzepte eine vergleichsweise bedeutsame Rolle für die sozialmoralische Integration und den Kulturwandel von Arbeit und Erwerb in der Gegenwart.

begünstigen. Dabei gehen die neuen Kulturideale mit den flexiblen Laufbahn- und Bewährungssystemen eine Symbiose ein: Zwar ist eine akademische Bildung nach wie vor eine wesentliche Zugangsvoraussetzung zu den Berufsfeldern der Medien- und Kulturindustrien, charakteristisch ist jedoch, daß die Platzanweiserfunktion von Bildungstiteln zunehmend durch den Wettbewerb „außergewöhnlicher Talente und Ideen" überlagert wird. Anstelle innerbetrieblicher Positionierungen und beruflicher Qualifikationen treten wettbewerbsförmige Bewährungs- und Chancenstrukturen (Franck 1998; Koppetsch 2004), die kurzfristige Engagements erleichtern und den Einzelnen zum „Eigentümer" seiner Leistungen und beruflichen Reputation machen.[14] Durch die Charismatisierung beruflicher Identitätskonzepte und Handlungsorientierungen werden Kriterien zum Statuserwerb relevant, die nicht nur die beruflichen Arbeitsfähigkeiten im engeren Sinne umfassen, sondern die ganze Person mit einbeziehen. Die mangelnde Objektivierbarkeit von Qualifikationen führt so zu einer durch kein kollektives Handlungskorsett mehr abgestützten Unmittelbarkeit zwischen dem Individuum und seiner beruflichen Arbeit, zwischen dem Individuum und seinem sozialen Erfolg oder Mißerfolg.

Expressive Eigenschaften wie Charisma, Kreativität und Talent gewinnen nicht nur für die Positionierung der Beschäftigten an Bedeutung, sie werden auch im professionellen Handeln gegenüber Klienten bzw. Kunden wichtiger. So unterscheiden sich „moderne" von traditionellen professionellen Dienstleistern (z. B. Mediziner, Psychologen, Therapeuten, Sozialarbeiter) dadurch, daß sie ihre Aufgabe nicht als Erziehungs- und Reintegrationsprojekt, als Wiedereinfügung eines Klienten in eine vorgegebene psychologische oder soziale Normalität, sondern zunehmend als emanzipatorisches Projekt der Selbstwerdung und der Infragestellung der vorgegebenen Ordnung begreifen (Kellner/ Heuberger 1992). Es geht im professionellen Handeln zunehmend darum, innere Energien und Antriebe zu mobilisieren, statt Autorität über den Klienten zu behaupten. Der Kapitalismus unserer Zeit hat sich auf den aktiven Mitspieler eingerichtet. Emanzipation, Stilisierungs- und Genußfähigkeit werden mithin selbst zur Persönlichkeitsnorm, an deren Maßstäben sich der Wert des Individuums ausrichtet. Dies hat die paradoxe Konsequenz, daß konsumatorische Dispositionen und Verhal-

---

14 Um so unwahrscheinlicher ist es, daß die Deregulierung von Arbeitsmärkten und Qualifikationsanforderungen automatisch mit einem Verlust beruflicher Kontroll- und Belohnungsstrukturen einhergeht. Plausibler ist es, davon auszugehen, daß Bildungsvoraussetzungen in Zukunft zunehmend durch nachgelagerte Selektionsfilter im Kontext der jeweiligen Arbeitsfelder und -netzwerke ergänzt und überlagert werden (Kraemer/Bittlingmayer 2001).

tensorientierungen in immer mehr Bereiche eindringen (vgl. auch Kapitel 9): Emanzipation, Genußfähigkeit und Stilisierungsfähigkeit werden den Subjekten nicht mehr nur in den Verhaltensfeldern des Konsums, sondern praktisch in jedem Bereich abverlangt. Sie werden zur universellen Partizipationsnorm. Dies soll an einem Beispiel erläutert werden: Viele Therapeuten bieten ihre Dienste als „Coach" zunehmend auch einem Publikum von Managern und leitenden Angestellten an. Der Unterschied zum klassischen Therapeuten besteht darin, daß der Coach kein Krankheitsmodell zugrundelegt. Er berät „Klienten", zu denen er keine wohlfahrtsstaatliche, sondern eine marktförmige Beziehung unterhält.

Für unseren Zusammenhang ist dabei entscheidend, daß diese Wertorientierungen, die in der vorangehenden Phase noch als Kritik gegen Massenkonsum, Industrialismus und Standardisierung der Lebensführung hervorgebracht wurden, ironischerweise nun selbst zum zentralen Legitimationsprinzip der marktförmigen Durchdringung aller Lebensbereiche geworden sind. Durch die Subjektivierung und charismatische Aufladung von Dienstleistungs- und Konsumgütermärkten kommt es zur Kommerzialisierung von Gefühlen (Hochschild 1997), Stilbildungen (Albrecht 2002), Anerkennung (Honneth 2004) und religiösen Werten (Reichertz 1995).

Was bedeutet dies für die beruflichen Identitäten der Beschäftigten? Die marktförmigen Regulative, die das Bewährungsfeld beruflicher Arbeit in diesen Arbeitsfeldern strukturieren, haben, wie alle Institutionen, nach denen Akteure sich ausrichten müssen, kulturelle Effekte, die Normen des interpersonellen Austauschs, Gefühle und Motivationen betreffen (Hochschild 1997: 66). Sie steuern Gefühle und Antriebe, da sie die Hingabe an die Arbeit steigern oder auch enttäuschen können, sie geben dem, was der Einzelne von sich und seiner Arbeit halten darf, eine objektive Grundlage. In diesen Berufsfeldern entsteht eine Figuration von Markt und beruflicher Moral, die Handlungsweisen und Fähigkeiten kreiert, die sich in den vorangehenden Epochen einer Marktvergesellschaftung noch entgegengestellt haben. Dazu gehört z.B. die Fähigkeit des Individuums, seine „Persönlichkeit" als Image zu begreifen, d.h. mit den Augen anderer zu betrachten und gemäß den Anforderungen der jeweiligen Situation zu gestalten, sich gewissermaßen den Erfordernissen des jeweiligen Marktes anzupassen (Lasch 1984). Markt, Identität und Moral stellen dann keine sich gegenseitig ausschließenden Prinzipien mehr dar, sondern sind ineinander verwoben. Doch auf welcher Grundlage Verhaltensweisen, die in der vorangehenden Phase gesellschaftlicher Entwicklung als oberflächlich und opportunistisch verurteilt wurden, heute als erstrebenswert gelten, ist damit noch nicht geklärt. Auch sind die Konsequenzen des neuen „Synkretismus von Ökonomie und Lebensform" (Neckel 2003) für das System beruflicher Arbeit bislang noch nicht einmal in Ansätzen verstanden.

Ein zentrales Anliegen besteht in der Untersuchung der Rolle der Ideen für den Wandel gesellschaftlicher Macht- und Chancenstrukturen. Dazu reicht es nicht aus, die expressiven Ideale (Talent, Kreativität, Charisma) lediglich in den Selbstdeutungen und im Ethos beruflicher Akteure nachzuweisen. Ohne die Verankerung in den institutionellen Prinzipien der Leistungsbewertung und Positionszuweisung bleiben die neuen Kulturideale letztlich unverbindlich. Dazu soll im folgenden auf der Basis der Studie von Luc Boltanski und Ève Chiapello (2003) herausgearbeitet werden, auf welche Weise die genannten Ideale zur Umgestaltung der Systeme beruflicher Statusverteilung und Bewährung beigetragen haben. Dabei sind folgende Punkte zentral: 1. Weshalb konnten expressive Ideale in den Kapitalismus eindringen? 2. Wie verzahnen sich diese Ideen mit beruflichen Laufbahnen und Bewährungsprinzipien? 3. Wie verschaffen sich Akteure auf Basis dieser Sinnorientierungen Einfluß im gesellschaftlichen Institutionengefüge?

5. Max Weber und der Geist des Kapitalismus
Zur Dynamik des kulturellen Wandels von Arbeit und Ökonomie nach Luc Boltanski und Ève Chiapello

Durkheim untersuchte Berufsgruppen als moralische Milieus, durch die dem Einzelnen die Chance eröffnet wird, jenseits der traditionellen Bande von Familie, Verwandtschaft und Stand seinen „Platz" in der Gesellschaft zu finden und durch spezialisierte Berufsarbeit seine Persönlichkeit zu bilden. Der gesellschaftliche Wert der Berufsgruppen besteht in ihrer Funktion als moralisches Korrektiv einer von sich aus nicht zur normativen Integration fähigen Ökonomie. Insofern kann Durkheims Berufssoziologie als ein Beitrag zur Frage nach der *sozialen Einbettung* moderner Wirtschaftssysteme durch soziale Institutionen und kulturelle Wertsetzungen verstanden werden. Diese Fragestellung wurde in wirtschaftssoziologischen (Zelitzer 1988, 1996; Beckert 1997) und zeitdiagnostischen Beiträgen (Bode/Brose 1999; Münch 1991, 1995, 1998; Heitmeyer 1997) immer wieder aufgegriffen. Demnach sind moderne Wirtschaftsordnungen nicht einfach aus der hemmungslosen Entfaltung von Erwerbstrieb und Utilitarismus allein zu erklären, sondern müssen auf sozialmoralische Ressourcen zurückgreifen, ohne die eine Partizipation der Vielzahl von Teilnehmern, deren Möglichkeiten, ihren Profit zu maximieren, gering ist, gar nicht gewährleistet werden kann.

Allerdings zeigt diese Diskussion eine folgenschwere Einseitigkeit: Kulturelle Handlungsmuster werden darin weitgehend als abhängige Variable einer unabhängigen kapitalistischen Entwicklungsdynamik vorgestellt und dabei auf die Funktion der *Einbindung* und der Zähmung der destruktiven Logik von Markt und Ökonomie beschränkt. Damit wird nur eine Seite der Realität erfaßt. Die andere Seite, d. h. der sozialtransformierende Charakter kultureller Ideen und moralischer Kodes gerät ihr aus dem Blick. Während die Ansicht, daß Ideen, Werte und Normen durch ökonomische Prozesse beeinflußt werden, die bis heute vorherrschende Sichtweise auf Wirtschaftsprozesse darstellt, ist die umgekehrte Vorstellung, nämlich die Tatsache, daß auch ökonomische Institutionen durch kulturelle Ideen und soziale Zusammenhänge geformt werden (DiMaggio 1994), bislang noch weniger gut verstanden.[15] Erst in neuerer Zeit wurde die Frage, wie Märkte, Produktions- und Organisationsstrukturen durch Mentalitäten, kollektive Wissensstrukturen und kulturelle Handlungsmuster beeinflußt und geformt werden, verstärkt zum Gegenstand wirtschaftssoziologischer Untersuchungen gemacht (Deutschmann 1999; Fligstein 2001; Bröckling et al. 2000; Knorr-Cetina/Brugger 2002; Illouz 2003; Engler 2005).[16] Interessant für unseren Zusammenhang sind vor allem solche Studien, die zeigen, daß Alltagskultur und Ästhetik im postindustriellen Informationskapitalismus der Gegenwart selbst zu bevorzugten Investitionsgebieten des Marktes geworden sind (Featherstone 1991; Neckel 2003; Boltanski/Chiapello 2003). Die Erschließung von neuen Märkten und Produktionsweisen ist keine ökonomische Tatsache allein, sondern Resultat auch der erfolgreichen Einverleibung neuer Leitbilder von Alltagskultur und Lebensweisen in den kapitalistischen Produktionskreislauf und in die Bildersprache des Kon-

---

15 Einige der Ursachen für diese Vernachlässigung liegen in der normativistischen Tradition des strukturfunktionalistischen Denkens begründet. Durkheims Kritik an der utilitaristischen Gesellschaftskonzeption Spencers wird zur Richtschnur auch für Parsons' Bemühungen, der Soziologie ein eigenes Profil gegenüber der Ökonomie zu verleihen. Die Soziologie wird die Wissenschaft vom „Datenkranz", die die Wirtschaftstheorie nicht ersetzen, sondern durch eine umfassende Konzeptualisierung der normativen und kulturellen Randbedingungen des Wirtschaftshandelns ergänzen sollte (Beckert 1997: 216).

16 Dieser Gedanke findet sich in seiner radikalsten Ausprägung bei Castoriadis (1984) wieder. In scharfer Abgrenzung zum Marxismus, der die Entwicklung der Ökonomie aus der technologischen Entwicklung erklärt, folgt nach Castoriadis der moderne Kapitalismus dem „Imaginären" einer Gesellschaft, das Symbole wie „Nation", „Geld", „Kapital" enthält und mit quasireligiösen Vorstellungen auflädt. Auch die Entstehung neuer Technologien ist nicht durch naturhafte Prinzipien der Rationalisierung zu erklären, sondern – abhängig von der symbolischen Kreativität einer Gesellschaft und auch hinsichtlich ihrer Anwendung – kulturell variabel.

sums (Featherstone 1991; Campbell 1989). Der Kapitalismus kolonialisiert nicht nur die Kultur, er wird durch kulturelle Handlungsorientierungen und soziale Normen auch selbst verändert und greift dazu auf kollektive Projektionen des „guten Lebens" zurück.

Der Gedanke, daß Wirtschaftsinstitutionen durch Leitbilder transformiert werden, hat seit dem durchschlagenden Erfolg des Konzepts der „flexiblen Spezialisierung" (Piore/Sabel 1984) auch innerhalb der industriesoziologischen Diskussion Konjunktur. In seiner Studie *Zur Verheißung des absoluten Reichtums* illustriert zum Beispiel Deutschmann (1999: 145 ff.) die Funktion von Leitbildern für die Transformation kapitalistischer Produktionsapparate. Demnach ist die Entwicklungsdynamik des Kapitalismus durch die Abfolge von Paradigmen technologischer Entwicklung bestimmt, die aus der Fülle der durch Geld angezeigten Möglichkeiten bestimmte Optionen auswählen und andere ausschließen. Nicht Logik, Rationalität und Wissenschaftlichkeit, sondern „zirkuläre, sich selbst bestätigende Handlungsketten nach dem Muster von Mertons self-fulfilling prophecy" (ebd.: 148) seien für den Durchsetzungserfolg bestimmter Leitbilder entscheidend. Dies gelte auch für die aktuelle Situation des Übergangs vom Prinzip der fordistischen Massenproduktion hin zum System flexibler Spezialisierung. Die neuen flexiblen Organisations- und Produktionskonzepte sind keineswegs nur im ökonomischen System im engeren Sinn lokalisiert, sondern beziehen weite Bereiche des gesellschaftlichen Handelns über den Markt hinaus mit ein (ebd.: 138).

In der bisherigen Diskussion wird jedoch kaum untersucht, wie Leitbilder durch konkrete Handlungsmuster und Akteure umgesetzt werden. Ohne eine solche Verankerung dürften diese für die Reproduktion kapitalistischer Prozesse folgenlos bleiben. Durch welche Akteure werden die entsprechenden Leitbilder in den kapitalistischen Kreislauf eingeführt? Über welche moralische Energien müssen Leitbilder verfügen, um die Beteiligten zu mobilisieren? Durch welche normativen Ordnungszusammenhänge werden die darin enthaltenen Ideen auf Dauer gestellt? Interessanterweise wurde das bislang eindrucksvollste Untersuchungsprogramm zur Sozialwirksamkeit von Ideen, nämlich die Protestantismus-Studie Max Webers (1988b), in diesem Zusammenhang kaum aufgegriffen. Webers Studie bleibt nicht bei der Analyse von Ideen stehen, sondern untersucht ihre Bedeutung für den Wandel von Verhaltensmustern und Sozialcharakteren. Das Modell Webers soll in einem ersten Schritt am Beispiel des Konzepts des Berufsethos erläutert und in einem zweiten Schritt am Leitfaden der Studie von Boltanski/

Chiapellos über den „neuen Geist des Kapitalismus" auf den Kulturwandel der Arbeit in der Gegenwart übertragen werden.

5.1 Max Weber: Ideen als Motor kapitalistischer Entwicklung

5.1.1 Beruf und Lebensführung bei Weber

Weber versteht die Berufsethik nicht als normatives Korrektiv zur Eindämmung der destruktiven Marktlogik, sondern genau umgekehrt als *Motor* ökonomischer Entwicklung. Denn für Weber steht fest, daß der „kapitalistische Geist" vor dem modernen Kapitalismus da war. Während Durkheim Berufsmilieus als sozialintegrative Reparaturanstalten begreift, die sich *verzögert* auf die sozialstrukturellen Veränderungen der Ökonomie einstellen (Durkheim 1992b: 56), ist für Weber die Berufsethik *Voraussetzung* und *Vorreiter* der Entfaltung der modernen ökonomischen Rationalität. Diese Einsicht ist das Ergebnis der großangelegten Studie Webers zur historischen Entstehung des modernen Kapitalismus, dessen Ursachen er an der gegenseitigen Durchdringung ideeller und materieller Faktoren, religiöser Ideenkomplexe und ökonomischer Strukturen festmacht. Weber stimmt mit Durkheim zunächst darin überein, daß auch er in der Entfaltung des Kapitalismus eine der schicksalsvollsten Mächte des modernen Lebens sieht (Weber 1988b: 4). Doch im Unterschied zu Durkheim sieht Weber das Spezifikum des modernen Kapitalismus nicht in der Ausweitung eines unkontrollierten Profit- und Erfolgsstrebens, in dem sich das „Recht des Stärkeren" und der „latente oder offene Kriegszustand" (Durkheim 1992b: 43) immer stärker auch gegen moralische und religiöse Begrenzungen durchsetzen werden. Im Gegenteil: die Mäßigung von Habgier zugunsten kontrollierter Profitverfolgung mache das Erfolgsrezept des kapitalistischen Systems aus. Die wirtschaftlichen und nichtwirtschaftlichen Kräfte stehen sich nicht in unversöhnlicher Weise gegenüber, vielmehr konnte der Kapitalismus erst durch die Einbindung in ethische Regulative seinen beispiellosen Aufschwung nehmen und seine spezifische Rationalität entfalten. Diese Rationalität ist es, die den okzidentalen Kapitalismus, dessen einzigartige Konfiguration zu erklären Webers zentrale Problemstellung darstellt (Weber 1988b: 12), von anderen Spielarten des kapitalistischen Erwerbs unterscheidet, die es auch anderswo in verschiedenen Ausprägungen immer wieder gegeben hat. Der rationale westliche Typ der Ökonomie, der bürgerliche Betriebskapitalismus, beruht auf drei Säulen: der Trennung von Haushalt und Betrieb, der Bilanzbuchhaltung, die eine rationale Kalkulation von Gewinn und Verlust ermöglicht, und der Existenz freier Lohnarbeit. Weber sieht die Heraufkunft des okzidentalen Kapitalismus nicht als isoliertes Kulturphänomen, sondern in Korrelation mit der Entfaltung rationaler Eigengesetzlichkeiten in anderen Sphären, die es ebenfalls nur im Westen gegeben hat: Dazu gehören die Entstehung des rationalen Experiments in der Wissenschaft, die Entwicklung der Harmonielehre in der Musik, der Zentralperspektive in der Malerei sowie in der Sphäre der Politik die Herausbildung eines rationalen Staates auf der Grundlage einer Verfassung, eines rational systematisierten Rechts und einer rationalen Bürokratie.

Womit erklärt Weber nun diese einzigartige institutionelle Konfiguration des Westens in Politik, Wirtschaft und Wissenschaft? Woher kommt der okzidentale Rationalismus und in welcher Gestalt materialisiert er sich? Interessant ist, daß Weber den Schlüssel für dieses Rätsel nicht in den materiellen Bedingungen, sondern in den kulturellen Orientierungen, nämlich in der Religion, genauer: in der „Berufsethik des asketischen Protestantismus" findet. Diese Berufsethik wird näher bestimmt als Pflicht zur Bewährung in der täglichen Arbeit, gleichviel, worin diese besteht und wozu diese führt. Sie steht im Zusammenhang einer allgemein asketischen Lebensführung der Sparsamkeit, Gewissenhaftigkeit und Selbstdisziplinierung und hatte zwei für die Durchsetzung des modernen Kapitalismus zentrale kulturelle Voraussetzungen geschaffen: zum einen die religiöse Aufwertung von Arbeit zur Berufsarbeit, zum anderen, und daraus folgend, die Rationalisierung der individuellen Lebensführung. Nur unter der Voraussetzung, daß die Menschen sich in ihrer Lebensführung dieser Rationalität unterordnen, konnten sich die Institutionen des bürgerlichen Betriebskapitalismus durchsetzen:

> „Denn wie von rationaler Technik und rationalem Recht, so ist der ökonomische Rationalismus in seiner Entstehung auch von der Fähigkeit und Disposition der Menschen zu bestimmten Arten praktisch-rationaler *Lebensführung* überhaupt abhängig. Wo diese durch Hemmungen seelischer Art obstruiert war, da stieß auch die Entwicklung einer *wirtschaftlich* rationalen Lebensführung auf schwere innere Widerstände. Zu den wichtigsten formenden Elementen der Lebensführung nun gehörten in der Vergangenheit überall die magischen und religiösen Mächte und die am Glauben an sie verankerten ethischen Pflichtvorstellungen." (Weber 1988b: 12)

Aufgrund der großen Bedeutung transzendenter Begründungen als wesentliche Quelle kultureller Sinnorientierungen und normativer Bindungen in der damaligen Gesellschaftsepoche war nur eine religiöse Idee in der Lage, eine Änderung der bis dato vorherrschenden irrationalen Verhaltensorientierung herbeizuführen. Dies geschah durch die religiöse Aufwertung der Arbeit zur Berufspflicht, die ein ganzes Verhaltensfeld einer planmäßigen und selbstreflektierenden Aufmerksamkeit unterzog, das bislang außerhalb asketischer Normen lag. Zur genauen Funktionsweise dieser Verknüpfung ist es notwendig zu verstehen, wie sich die vor dem Hintergrund der europäischen Geschichte eher unwahrscheinliche Aufwertung der Berufsarbeit vollzogen hat. Charakteristisch für die Geschichte der Arbeit bis zur Reformation war ja, daß ein ethisches Band zwischen Persönlichkeit und Beruf gerade gefehlt hat. Arbeit galt, sofern sie für das biologische und soziale Überleben unentbehrlich war, als notwendiges Übel, oder schlimmer noch, als Mühsal, Schmerz und Last. Aus der Sicht der Kirche galt die Arbeit als von Gott verfügte Strafe, als eine Buße, die dem sündigen Menschen auferlegt war. Diese Auffassung zog sich durch die Antike bis ins Mittelalter mit dem Ergebnis, daß Arbeit im wesentlichen den gering geschätzten gesellschaftlichen Gruppen vorbehalten war, also Sklaven, Bauern, Frauen und Kindern. Nicht zufällig waren auch die Zunftregeln darauf ausgerichtet, ungehemmtes Gewinnstreben und die Maximierung von wirtschaftlichem Erfolg zu verhindern.

Dies änderte sich mit der Reformation und speziell mit der Verbreitung der religiösen Bewegungen des Calvinismus, Pietismus, Methodismus und der baptistischen Sekten, die Berufsarbeit zum „institutionellen Rückgrat" (Müller 2003) religiöser Lebensführung machten, indem sie diese als eine Christenpflicht, als eine Berufung von Gott für alle auswiesen und sich so vom Müßiggang und Luxus der Spitzen in der katholischen Kirche distanzierten. Zentral für Webers Analyse der psychologischen Antriebe der methodisch-rationalen Lebensführung ist die Prädestinationslehre des Calvinismus (Weber 1988b: 88 f.). Demnach steht nach Gottes unerschütterlichem Ratschluß immer schon fest, wer in den Himmel und wer in die Hölle kommt. Doch nicht Fatalismus folgte aus dieser ausweglosen Situation. Selbst wenn es keine Beweise für die eigene Erwähltheit geben konnte, als vielversprechendes Zeichen wurde der Umstand gewertet, wenn zumindest der Einzelne selbst sich seines Gnadenstandes sicher war. Dies konnte jedoch nur durch unermüdliche und erfolgreiche Berufsarbeit dokumentiert werden. Es war dem Einzelnen aufgetragen, sich durch fortgesetzt gute Taten seines Erwähltseins zu vergewissern, eine Mission, die eine rationale und ethische Lebensführung begünstigte. Zentral für Webers Erklärungsprinzip ist, daß die Wirkung, die diese Ethik für die Gesellschaft hatte, nämlich den entscheidenden Anstoß zur Entfaltung des moderne Kapitalismus zu geben, keineswegs bezweckt war. Arbeit und Beruf waren einem spirituellen Ziel, nicht einem ökonomischen oder materiellen Zweck untergeordnet. Die positive Bewertung und Sinngebung der Berufstätigkeit ist von den wirtschaftlichen Folgen dieser Berufstätigkeit getrennt. Nicht der wirtschaftliche Erfolg, sondern die innere Sicherheit über den eigenen Gnadenstand lagen der protestantischen Berufsidee zugrunde, die dazu führte, daß Arbeit und Beruf zum Selbstzweck aufgewertet wurden. Der daraus resultierende wirtschaftliche Erfolg bedurfte daher keiner Rechtfertigung mehr, er war in der ethischen Auszeichnung der Berufsarbeit enthalten.

5.1.2 Zur Sozialwirksamkeit von Ideen
Webers Theorie des sozialen Wandels

Es ist gerade der Nachweis einer scheinbaren historischen Paradoxie jener Beziehungen beim Übergang zur modernen Gesellschaft, die Max Webers Untersuchungen auch für die aktuelle Entwicklungsphase des Kapitalismus so interessant machen. Eine im Ursprung antikapitalistisch gefärbte Religionsbewegung wie die protestantische Reformation spielte bei der Durchsetzung des modernen Kapitalismus eine entscheidende Rolle, der wiederum einer Kultur massiver Areligiosität den Weg bereitet. Unter diesem Gesichtspunkt kann man Webers Untersuchungen zur protestantischen Ethik nicht nur als einen Ansatz zur Klärung der Entstehung des modernen Kapitalismus und der modernen Kultur lesen (Guttandin 1998: 14), sondern als einen allgemeinen kultursoziologischen Beitrag zur Theorie gesellschaftlicher Wandlungsprozesse verstehen. Es handelt sich um eine Theorie, die sich mit der Frage der Sozialwirksamkeit von Ideen beschäftigt (Lepsius 1990: 33): Unter welchen Kontextbedingungen, so läßt sich im Anschluß an Weber fragen, lassen sich bestimmte Elemente sozialen Verhaltens auf die Sinnstrukturen bestimmter Ideen zurückführen? Diese Frage läßt sich, da es sich dabei meist um eine lange Kette von Umständen, einen komplexen Vermittlungsvorgang zwischen der Struktur von Ideen und der durch sie geprägten Verhaltensweisen handelt, in vier Teilaspekte zerlegen: 1. Der Einfluß kultureller Ideen auf das Verhalten von Menschen. 2. Die Diffusion dieser Ideen über ihre anfänglichen Trägergruppen hinaus. 3. Die Erfassung der nichtintendierten Folgen dieser Ideen für die Entstehung oder den Wandel sozialer Systeme. 4. Das Nachzeichnen der Erschöpfung des ethischen Gehalts dieser Ideen im Zuge ihrer Institutionalisierung, durch die die durch sie bewirkten Verhaltensweisen veralltäglicht werden.

Zur richtigen „kausalen Zurechnung" (Weber 1988b: 12) des Verhaltens auf Ideen ist jedoch, wie Lepsius (1990) herausgearbeitet hat, eine genaue Bestimmung und Abgrenzung der einzelnen Elemente erforderlich. Erstens geht es darum, den kognitiven Gehalt einer Idee, also ihre innere Sinnstruktur zu erfassen. Die spezifische Berufsethik des asketischen Protestantismus enthält eine Selektion, die eine Richtung der Lebensführung bestimmt und dabei bestimmte Dimensionen einschließt, andere ausschließt. Entscheidend ist jedoch der Nachweis, daß eine bestimmte Lebensführung sich durch den Gehalt dieser Idee begründen läßt. Zweitens muß die soziale Trägerschaft, also die Gruppe, die ihr Verhalten an dieser Idee ausrichtet, identifiziert werden. Drittens müssen die Eigenschaften des Kontexts bestimmt werden, innerhalb dessen das durch die Idee ausgewählte Verhalten ausgeübt wird. Im Fall der protestantischen Ethik: Trifft die asketische Berufsarbeit auf eine Trägergruppe, die in einem gewerblichen Wirtschaftsbereich tätig ist, so ergibt sich durch die rationale Berufsarbeit die Chance zu Gewinnen. Die wirtschaftlichen Gewinne sind nicht das Ziel dieser Idee, unter diesen Kontextbedingungen aber die Folge. Gewinnchancen werden noch dadurch verstärkt, daß durch das Konsumverbot der asketischen Berufsethik die Gewinne nur zur Reinvestition verwendet werden können.

Wie Lepsius (1990: 37) herausgearbeitet hat, macht es der Umgang mit dieser Theorie erforderlich, diese unterschiedlichen Ebenen auseinanderzuhalten und ihre Konsequenzen richtig zu attribuieren. Ideen, die die Lebensführung anleiten, haben Konsequenzen, die sich von ihrem inneren Gehalt ableiten, und solche, die erst aus dem Zusammentreffen mit besonderen Kontextfaktoren resultieren. Auf eine kurze Formel gebracht ist es also notwendig, kulturelle Orientierungen und strukturelle Bedingungen zunächst getrennt zu bestimmen. Dies ist nicht immer leicht, da, wie auch Weber immer wieder betont, die protestantische Ethik den Kapitalismus nicht alleine ausgelöst hat, sondern lediglich eines von vielen Elementen war, die seine Entwicklung gefördert haben. Die Zurechnung von sozialem Wandel auf Ideen wird noch dadurch erschwert, daß die durch diese angestoßenen Verhaltensformen ihrerseits neue Verhaltensweisen und Handlungsverkettungen auslösen, die mit den ursprünglichen Ideen in keinerlei Zusammenhang stehen.

Am besten läßt sich die Macht einer Idee herausdestillieren, wenn diese eine Neuerung, eine Innovation darstellt, die sich gegen traditionelle Wertvorstellungen und Normen als Abweichung profiliert. Jede Innovation ist ja zunächst abweichendes Verhalten, das im Widerspruch zu tradierten Normen steht und schon daher einem Sanktionsdruck unterliegt. Für die Durchsetzung dieser Neuerung ist der Glaube ihrer Trägerschichten an die Berechtigung entscheidend. Das Fehlen jeden Zweifels an der Geltung einer Idee verleiht der Innovation eine enorme Durchsetzungskraft und Widerstandsfähigkeit gegen Mißbilligung und Sanktionierung. Damit Sinninnovationen, die zunächst von Minderheiten entwickelt wurden, nicht auf ein Binnenmilieu, d. h. ihre jeweilige Trägergruppe (eine Sekte, eine soziale Bewegung, eine Berufsgruppe) beschränkt bleiben, muß die Idee eine Diffusionschance haben. Im Fall der kapitalistischen Wirtschaftsgesinnung bedeutete dies, daß die Berufsethik über die protestantischen Sekten hinaus eine allgemeine Geltung erlangte.

Diese kurze Rekapitulierung der Analysen Webers sollte folgendes deutlich machen: Max Weber führt die spezifische Gestalt kapitalistischer Produktions- und Organisationsformen der Gegenwart auf eine Innovation kultureller Sinnstrukturen und Wertorientierungen zurück, die sich in den frühkapitalistischen Lebensformen zu einem Berufsethos verdichtete.[17] Für Weber stand weiterhin fest, daß der Kapitalismus, ist er erst mal etabliert, auf eine ethische Ausdeutung verzichten kann und seine „unentrinnbare Macht über den Menschen" (Weber 1988b: 203) ausübt: „Heute ist ihr Geist – ob endgültig, wer weiß es? – aus diesem Gehäuse entwichen. Der siegreiche Kapitalismus jedenfalls bedarf, seit er auf mechanischer Grundlage ruht, dieser Stütze nicht mehr." (ebd.: 204)

5.2 Ein neuer Geist des Kapitalismus? Sozialtheoretische Annäherungen an eine Theorie des neuen Sozialcharakters der Arbeit bei Luc Boltanski und Ève Chiapello

Was gewinnen wir heute, am Beginn des 21. Jahrhunderts, aus Webers Ansatz sozialen Wandels? Inwieweit kann der konzeptionelle Rahmen Webers für die Analyse von Berufsethos und Bewährungslogik für die Situation der flexiblen Ökonomie fruchtbar gemacht werden? Kurz: Wie sieht es mit der theoretischen Anschlußfähigkeit Webers im Zeitalter des globalen Kapitalismus aus? Die wohl umfassendste Deutung der aktuellen Entwicklungen des globalen Kapitalismus in der Tradition Webers haben Boltanski und Chiapello (2003) in ihrem Buch *Der neue Geist des Kapitalismus* vorgenommen. Ihr Modell der projektorientierten Arbeit gibt, wie im vorangehenden Kapitel bereits erwähnt, Aufschluß über die Ethik netzwerkförmiger Arbeitszusammenhänge, wie sie vor allem in

---

[17] Das Gros der kulturellen Konsequenzen der Reformation, so Weber, war unvorhergesehen, größtenteils unintendiert und aus der Perspektive von Calvin gar nicht erwünscht. Und dennoch: „Die religiöse Wertung der rastlosen, stetigen, systematischen, weltlichen Berufsarbeit als schlechthin höchstes asketisches Mittel und zugleich sicherster und sichtbarster Bewährung des wiedergeborenen Menschen und seiner Glaubensechtheit mußte ja der denkbar mächtigste Hebel der Expansion jener Lebensauffassung sein, die wir hier als ‚Geist' des Kapitalismus bezeichnet haben." (Weber 1988b: 192)

den Kultur- und Medienindustrien entwickelt worden sind. Wie Weber sehen auch sie eine Kulturanalyse als notwendigen Teil der Kapitalismusanalyse. Im Unterschied zu Weber, und darin folgen die Autoren eher Durkheim, betonen sie jedoch, daß auch der moderne Kapitalismus im hohen Maße auf Sinnressourcen und soziale Rechtfertigungen angewiesen bleibt.

Für Boltanski/Chiapello stellt sich zunächst die Frage, woher der flexible Kapitalismus seine moralische Stütze hernimmt, aus welchen Orientierungen und Traditionen er den zur Durchsetzung seiner flexiblen Arbeitsformen notwendigen kulturellen Rückhalt schöpft. Welche „Ideen", im weitesten Sinne dieses Begriffes, konnten soweit Anklang und Anhang finden, daß die Beteiligungsbereitschaft einer Vielzahl von Individuen unter den neuen Bedingungen sichergestellt werden kann? Die verblüffende Entwicklung besteht nach Meinung von Boltanski/Chiapello nun darin, daß sich der Kapitalismus unserer Gegenwart vor allem die ästhetische Kritik[18] einverleibt, die gegen ihn seit jeher vorgebracht wurde. Diese Kritik lieferte die notwendigen Sinnmaterialen für die Ausbildung eines individualistischen und erlebnisbezogenen Habitus, der im Zentrum auch der modernen Arbeitsmoral beruflicher Selbstverwirklichung steht. Stilisierungsfähigkeit und Genußfähigkeit, Kreativität, Autonomie und Individualismus, um nur einige der Topoi der ästhetischen Kritik zu benennen, wurden zu Bestandteilen eines allgemein verbindlichen Persönlichkeitsmodells.

Boltanski und Chiapello nehmen gegenüber Webers Untersuchungsansatz jedoch drei Modifikationen vor (Wolf 2006): Erstens geben sie dem Geist des Kapitalismus, der bei Weber auf denjenigen Ideenkomplex verweist, der die Entstehung und Weiterentwicklung des modernen Kapitalismus entscheidend beeinflußte, eine abstraktere Fassung. Da nicht sein Ursprung, sondern sein Wandel das Thema ist, fassen sie den „Geist", im Unterschied zu Webers Analyse des Inhalts einer bestimmten, religiös fundierten Lebensführung, als eine allgemeine Form, eine kulturelle Logik, die sich im historischen Verlauf mit unterschiedlichen Inhalten füllen läßt. Zweitens trennen sie die Analyse des Geistes aus der für Weber so zentralen Einbettung in Lebenswelt und Lebensführung. Demgegenüber rückt für sie die Dimension der öffentlichen Rechtfertigung in den Vordergrund: der Bezug der Akteure auf gemeinsame Werte, Weltbilder, Ideologien, Geltungs- und Gerechtigkeitskrite-

---

18 Von den zwei zentralen Kritikformen – der „sozialen Kritik", die Ungleichheit, Armut, Ausbeutung, Egoismus anprangert, und der „künstlerischen Kritik", die gegen Entfremdung, Bürokratisierung und Kreativitätsentzug protestiert – hatte letztere vor dem Hintergrund der neuen sozialen Bewegungen in den 1970er und 1980er Jahren einen umfassenden Einfluß auf die Arbeitsformen.

rien. Daraus ergibt sich, als dritte Modifikation gegenüber Weber, die enge Verbindung und wechselseitige Beeinflussung von Geist und Kritik des Kapitalismus.

5.2.1 Zum Wandel der Sozialordnungen des Kapitalismus
Eine historische Skizze

Grundlage der Analyse bildet ein theoretischer Rahmen, der drei wesentliche Voraussetzungen der Beteiligung und Zustimmung zur kapitalistischen Ordnung auf drei Stadien der historischen Entwicklung bezieht. Der Kapitalismus ist an sich ein sinnloses System. Eine hinreichende Mobilisierung von Teilnehmern ist nur unter der Voraussetzung normativer Einbindung und wertgestützter Identifikation möglich, während rein ökonomische Anreize, Zwangsmaßnahmen oder andere Formen utilitaristischer Kontrolle lediglich eine oberflächliche Konformität sicherstellen können. Demnach muß jede kapitalistische Epoche erstens persönliche Einsatzmotive und attraktive Lebensperspektiven bieten, zweitens die Übereinstimmung mit dem Allgemeinwohl gewährleisten und drittens die minimalen Sicherheitserwartungen des Einzelnen erfüllen. Daraus folgt für die Autoren, daß der Kapitalismus Rechtfertigungsimperativen unterworfen ist. Zur Charakterisierung dieser Rechtfertigungsprinzipien haben die Autoren auf die frühere Studie *De la justification* (Boltanski/Thévenot 1991) zurückgegriffen. Im Zentrum dieser Studie steht das Konzept der *cité*. Darunter wird eine soziale Verfassung, eine Gerechtigkeits- und Wertigkeitsordnung („Ordnung der Größe" bzw. des „Vorrangs") verstanden, auf die Akteure zurückgreifen, um ihr Handeln als übereinstimmend mit allgemeingültigen Werten zu rechtfertigen. Die Vielzahl untersuchter Rechtfertigungssituationen – auch aus Industrieunternehmen – verdeutlichen, daß in der Ökonomie unterschiedliche normative Prinzipien und Logiken („cités") koexistieren. Jede *cité* hat ihre eigenen, auf jeweilige Vorstellungen von „Größe" bezogenen Bewährungsproben, die nach Boltanski/Chiapello (2003:72) eine Beurteilung der Wertigkeit von Personen zueinander erlauben.[19] In der modernen Gesellschaft existieren sechs unterschiedliche Rechtfertigungsprinzipien, sechs Logiken der „Rechtfertigung von Größe": Die *cité* des Hauses, die sozialen Rang an der Hierarchie persönlicher Abhängigkeiten bemißt; die *cité* der Inspiration, die Größe an außeralltäglichen Begabungen festmacht; die *cité* der Industrie, die auf Prinzipien wie Effizienz, Rationalität und Professionalität beruht; die staatsbürgerliche

---

[19] Da es für den französischen Begriff *cité*, wie ihn die Autoren verwenden, keine adäquate deutsche Übersetzung gibt, wird im folgenden der französische Ausdruck übernommen.

cité, die Status am Beitrag des Einzelnen zum Allgemeinwohl bemißt; die *cité* des Marktes, der Ausnutzung von Verwertung und Verkaufschancen; die *cité* der Reputation, die soziale Größe an der Meinung Dritter festmacht.

Drei Entwicklungsstadien des kapitalistischen Geistes werden idealtypisch durch das wechselnde Gewicht der *cités* voneinander abgegrenzt: In der ersten Phase, vom ausgehenden 19. Jahrhundert bis in die 1930er Jahre, wird der Kapitalismus, dessen Schicksal mit dem Werdegang von Eigentümerfamilien verwoben ist, durch paternalistische Fürsorgestrukturen gerechtfertigt. Dabei dominiert die Familienlogik, die durch das Gewicht persönlicher Abhängigkeiten strukturiert wird. Die zweite Phase, die Epoche des industriellen Kapitalismus, wird von der Zentralfigur der professionellen Führungskraft beherrscht. Ihre Bewährungslogik wird in Übereinstimmung mit gesellschaftlichen Leitwerten wie Fortschritt, Produktivität und Planung durch die „industrieweltliche" Logik bestimmt, die Effizienz und Leistung auszeichnet und qualifizierten Angestellten Karrieresicherheit und Aufstiegsmöglichkeiten in die Zentren der Macht ermöglicht. Beginnend mit den 1980er Jahren zeichnet sich erneut ein historischer Bruch in der Entwicklung des kapitalistischen Geistes ab. Es entstehen neue soziale Rollen, die sich weder der familienkapitalistischen Welt – als eine Reihe von Pflichten und Rechten gegenüber einer erweiterten Familiengemeinschaft – zuordnen lassen, noch, wie es für die Industriewelt galt, als eine abhängige Beschäftigung innerhalb eines Hierarchiegefüges aufgefaßt werden können, in dem man sich hocharbeitet und bei strikter Trennung zwischen Berufsleben und Privatsphäre seine gesamte Karriere durchläuft. Diese neuen Rollengefüge entsprechen einer neuen Rechtfertigungssituation: der Projektlogik der Bewährung, die sich im Rahmen des alten Modells von *De la justification* nicht mehr abbilden läßt.

5.2.2   Die Projektlogik. Zur Entstehung einer neuen
        Bewährungsordnung im neuen Kapitalismus

Die *Projektlogik* unterscheidet sich in folgender Weise von den übrigen Rechtfertigungsprinzipien: Ähnlich wie die Familienlogik basiert sie auf Vertrauen und persönlichen Beziehungen, zielt aber nicht auf die Ausgestaltung von Abhängigkeitsverhältnissen, sondern, im Gegenteil, auf das flexible Eingehen und Lösen temporärer Beziehungen. Auch werden Personen, anders als in der Industrielogik, nicht danach bewertet, inwiefern sie vorgefertigte Rollen und Funktionen ausfüllen. Die Anziehungskraft des neuen Modells besteht vielmehr in der Möglichkeit zur

Selbstorganisation. Das Sozialleben wird als Netz unzähliger Begegnungen und temporärer Kontakte vorgestellt, die gegebenenfalls eine beträchtliche soziale, geographische, berufliche und kulturelle Distanz überbrücken müssen (Boltanski/Chiapello 2003: 149). Anlaß für solche Verbindungen bietet ein Projekt, das als eine zeitlich befristete Produktionseinheit verstanden werden kann, die durch einen Anfang und ein Ende markiert ist. Nicht die Vernetzung selbst stellt dabei den Gegenstand der Bewährung dar, sondern der Wechsel von einem Projekt zum nächsten, bei dem neben dem Erfolg, die Fähigkeit, neue Bindungen zu finden und einzugehen, unter Beweis zu stellen ist. Wer sich in der Welt der Projekte nicht vernetzen kann, wer nicht teamfähig, flexibel und begeisterungsfähig ist, dem droht die Ausgrenzung. Die persönliche Initiative steigt an die Spitze der Kriterien, die den Wert einer Person ausmachen. Das allgemeine Rechtfertigungs- und Bewertungsprinzip stellt der Grad an Aktivität dar, der sich anhand der Höhe des Sozialkapitals als auch anhand der Anzahl und Qualität der Projekte bemißt. Dieses Bewertungsprinzip transzendiert den für die industrieweltliche Logik so zentralen Gegensatz von beruflichen und außerberuflichen, bezahlten und unbezahlten Aktivitäten wie auch den Gegensatz zwischen privaten und dienstlichen Beziehungen. In einer an „Persönlichkeit", „Mobilität" und „Netzwerk" orientierten Rangordnung sind die für die industrieweltliche Logik zentralen Gegensätze – der Gegensatz von Egoismus und Fürsorge, Hingabe und Berechnung, Arbeit und Freizeit – aufgehoben.

Damit gehen veränderte Repräsentationsformen auch des sozialen Raumes einher. Hatte man sich den sozialen Raum in der Industriemoderne noch als eine Ansammlung von Röhren, Gefäßen und Containern vorgestellt, die eine je begrenzte Zahl von Menschen in sich fassen und formieren, so wird der soziale Raum nun abstrakter (nach Maßgabe neurobiologischer oder genetischer Modelle) aufgefaßt. Er wird zur Funktion menschlicher Aktivitäten, dehnt und verdichtet sich im selben Takt wie diese. Als Netz aus realen und virtuellen Netzen, in das die Einzelnen sich, Knotenpunkten gleich, einschalten können, vergesellschaftet er die Individuen nach Maßgabe jener Flexibilitätsanforderungen, die der moderne Kapitalismus stellt.

Auf welche Untersuchungsbasis stützen die Autoren ihre Behauptungen? Da es ihnen um den Wandel von Rechtfertigungsprinzipien im Kontext der Arbeitszusammenhänge von Unternehmen geht, stützen sie ihre Untersuchung auf eine Inhaltsanalyse von Managementdiskursen aus den 1960er und den 1990er Jahren. Da diese Textgattung sowohl Tips zur Steigerung der Leistungs- und Wettbewerbsfähigkeit eines Unternehmens als auch moralische Problematisierungen zur Unternehmens- und Herrschaftsordnung enthält, spiegelt sie die Ambivalenz des kapitalistischen Geistes im Spannungsfeld von Profitorientierung und Legitimationsimperativen sehr gut wider.

Im Zentrum des Managementdiskurses der 1960er Jahre steht das Ideal der zielgesteuerten Unternehmensführung. Dieses fordert mehr Eigenständigkeit von Führungskräften und will in Abgrenzung zur familienweltlichen Verfassung des paternalistischen Kapitalismus der vorangehenden Epoche, also gegen „Vettern- und Günstlingswirtschaft" rein leistungsbezogene Bewährungsproben (Rekrutierungs- und Beförderungskriterien) geltend machen (ebd.: 100 ff.). Auch in den 1990er Jahren ist die Bürokratiekritik ein zentrales Thema, sie wird allerdings mit völlig neuen Argumenten versehen. Das bürokratisch integrierte Großunternehmen mit seinen „starren Hierarchien" und fixen und zentralisierten Entscheidungs- und Organisationsstrukturen steht insgesamt zur Disposition. An seine Stelle tritt das Ideal des schlanken, flexiblen Unternehmens, dessen Ordnung nicht durch formale Machtstrukturen, sondern durch „Kommunikation" im Rahmen zeitlich limitierter Projekte geprägt ist, in denen sich die Einzelnen auf der Basis ihrer persönlichen Kompetenzen, ihres Engagements und ihres Charismas bewähren müssen (ebd.: 118).

Die Gemeinsamkeiten hinsichtlich der Bürokratiekritik dürfen nicht über gravierende Unterschiede hinwegtäuschen:
1. Im Kontrast zur Managementliteratur der 1960er Jahre, in denen die leitenden Angestellten als die Hauptakteure des Fortschritts identifiziert wurden, erscheint das Führungspersonal nun als eine obsolete Arbeitnehmerkategorie. Durch die Zunahme der internationalen Konkurrenz und die Globalisierung der Finanzmärkte wurden viele Unternehmen gezwungen, ihre Stellung im Wettbewerb durch die Konzentration auf ihr Kerngeschäft zu halten bzw. auszubauen und andere Geschäftsbereiche auszulagern. Die Auslagerung einer Vielzahl von Aufgabenbereichen und die Entlassung von Arbeitnehmern in die Selbstständigkeit wird von der Vorstellung getragen, daß die hierarchische Kontrolle von Arbeitnehmern durch die Vorgesetzten durch eine marktgestützte Kontrolle ersetzt werden kann. An die Stelle der Hierarchie tritt das freie Vertragsverhältnis zwischen zwei formal gleichwertigen Partnern (ebd.: 124).
2. War man in den 1960er Jahren noch von der Rationalisier- und Planbarkeit des Produktionsprozesses und der Organisation überzeugt, so wird in den Texten der 1990er Jahre der Umgang mit Unsicherheit (Flexibilität und Kreativität) zur Grundqualifikation der Mitarbeiter. Es

kommt zur Aufwertung auch der affektiven Kooperations- und Führungsqualifikationen und zu einer Aufhebung der Trennung von Berufsrolle und Persönlichkeit. Die Konzentration auf Leistung und Kompetenz wird nun als Beschränkung empfunden, weil sie Lebensbereiche voneinander abspaltet und die Entfaltung polyvalenter Fähigkeiten behindert, die beim Erlernen eines „vernetzten" Miteinanders erforderlich seien (ebd.: 127). Von den Mitarbeitern wird nicht länger – wie in der taylorisierten Arbeitswelt der 1960er Jahre – erwartet, daß sie in ihrer Arbeit blind den Regeln ihrer Organisation folgen, sondern daß sie sich ihrer Arbeit hingeben und sich aus freien Stücken mit den Zielen des Unternehmens identifizieren.

3. Die unterschiedlichen Unternehmensmodelle spiegeln sich auch in den Mobilisierungsformen hochqualifizierter Arbeitskräfte wider: In den 1960er Jahren waren Aufstiegsmobilität und Karrieresicherheit wichtige Anreize zur Bindung der beinahe ausschließlich männlichen Führungs- und qualifizierten Fachkräfte. In den 1990er Jahren hat sich dieses Bewertungssystem beinahe umgekehrt: Nicht nur werden normative Anreize im Vergleich zur Karrieresicherheit für die Mobilisierung der Führungskräfte zentraler, auch persönliche Eigenschaften werden nicht länger der beruflichen Bewertung entzogen. Einsatzbereitschaft, Kommunikationstalent und Beziehungskompetenz und das richtige „Bewußtsein" werden zu offiziellen Einstellungs- und Aufstiegsqualifikationen. Über Wertschätzung und Status entscheidet nicht mehr allein die Effizienz der eigenen Arbeit, die sich in einer kommunikations- und wissensbasierten Industrie ohnehin der Objektivierbarkeit entzieht, sondern die persönliche Verfügbarkeit, die Bereitschaft zur Mobilität und die Fähigkeit zur ständigen Revision der eigenen Wertmaßstäbe nach Maßgabe der jeweiligen Projektziele und Kooperationszusammenhänge.

5.3 Die Projektlogik als Herrschaftsideologie?
Zur Kritik am Entwurf von Boltanski und Chiapello

Luc Boltanski und Ève Chiapello haben das ehrgeizige Projekt der sozialtheoretischen Fundierung des Kulturwandels kapitalistischer Arbeitsformen in Angriff genommen. Sie schlagen dazu einen vielversprechenden Mittelweg zwischen einer konventionellen, in marxistischen Begriffen durchgeführten Kapitalismuskritik und einer durch Weber inspirierten Institutionenanalyse ein.[20] Ihr Ansatz errichtet einen beeindrucken-

---

[20] Allerdings bleibt das Verhältnis von ökonomischen und kulturellen Veränderungen unerörtert: Die Autoren erklären die Kritik als eine der „wirkmächtigsten Motoren des Kapitalismus" (ebd.: 86), wenngleich auch nicht alle Verschiebungen mit der Kritik in Zusammen-

den Damm gegen die Flut der Globalisierungskritik einerseits sowie gegen eine rein systemische, von institutionellen Zusammenhängen abstrahierende Analyse des neuen Informations- und Netzwerkkapitalismus andererseits.[21] Zugleich ist ihre Konzeption des „Geistes des Kapitalismus" abstrakt genug, um damit verschiedene Gesellschaftsformationen zu untersuchen. Dank der Kombination unterschiedlicher Perspektiven gelingt es, über die Erfassung des aktuellen Strukturwandels kapitalistischer Produktions- und Rationalisierungsprozesse hinaus die motivationalen Voraussetzungen der Teilnehmer, sich an dem System zu beteiligen, sowie die Gründe und Motive für die Akzeptanz (oder Ablehnung) der neuen Arbeitsordnung zu klären. Dennoch weist der vorliegende Entwurf einige Probleme auf, die sich daraus ergeben, daß Boltanski und Chiapello sich auf eine kulturimmanente Untersuchung von Sinnstrukturen und kulturellen Kodes beschränken, ohne deren *institutionelle* Verankerung in den gesellschaftlichen Systemen der Statusverteilung bzw. den Kontroll- und Belohnungsstrukturen der Arbeitswelt nachzuweisen. Auch die Auswirkungen des neuen Sozialcharakters der Arbeit auf das gesellschaftliche Macht- und Positionsgefüge werden nicht untersucht. Damit bleibt aber offen, warum die Kulturideale im gesellschaftlichen Institutionengefüge wirksam und für den Einzelnen und seine Lebensführung verbindlich geworden sind. Diese Defizite sollen anhand folgender Kritikpunkte näher skizziert werden:

1. Die Autoren sehen den neuen Geist des Kapitalismus als Folge der Einbindung der ursprünglich in den Protest- und Streikbewegungen der 1970er Jahre gegen den organisierten Kapitalismus gerichteten Forderungen nach einer nicht entfremdeten Lebensführung und Arbeitsweise in die Herrschafts- und Führungsstrukturen von Unternehmen. Durch die kapitalistische Vereinnahmung oppositioneller Kulturideale der Selbstverwirklichung und Entfaltung der Persönlichkeit sei zu erklären, daß die negativen Folgewirkungen des projektbasierten Netzwerkkapitalismus, die sich in der Zunahme von Unsicherheit, autoritären Füh-

---

hang zu bringen sind, da die kapitalistische Dynamik „selbst nur zu einem Teil an die Kritik gekoppelt ist". Es bleibt jedoch offen, in welchen Dimensionen die neuen Managementpraktiken und Arbeitsformen auf veränderte kapitalistische Produktionsformen und die Dynamik von Märkten (ebd.: 59) und in welchen Hinsichten diese auf den Einfluß der Kritik zurückzuführen sind. Offen bleibt ebenfalls, in welcher Weise Kritik und ökonomische Faktoren ineinandergreifen bzw. in Wechselwirkung miteinander stehen.

21 Wie Harald Wolf (2006) bemerkt, liegt das Geheimnis ihres Erfolgs in der gelungenen Verknüpfung von Gesellschaftstheorie und Kapitalismusanalyse mit arbeits-, organisations- und industriesoziologischen Perspektiven. Auf gesellschaftstheoretischer Ebene vermag der Ansatz von Boltanski und Chiapello, das Verhältnis von Kritik, sozialem Wandel und der Funktionsweise von Legitimations- und Wertigkeitsprinzipien zu erklären und auf neue betriebliche Herrschafts- und Organisationskonzepte zu beziehen.

rungsstrukturen, verschärften Einkommensunterschieden und in der Aufteilung des Wertzuwachses zugunsten der Arbeitgeber manifestieren, keinen Widerstand ausgelöst hätten. Überzeugend und empirisch belegt ist an diesem Argument, daß durch die Einverleibung der gegenkulturellen Forderungen (d. h. der Forderung nach mehr Autonomie, Kreativität und Authentizität in der Arbeit) in die Unternehmens- und Führungsstrukturen Arbeitgeber und Management vielerorts wieder die Oberhand gewinnen konnten und, wie neuere Untersuchungen zeigen, normative Ideale und Bindungen im Kontext von unternehmensintern eingeführten „Organisationskulturen" (Casey 1995; Kunda 1992; Hochschild 2002) ganz gezielt zur Steigerung der Leistungsfähigkeit im Dienste des Unternehmenserfolges manipuliert werden. Sofern aber die normative Grundlage des „neuen Geistes" auf Herrschaftsinteressen verkürzt wird, kann nicht erklärt werden, warum die Beschäftigten trotz der offenkundig ausbeuterischen Konsequenzen an den Sinnofferten der neuen Organisationskulturen festhalten, anstatt diese als Manipulationsversuche zu entlarven und Widerstand zu leisten.

2. Damit hängt ein weiteres zentrales Problem des Ansatzes zusammen: die Unmöglichkeit, die auf der Basis von Managementratgebern herausgearbeiteten Rechtfertigungsprinzipien von bloßen Herrschaftsideologien zu unterscheiden. Spiegelt die neue Rechtfertigungslogik tatsächlich sozial verbindliche Bewertungskategorien beruflicher Arbeit wider oder übernimmt sie lediglich die Funktion der sozialen Herrschaftssicherung in Unternehmen? Zwar beanspruchen die Autoren, den Gegensatz zwischen ideologiekritischen und normativistischen Positionen zu überwinden. Ihr Konzept des kapitalistischen Geistes folgt einerseits nicht ausschließlich der marxistischen Tradition, der zufolge der neue Geist den Zweck erfülle, die Wirklichkeit der stets siegreichen wirtschaftlichen Kräfteverhältnisse nachträglich zu verschleiern. Andererseits könne der Geist aber auch nicht im Sinne einer normativen Ordnung verstanden werden, die sich unabhängig von Interessen- und Kräfteverhältnissen artikuliert (Boltanski/Chiapello 2003: 67). Vielmehr sei die grundlegende Ambivalenz gerade ein Merkmal jeder kapitalistischen Ordnung. Eine solche Interpretation setzt allerdings den Nachweis voraus, daß es sich beim neuen Geist um einen bereits *institutionalisierten*, d. h. sozial verbindlichen Bewertungsrahmen handelt.[22] Dieser Nachweis kann auf der Ba-

---

22 Solange dieser Nachweis nicht erbracht wird, bleibt der Verdacht bestehen, daß die aus den Managementtexten herausgearbeiteten Bewährungsprinzipien allzu leicht durchschaubare Ideologien der Anerkennung (Honneth 2004) darstellen, die einer sozialen Validierung entbehren. Vielleicht ist die Betonung von Autonomie und Selbststeuerung in den Diskursen der Manager der 1990er Jahre weniger Ausdruck eines neuen Bewährungsprinzips und der Bereitschaft, dem Einzelnen ein höheres Maß an intrinsischer Motivation und Individuali-

sis einer Diskursanalyse allein jedoch nicht erbracht werden. Die Adressierung von qualifizierten Angestellten als „Künstlersubjekte" sorgt aus sich heraus gerade nicht für institutionelle Vorkehrungen, die eine konsistente Verwirklichung dieser Wertorientierungen erlauben würden.
3. Der dritte Einwand bezieht sich auf die fehlende Berücksichtigung der durch den „neuen Geist" ausgelösten Verschiebungen im bestehenden Macht- und Positionsgefüge unterschiedlicher Erwerbsgruppen. Auch die Kultur des neuen Kapitalismus und der Strukturwandel von Erwerbsordnungen erweist sich nicht als eindeutig und homogen – auch wenn sich die Kultur versucht, als „universalen Horizont" zu installieren –, sondern vielmehr als ein Spielfeld des Kampfes unterschiedlicher Beschäftigtengruppen um kulturelle Hegemonie. Die projektförmigen, auf Selbstverwirklichung, Autonomie und Kreativität gestützten Arbeitsformen sind keineswegs nur subjektive Strukturderivate kulturellen Wandels. Sie speisen sich vielmehr aus klassen- und gruppenspezifischen Deutungsmustern. Dabei wäre genauer zu bestimmen, wie die neuen Wertigkeitsprinzipien in die traditionellen Mechanismen der Statusbewertung und Statuskontrolle eingreifen, welche gegnerischen Kräfte sie hervorrufen und welchen Strukturwandel sozialer Positionsfelder sie nach sich ziehen.[23] Um das Panorama berufs- und klassenspezifischer Kämpfe und die Verschiebungen im Positionsgefüge herauszuarbeiten, wäre eine empirische Bestandsaufnahme der Auswirkungen der neuen ideologischen Konfiguration auf unterschiedliche Beschäftigtengruppen notwendig, die etwa Parameter wie Klassenzugehörigkeit, Art und Grad der schulischen Vorbildung und Branchen- bzw. Berufszugehörigkeit mit einbeziehen würde. Die Autoren verzichten jedoch darauf, die neuen Ideologien in eine Analyse des Kräftefelds konkurrierender Akteursgruppen einzubetten.[24] Darauf ist zurückzuführen, daß ein zu homogenes und konfliktfreies Bild der Genese einer neuen Wertordnung des Kapitalismus entsteht. Es scheint, als ob der Netzwerkkapita-

---

tät zuzugestehen, sondern lediglich eine neue evaluative Rhetorik, die allein darauf abzielt, dem Einzelnen ein Mehr an Einsatz abzuverlangen.

23 Auch hier lohnt sich ein Blick auf berufssoziologische Forschungstraditionen. Folgen wir den Ergebnissen der konflikttheoretischen Professionsforschung (Collins 1990; Abbott 1988; Freidson 2001), dann ist *nicht* davon auszugehen, daß akademische Berufsgruppen sich von ideologischen Bestrebungen vereinnahmen lassen, die für diese ausschließlich mit Machteinbußen verbunden sind. Wahrscheinlicher ist, daß akademische Berufsgruppen die neuen Ideale aufgreifen, wenn sie für sie im Kampf um die Geltung sozialer Identitäten bzw. professioneller Problemsichten von Vorteil sind.

24 Diese Perspektive wird auch im empirischen Teil der Studie nicht eingelöst (Boltanski/Chiapello 2003: 261 ff.). Dieser Teil befaßt sich zwar mit den Auswirkungen der neuen Managementideologie auf die Arbeits- und Erwerbsbedingungen, geht jedoch davon aus, daß alle abhängig Beschäftigten aufgrund der Prekarisierung von Arbeitsverhältnissen in gleicher Weise als Verlierer des institutionellen Wandels des Kapitalismus dastehen.

lismus und sein Management alle seine Gegner vereinnahmt oder anderweitig aus dem Spiel geschlagen hat.

5.4 Die Projektlogik als Berufsethos? Die Kultur- und Medienberufe im Positionsgefüge konkurrierender Expertengruppen

Wie die Einwände zeigen, darf die Untersuchung des neuen Geistes nicht auf die Untersuchung kultureller Kodes und Legitimationsmuster beschränkt bleiben. Vielmehr muß die Projektlogik der Bewährung im Kontext alltäglicher Lebensführung und sozialer Machtverhältnisse untersucht werden. So überzeugend der Nachweis der Herkunft projektförmiger Arbeitsmodelle und Bewährungsprinzipien aus den sozialen und ästhetischen Gegenbewegungen auch ausfällt, so wenig sind die Autoren an der faktischen Verankerung der neuen Kulturideale in den sozialen Feldern interessiert. Es zeigt sich somit, daß gerade die gegenüber Weber vorgenommene abstraktere Fassung des kapitalistischen Geistes als eine allgemeine *Form*, die sich im historischen Verlauf mit unterschiedlichen Inhalten füllen läßt (Wolf 2006: 2), hinsichtlich der Frage nach der konkreten Umsetzung in den Lebensentwürfen der Betroffenen zu allgemein, zu inhaltsleer bleibt. Einige Konkretisierungen sollen hier vorgeschlagen werden, die auf eine berufssoziologische Spezifikation des „neuen Geistes" hinauslaufen:

Um wieder an Webers Begriff eines inhaltlich gefüllten und moralisch grundierten Arbeitsethos anzuknüpfen, reicht es nicht aus, die moralische Verankerung von Arbeitsstrukturen allein herrschaftssoziologisch, d. h. im Kontext der Legitimation kapitalistischer Akkumulationsprinzipien und auf der Basis einer Inhaltsanalyse von Managementliteratur zu untersuchen. Nur unter der Voraussetzung, daß die Adressierung der Angestellten als Künstlersubjekte durch faktische Anerkennungsverhältnisse im Kontext der konkreten Lebensführung und Laufbahnen validiert wird, kann sie dem Adressaten ein neues positives Selbstverhältnis eröffnen (Honneth 2004: 67) und als Quelle persönlicher Selbstachtung fungieren, ja erscheint sie überhaupt als erstrebenswert. Was reine Herrschaftsideologien somit von faktisch geltenden Wertigkeitsprinzipien unterscheidet, ist ihre institutionelle *Glaubwürdigkeit*, d. h. ihre Verankerung in sozialen Praxisfeldern.

Um die neue Moral der projektförmigen Arbeit von einer Herrschaftsideologie, d. h. von einer rein symbolischen Politik im Dienste kapitalistischer Verwertungsinteressen zu unterscheiden, muß sie über ihre ideologische Funktion hinaus auch eine faktische, eine institutionelle Grundlage in den *Status-, Kontroll- und Belohnungssystemen* von Beschäftigungsgruppen besitzen. Nur dann sind sie glaubwürdig mit einem Vorteil des Erwerbs von Selbstwertgefühl und öffentlicher Anerkennung verbunden. Zwischen dem evaluativen Versprechen (zum Erwerb von Anerkennung und Selbstwertgefühl beizutragen) und der materiellen Erfüllung darf kein großer Abgrund klaffen (Honneth 2004: 68), wenn die Ideale ihr eigentliches Ziel, nämlich die Motivierung neuer Formen der freiwilligen Unterwerfung, nicht verfehlen sollen.[25]

Wahrscheinlich ist eine solche Verankerung vor allem dort, wo die Kulturideale mit einem bestimmten *Berufsethos* verschmelzen, d. h. mit den inhaltlichen Anforderungen an die Berufsarbeit, den spezifischen Sinngebungen und Selbstdeutungen der Berufsgruppe vereinbar sind. Ein solches Ethos, das mit Ansprüchen auch auf gesellschaftliche Gestaltungs- und Einflußmöglichkeiten verbunden ist, wird sich aufgrund der allgemeinen Anhebung des Qualifikationsniveaus und der Ausweitung tertiärer Arbeit, die in hohem Maße durch Unbestimmtheit und Kreativität gekennzeichnet ist, vermutlich in zunehmend mehr Beschäftigungsgruppen herausbilden. Besonders sichtbar ist die Verschmelzung der neuen Kulturideale mit beruflichen Bewährungsformen in den Beschäftigungsfeldern der Kultur- und Medienindustrien, die deshalb zu den Trägergruppen der Projektlogik gerechnet werden können. Diese Berufsfelder sind in den meisten fortgeschrittenen Industriegesellschaften expandiert (Betzelt/Gottschall 2004: 260) und stellen innerhalb des expandierenden Dienstleistungssektors einen kleinen, aber signifikanten Teil.[26]

Die Expansion dieser Berufsgruppen (innerhalb der EU betrug die jährliche Wachstumsrate in den 1990er Jahren 2,1 % bei einer Gesamtzahl von etwa 7,2 Millionen Beschäftigten; OECD 2000), schafft eine neue Konfiguration im Positionsgefüge der „gehobenen Dienstleistungsmittelschichten" (Geißler 1996). Im Anschluß an die frühere Diskussion zur „Neuen Klasse" (Bell 1975; Gouldner 1980; Bourdieu et al.

---

[25] Prinzipien der Anerkennung und Wertschätzung sind unverzichtbare Attribute sozialer Institutionen: Sie besitzen die regulative Fähigkeit, Verhaltensweisen dadurch zu erzeugen, daß sie deren Ausführung mit dem Vorteil des Erwerbs von Selbstachtung und Zustimmung verknüpfen. Es handelt sich also um eine Macht, die, ganz im Sinne von Foucault, als repressionsfrei und produktiv verstanden werden kann (Honneth 2004).

[26] Die OECD-Statistik unterscheidet innerhalb des Dienstleistungssektors folgende Kategorien: „producer services", „distributive services", „personal services" und „social services". Gemäß der Statistik von 1998 umfaßt der Dienstleistungssektor insgesamt 76 % der Beschäftigten. Davon entfallen die meisten auf die Sozialdienstleistungen („social services" 35,5 %), gefolgt von den „distributive services" (19,6 %), „personal" (12,3 %) und „producer services" (12,2 %) (OECD 2000: 124, Tabelle 3.C.1).

1981)²⁷ können sie im Kräftefeld konkurrierender akademischer Berufsgruppen als eine Gruppe identifiziert werden, die die Wertigkeitsprinzipien der Projektlogik (Charisma, Kreativität, Anpassungsbereitschaft, Flexibilität, Authentizität und Persönlichkeitsentfaltung) zur Rechtfertigung der ästhetischen und symbolischen Aufladung von Waren- und Dienstleistungsmärkten einsetzt. Durch Vermittlung dieser Wertprinzipien gelingt es den Kulturberuflern, Kompetenzspielräume zu erweitern. Und weil der Umgang mit Unbestimmtheit und Wissen für den Produktionsprozeß insgesamt immer wichtiger wird, sind die Qualifikationen und Kompetenzen dieser Berufsgruppen auch in klassischen Industrien nachgefragt.

Zu den Antagonisten der neuen Bewährungslogik projektorientierter Arbeit dürften dagegen die klassischen Professionen gezählt werden. Zum einen, weil sie von der ästhetischen Aufwertung der Waren- und Dienstleistungsmärkte in der Regel kaum profitieren, zum anderen, weil die Projektlogik der Arbeit und die Flexibilisierung von Positionszuweisungen eine Bedrohung ihrer Autoritätsgrundlagen und berufsständischen Privilegien darstellt. Generell bezeichnet die projektförmige Arbeitsethik die Negativfolie, vor der sich die professionelle Autorität abhebt. Die Projektarbeit, wie sie von Boltanski/Chiapello (2003: 152ff.) skizziert wird, basiert auf charismatischen statt auf wissenschaftlichen Wertgrundlagen und schulischen Titeln. Sie setzt ständige Anpassungs- und Lernfähigkeit an die Stelle fundierter Fachkenntnisse und prämiert die Berücksichtigung individueller Besonderheiten auf Kosten universalistischer Wertprinzipien. Deshalb ist zu vermuten, daß vor allem klassische Professionen gegen die neuen Ideologien Widerstand leisten werden.

Dabei zeichnet sich in vielen gesellschaftlichen Bereichen eine Machtverschiebung zwischen „kreativen" und traditionellen Expertengruppen ab: Zum einen manifestiert sich im Zuge des Geltungsgewinns expressiver Werte ein Positionswechsel von den klassischen (Bildungsanstalten, Theater und Museen) hin zu den kommerziell-populären Kulturvermittlern. Bis in die 1980er Jahre wurde „Kultur" im öffentlichen Auftrag durch humanistische, dem hochkulturellen Kanon verpflichtete

---

27 Der Aufstieg der „Neuen Klasse" vollzieht sich im Zuge der Ausweitung von Großkonzernen, durch die Bildungsqualifikationen als Mittel des sozialen Aufstiegs wichtiger wurden. Es bildete sich eine professionelle Schicht heraus, die sich gegen die alten Besitzklassen auf der Grundlage der Verfügung über Fachkulturen, Fachsprachen und Expertenwissen profilierte (Gouldner 1980; Bourdieu et al. 1981: 24). Diese professionelle Schicht befindet sich heute in einem umfassenden Umgestaltungsprozeß, der zum einen durch schieres Größenwachstum, zum anderen durch die Pluralisierung von Expertenwissen vorangetrieben wird.

Experten vermittelt. Mit der Kommerzialisierung kultureller Dienstleistungen und der Kürzung öffentlicher Mittel für Museen, Theater, Kunst und Ausstellungen konnten die Beschäftigungsgruppen der Kultur- und Medienindustrien expandieren (Leadbeater/Oakley 1999; Keat/Abercrombie 1991). Das zeigt sich etwa daran, daß kommerzielle Symbolvermittler (Rundfunk- und Fernsehanstalten, Filmbranche und Musikproduzenten) den humanistischen Kulturvermittlern auch in institutioneller Hinsicht den Rang abgelaufen haben (Albrecht 2002). Zum anderen wird auch der Wert der verschiedenen Untergruppen von Bildungs- und Kulturkapital neu festgelegt. Im Netzwerkkapitalismus tritt das traditionelle (humanistisch-professionelle) Bildungskapital tendenziell seinen Rang an das Bildungskapital ökonomischer Provenienz ab, dessen Rentabilität sich nicht mehr ausschließlich an schulischen Titeln bemißt, sondern zunehmend auch ökonomisch bedingtes Sozialkapital voraussetzt (Neckel 2001). War der Übergang vom Familien- zum Konzernkapitalismus durch die Expansion professioneller Expertengruppen, deren Privilegien auf der Grundlage von Bildungstiteln abgesichert wurden, sowie durch Bürokratisierung und fortschreitende Spezialisierung von Expertenwissen geprägt (Bourdieu/Boltanski/de Saint Martin/Maladier 1981; Bell 1975; Gouldner 1980), so wird der Übergang vom Konzernkapitalismus zum Netzwerkkapitalismus (Castells 2001) durch den Aufstieg von Expertengruppen begleitet, die in der Lage sind, symbolische, informationelle und kreative Wissensressourcen direkt am Markt zu verwerten.

6. Talcott Parsons und die Professionstheorie: Medien- und Kulturberufe – ein neuer akademischer Berufstypus?[28]

Den Berufsfeldern der Kultur- und Medienökonomien wird in allen neueren Entwürfen – sei es im Konzept der Informationsgesellschaft, der Wissensgesellschaft oder der Netzwerkgesellschaft – eine Schlüsselrolle hinsichtlich des institutionellen Wandels des neuen Kapitalismus zugewiesen (Mayer-Ahuja/Wolf 2003). Es scheint, als folge die Gestaltung von Arbeit und Organisation in dem Bereich der Medien- und Kulturindustrien ähnlichen Prinzipien, obwohl dieser Bereich weder von

---

28 Eine frühere, gemeinsam mit Günter Burkart verfaßte Version dieses Kapitels ist 2002 im Berliner Journal für Soziologie erschienen unter dem Titel: Werbung und Unternehmensberatung als „Treuhänder" expressiver Werte? Parsons' Professionssoziologie und die neuen ökonomischen Kulturvermittler (Koppetsch/Burkart 2002).

den dort Beschäftigten noch von der amtlichen Statistik als einheitliche Branche angesehen wird. Neueren Untersuchungen zufolge sind Kultur- und Medienberufe durch eine Erwerbsform gekennzeichnet, die in mehrfacher Hinsicht typisch für aktuelle Entwicklungstrends ist: Sie genießen nicht die für das deutsche Erwerbssystem typische wohlfahrtsstaatliche Einhegung marktlicher Risiken (Gottschall 1999; Gottschall/Betzelt 2001a) und verfügen über einen relativ hohen Anteil von Alleinselbstständigen bzw. Ein-Personen-Firmen (ca. 25–30%). Typisch ist auch die relativ selbständige Arbeitsgestaltung in zeitlich befristeten, projektförmigen Arbeitszusammenhängen mit fließenden Übergängen zwischen Arbeits- und Privatsphäre (Betzelt/Gottschall 2004; Leadbeater/Oakley 1999).

Zentral für die Verortung der Medien- und Kulturberufe im Rahmen der Kultur des neuen Kapitalismus ist darüber hinaus, daß sich hier ein neues Expertenethos, ein neuer akademischer *Berufstypus* herausbildet, der im Unterschied zum Typus der klassischen Professionen weniger auf wissenschaftliche Rationalität, als auf expressive Kompetenzen zurückgreift. Dieser Expertentypus unterscheidet sich auch hinsichtlich seines Rollenverständnisses und bei der Gestaltung seines Klienten- bzw. Kundenverhältnisses von den Professionen. Um die Besonderheit dieses Typus herauszuarbeiten, wird an die Professionstheorie von Parsons angeknüpft. Im Zentrum steht die Frage, auf welche Weise die Kultur- und Medienberufe die Kulturideale der Projektlogik im beruflichen Handeln gegenüber dem Konsumenten- bzw. Klientenpublikum realisieren.

Parsons hat seine Professionstheorie in mehreren Schritten entwickelt (6.2.1). Für die Analyse der Medien- und Kulturberufe ist es sinnvoll, auf die Bedeutung der *expressiven* Kultur bei Parsons einzugehen (6.2.2). Mit der *Theorie der symbolischen Kommunikationsmedien* hat Parsons die Idee ausgearbeitet, daß der Wertbezug von Berufen nicht starr in der Persönlichkeitsstruktur verankert (internalisiert) und im System der Berufsrollen institutionalisiert ist, sondern „zirkuliert". Allerdings sind diese Theoriestücke nur unzulänglich integriert worden. Ich mache diesbezüglich einige Vorschläge (6.2.3). Abschließend wird überprüft, inwiefern die Theorie von Parsons – bzw. deren Weiterentwicklung oder Modifikation – für die Untersuchung des Berufsfeldes Werbung und Unternehmensberatung als ein neuer Expertentypus fruchtbar gemacht werden kann (6.3).

6.1 Die Beschäftigungsgruppen der Medien- und Kulturberufler

Zu den Beschäftigungsfeldern der Medien- und Kulturberufe, die in den letzten Jahrzehnten beträchtlich expandiert sind (Caves 2000; Florida 2002), werden u. a. folgende Berufe gezählt:
1. Die publikumsorientierten Kulturberufe. Dazu gehören Architekten[29], Journalisten, Künstler und Publizisten[30], Kulturschaffende in TV- und Rundfunkanstalten[31], Film-, Musik- und Videoindustrien[32].
2. Ökonomische Kulturvermittler in Arbeitsbereichen wie z.B. Multi-Media-Gestaltung[33], Informatik[34], Unternehmensberatung und der Werbebranche[35].
3. Professionen, die sich, wie z.B. das psychologische Beratungswesen (Psychotherapie, Coaching), in den letzten Jahren kommerzialisiert haben.

Selbstverständlich ist diese Klassifikation nicht ohne Überschneidungen. So sind Werbeberufe nicht nur ökonomische Kulturvermittler, sie orientieren sich, vergleichbar mit Journalisten und Popkünstlern, auch an einem massenmedialen Publikum. Gemeinsam ist diesen Berufen das Arbeitssetting aus teilautonomer professioneller Tätigkeit und der Einbindung in einen arbeitsteiligen, kapitalistisch geprägten Produktionsprozeß.

Die Expansion dieser Beschäftigungsgruppen verdankt sich im wesentlichen zwei unabhängigen, aber wechselseitig aufeinander einwirkenden Prozessen: der Kommerzialisierung von Kultur, die von einer Kürzung öffentlicher Ausgaben für kulturelle Dienstleistungen begleitet wird, und der „Kulturalisierung" des Ökonomischen, die durch neue Managementkonzepte und die Akademisierung der Beschäftigten vorangetrieben wird. Ein Aspekt der Kulturalisierung des Ökonomischen ist die Ästhetisierung des Konsums, wonach Dienstleistungen und Güter immer weniger nur in ihren Gebrauchseigenschaften, sondern zunehmend aufgrund ihrer symbolischen Bedeutungen für Identität, Erleben und soziale Zugehörigkeiten konsumiert werden (Featherstone

---

29 Vgl. Larson (1993, 1994); Sewing (2002).
30 Vgl. Gottschall (1999); Menger (1999); Haak/Schmid (2001).
31 Vgl. Gesterkamp (2000); Tunstall (2001).
32 Vgl. Faulkner/Anderson (1987); Storper/Christopherson (1987); Lash/Urry (1996); Baumann (2001).
33 Vgl. Ladendorff (2003); Stuhr (2003); Manske (2003) Tunstall (2001).
34 Vgl. Heintz et al. (1997); Hartmann (1995).
35 Die Arbeitsfelder der Werbeindustrie (Martin 1992; Nerdinger 1990; Thinnes 1996; Leslie 1997, 1999; Thiel 2002; Tropp 2002) und der Public-Relations-Industrie (Wienand 2003) werden zunehmend unter der Bezeichnung „Kommunikationsbranche" zusammengefaßt.

1991; Reckwitz 2006).[36] Dabei profitieren diese Beschäftigungsgruppen insbesondere von der Globalisierung der Märkte für kulturelle Produkte (Videoclips, Werbekampagnen, Filme etc.), die im wesentlichen durch die Digitalisierung der Produktion ermöglicht wurde.

Trotz ihrer Schlüsselrolle für den aktuellen Wandel sind die Berufsfelder der Medien- und Kulturindustrien lange Zeit vernachlässigt und erst in den letzten Jahren einer verstärkten Forschungstätigkeit zugeführt worden. Die Vernachlässigung hängt zunächst einmal mit der unzureichenden Datenlage zusammen. Weder Mikrozensus noch Beschäftigtenstatistik sind hinreichend berufsspezifisch differenziert, und auch die entsprechenden Berufsverbände haben kein ausreichendes Wissen über die Struktur ihrer Mitglieder (Gottschall/Betzelt 2001a, b). Dies ist ein unbefriedigendes, gleichwohl wichtiges Ergebnis, denn darin spiegeln sich systematische, keineswegs zufällige Lücken in der Forschung und der Theoriebildung wider. Offenbar besteht eine Art „Typuslücke", in der sich die Hilflosigkeit unterschiedlicher sozialwissenschaftlicher Disziplinen bei der Erfassung von Akteuren widerspiegelt, die innerhalb der Koordinaten der industriemodernen Klassen- und Berufsgesellschaft nicht mehr verortet werden können.

Die klassische *Industrie- und Arbeitssoziologie* gehört zu den wichtigsten Teildisziplinen der Erforschung kapitalistischer Arbeitsgesellschaften. Aufgrund ihres industriegesellschaftlichen Entstehungskontextes hat sie sich jedoch weitgehend auf Branchen und Arbeitsfelder des produzierenden Gewerbes konzentriert und die Untersuchung der Dienstleistungsgewerbe tendenziell vernachlässigt (Kühl 2004; Deutschmann 2002).[37] In dem Maße, wie der Anteil der Dienstleistungs- und Informationsökonomie am gesamten Wirtschaftsvolumen zunimmt, hat sowohl das Konzept von Arbeit als instrumentelle Umgestaltung der Natur als auch die klassische Entfremdungskritik an taylorisierten Arbeitszusammenhängen an Plausibilität verloren. Durch die Tertiarisierung haben sich viele Arbeitsfelder akademisiert, und anstelle handwerklicher Tätigkeiten rücken kulturelle und kognitive Konstruktionsleistungen (Information, Symbolvermittlung, Design, ästhetische und künstlerische Produktionen) nun in das Zentrum industrieller Wertschöpfung. Es bedarf

---

36 Deshalb spielen kulturbezogene Dienstleistungen (Design, Werbung, Marketing etc.) in den Wertschöpfungsketten von Unternehmen eine immer größere Rolle (Leslie 1997). In diesen Ästhetisierungsprozeß sind nicht nur Waren, sondern zunehmend auch korporative Einheiten, wie z. B. Hersteller, Einkaufsstätten und Unternehmen einbezogen.

37 Insbesondere zur Kultur-, Medien- und Informationsökonomie gibt es kaum Untersuchungen (Gottschall 1999). Aufgrund des kulturtheoretischen Defizits der marxistischen Theorietradition (Kühl 2004) hat die auf Symbol- und Sinnproduktion bezogene Arbeit keine systematische Berücksichtigung erfahren.

einer Theorie, die Arbeitsformen, die sich nicht auf die Manipulation der Objektwelt, sondern auf die Herstellung und Kommerzialisierung gesellschaftlicher Sinnsysteme richten, in nichtreduktionistischer Weise berücksichtigt.[38] Diese Einwände würden es nahelegen, die Tätigkeitsfelder der Kultur- und Medienindustrien nicht mit dem Ansatz der Arbeits- und Industriesoziologie, sondern mit dem – stärker akteurstheoretisch ausgerichteten – Ansatz der Professionssoziologie zu erfassen.[39]

Doch auch mit dem Paradigma der *Professionstheorie* können die spezifischen Merkmale der Berufe der Kultur- und Medienökonomie nicht hinreichend aufgeschlüsselt werden. Die mangelnde professionelle Autonomie der Kultur- und Medienberufe, die sich neben einer fehlenden Selbstregulation der beruflichen Angelegenheiten durch Berufsverbände in einer erhöhten Marktabhängigkeit manifestiert, zeigt bereits, daß ihre Prinzipien der sozialen Selbstbehauptung von denen der Professionen abweichen. Es handelt sich um offene Berufe, die trotz ihrer akademischen Ausbildung über wenig Möglichkeiten der wissenschaftlichen Standardisierung ihrer Wissensbasis verfügen und die deshalb kein Zugangsmonopol errichten konnten. Aufgrund ihrer künstlerischen Orientierungen wenden sie nur in begrenztem Umfang Spezialkenntnisse an, die zumeist einer theoretischen Grundlage entbehren und nur selten in einer systematischen Ausbildung erworben werden.[40] Aufgrund ihrer offensichtlichen Ausrichtung an unternehmerischen Interessen verfügen

---

38 Auch die Seite des Konsums müßte im Kontext eines solchen Ansatzes überdacht werden. Implizit sind die Ansätze der Arbeits- und Industriesoziologie einem marxistischen Konsumverständnis verhaftet, wonach die konsumtive Aneignung von Gütern (der Gebrauchswert) anthropologisch, d. h. durch das System menschlicher Bedürfnisse definiert ist. Vernachlässigt wird die symbolische Aneignung von Gütern (Eder 1989: 34). Der Aufstieg der Medien- und Kulturindustrien, ihrer Arbeitsmodelle und Produktionskonzepte ist jedoch nur nachzuvollziehen, wenn auch der Konsum immaterieller Güter (Information, Gesundheit, Erlebnisse), ästhetischer Kodes und Sinnstrukturen verstanden wird. Dazu kann man sich auf einige der in neuerer Zeit entstandenen Ansätze stützen, die die historische Entwicklung des Konsums im Kontext moderner Lebensformen nachzeichnen (Campbell 1989; Schrage 2003; Reckwitz 2004b).

39 Die deutsche industriesoziologische Debatte wurde im wesentlichen durch das Rationalisierungsparadigma und das Transformations- oder Kontrollproblem bestimmt. Die Frage lautete, wie es Unternehmen gelingen kann, Kontrolle über die Arbeitenden zu erlangen (Lohr 2003). Weder wurden Arbeitszusammenhänge als Resultat von Interessenauseinandersetzungen unterschiedlicher beruflicher Akteure um Ressourcen, Einflußmöglichkeiten und soziale Machtpositionen untersucht, wie dies im Kontext der konflikttheoretischen Professionsforschung geschah (Freidson 1975, 2001; Collins 1990; Abbott 1988; Larson 1977, 1993), noch wurden Einflußmöglichkeiten beruflicher Akteure hinreichend berücksichtigt.

40 Die Beherrschung dieser Kenntnisse wird überdies kaum mit speziellen Tests überprüft, weshalb der Berufszugang ungeregelt und eine hohe Fremdrekrutierungsrate die Regel ist. Da die meisten Kultur- und Medienberufe keine Kompetenz für Sachbereiche besitzen, genießen sie auch keinen Kompetenzschutz und sind nicht frei von einer Laienkontrolle (Wienand 2003).

sie überdies nur über begrenzte Möglichkeiten der Erlangung öffentlichen Vertrauens. Gesichtspunkte moralisch-ethischer Vertretbarkeit oder wissenschaftlicher Autonomie scheinen gegenüber dem Profitimperativ eine untergeordnete Rolle zu spielen. All dies sind vermutlich Gründe dafür, daß kommerzielle Kulturberufe bislang nicht als adäquater Untersuchungsgegenstand der Professionssoziologie wahrgenommen wurden (Gottschall 1999; Wienand 2003).

Schließlich kann auch die Debatte zu *Werbung und Konsum* (Featherstone 1991; Falk 1994; Wernick 1991) zum Verständnis der Berufsfelder und Erwerbsformen in den Kultur- und Medienindustrien nur bedingt einen Beitrag leisten, da sie sich verstärkt seit den 1980er Jahren rein kulturimmanent mit Fragen von Medienästhetik, „consumer culture" (Falk 1994) oder „promotional culture" (Wernick 1991) auseinandersetzt, dabei jedoch ökonomische Handlungsfelder und institutionelle Kontexte weitgehend vernachlässigt hat.[41] Deshalb soll hier ein Vorgehen vorgeschlagen werden, das wieder an die klassische Professionstheorie von Parsons anknüpft, um Ethos und Handlungsorientierungen der Medien- und Kulturberufe zu erarbeiten und auf den Strukturwandel kapitalistischer Erwerbsbedingungen zu beziehen. Zunächst geht es um einen Aspekt dieser Aufgabe: Ausgehend von der Professionstheorie von Parsons soll untersucht werden, wie sich die Struktur beruflichen Handelns in den Medien- und Kulturberufen von denen der klassischen Professionen unterscheidet. Geklärt werden sollen zum einen die Wertorientierungen, durch die diese Experten versuchen, gesellschaftliche Macht und Einfluß zu erlangen, und zum anderen ihre spezifische Form der sozialen Einflußnahme.

---

41 Dennoch kann die Analyse der Berufsfelder der Medien- und Kulturindustrien auf keine der hier diskutierten Perspektiven verzichten. Jede liefert einen wichtigen Beitrag zum Verständnis der Kulturberufler. Zur Verknüpfung ihrer Stärken bedarf es jedoch ihrer selektiven Rekonstruktion: Die Arbeits- und Industriesoziologie ist unverzichtbar, weil sie die Verbindung von Arbeitsmodellen mit industriell-kapitalistischen Organisationsprinzipien herstellt (auch wenn sie dabei die kulturellen Voraussetzungen und Verankerungen von Arbeit ignoriert); die Professionsforschung, weil sie Status und Ethos spezifischer Berufsgruppen auf den Wandel gesellschaftlicher Wertorientierungen und Kulturideale beziehen kann (auch wenn sie dabei den gesamtgesellschaftlichen Wandel der Modelle kapitalistischer Arbeitsstrukturen und -subjekte ausklammert); die neuere Konsumsoziologie, weil sie die semiotische Qualität des modernen Konsums erkannt hat, der ja nicht in erster Linie in der Benutzung von Gegenständen, sondern in der symbolischen und affektiven Aufladung von Objekten besteht (Featherstone 1991) (auch wenn sie darüber das Zusammenspiel von Zeichenkonsumenten und -produzenten vernachlässigt).

6.2 Professionssoziologie, expressive Kultur und Kommunikationsmedien

Drei Elemente von Parsons' Theorie sind für unser Thema besonders wichtig: die Professionssoziologie (6.2.1), der Bedeutungszuwachs der expressiven Kultur (6.2.2) sowie die Theorie der symbolischen Kommunikationsmedien (6.2.3). Die Professionstheorie zieht sich durch das ganze Werk von Parsons – er hat es aber versäumt, sie entsprechend den Umbauten seiner allgemeinen Theorie systematisch zu revidieren. Daher sind die drei Elemente bisher nur unzureichend verknüpft und integriert.

6.2.1 Die Entwicklung von Parsons' Professionstheorie

Parsons entwickelt die Berufssoziologie und sein Professionsmodell zunächst nicht auf der Meso- oder Makro-Ebene von Berufsgruppen, Klassenstrukturen oder Funktionssystemen, sondern auf der Mikro-Ebene der Logik des beruflichen Handelns. Parsons frühe Handlungstheorie, wie sie in *The Structure of Social Action* (1937) ausgearbeitet ist, setzt an der Frage nach unterschiedlichen Handlungsmotivierungen, den spezifischen Unterschieden zwischen dem wirtschaftlichen und dem nichtwirtschaftlichen Handeln an. Das führt ihn dazu, die Bedeutung der Professionen hervorzuheben. In *Professions and Social Structure* (1939) analysiert er die Profession als wichtige, eigenständige Struktur moderner Gesellschaften zwischen Individualismus („self-interest") und Kollektivismus, die weder von der ökonomischen Theorie (Marktliberalismus) noch von der kapitalismuskritischen Soziologie gebührend beachtet wurde. Dabei sind zunächst die „pattern variables" das Instrument, mit dem Parsons die spezifische Rationalität der Handlungslogik der Professionen zu erfassen sucht. Zwar sind die Professionen, wie andere rationalisierte Bereiche (Markt, Bürokratie), durch „rationality", „functional specificity", „universalism" gekennzeichnet. Aber im Professionsmodell ergibt die besondere Kombinatorik der „pattern variables" eine besondere, kollektiv orientierte Form der Rationalität. Es ist die immense Bedeutung dieser besonderen Form von Rationalität, wie sie bei den Professionen zum Ausdruck kommt, die deren gesamtgesellschaftliche Relevanz ausmacht.[42]

---

[42] Das professionelle Handeln ist zunächst charakterisiert durch „disinterestedness" („Uneigennützigkeit") und „collectivity orientation". „Rationalität" läßt sich nicht auf Zweckrationalität reduzieren; man darf die Kategorie der Rationalität nicht dem Utilitarismus überlassen. Das bedeutet auch, Rationalität nicht einfach als mehr oder weniger „natürliche"

Professionell Handelnde haben in bestimmter Weise *Autorität*, die insofern rational ist, als sie auf „technische" (spezifische, funktionale) Kompetenz gegründet ist – später wird Parsons hier von „klinischer Kompetenz" sprechen. Autorität und Berufserfolg wären jedoch ohne Wertbezug nicht legitimiert. Die professionelle Ethik favorisiert Formen der Anerkennung beruflichen Handelns, die sich nicht nur auf „Erfolg" beziehen, sondern auch auf Moral bzw. eine Verknüpfung von Rationalität und Moral.

Parsons hat sein Professionsmodell dann vor allem am Beispiel der Ärzteschaft weiter entwickelt (1951: 428 ff.). Die ärztliche Profession erhält von der Gesellschaft das Monopol auf medizinische Dienstleistungen und eine weitgehende Autonomie bezüglich der Ausbildung und der Festlegung und Bewertung von Kompetenzstandards, weil die Mediziner die Aufrechterhaltung eines zentralen gesellschaftlichen Wertes – Gesundheit – (vor jeglichem Eigeninteresse) zur obersten Maxime ihres beruflichen Handelns machen, und zwar nicht auf der kulturellen Ebene der ideologischen Wertewelt, sondern auf der praktischen Ebene des Einzelfalls (klinischer Bezug). Nimmt man die Medizin als Musterfall von Professionen, dann fällt der Blick – anders als bei Juristen oder Ingenieuren – auf die affektive Dimension. Es geht nicht nur um körperliche Probleme; Gesundheit und Krankheit sind strikt soziologisch definiert, d.h. an die gesellschaftlichen Leistungsrollen gebunden, tangieren also Gefühle, Motivations- und Wertprobleme. Das erfordert eine besondere Vertrauensbasis. Parsons hat früh erkannt, daß man die Handlungsstruktur des Arztes nicht strikt als „affektiv neutral" definieren kann: je mehr es sich um psychotherapeutische oder ganzheitlichmedizinische Probleme handelt, desto mehr muß der Arzt eine – wenn auch kontrollierte – Affektivität zulassen (kontrolliert im Sinne der Gegenübertragung), und desto mehr muß er „diffus", also ganzheitlich vorgehen und nicht nur „spezifisch" (wie der Chirurg).

Immer deutlicher wird in der weiteren Theorieentwicklung der Bezug auf wissenschaftliches Wissen, etwa in einem Artikel über *Professions* (1968) und schließlich in *The American University* (zusammen mit Gerald M. Platt, 1973), wo die „academic profession" im Mittelpunkt steht. Damit gewinnt die kognitive Rationalität gegenüber den nichtkognitiven Werten an Bedeutung.[43] Die Profession wird jetzt in Analogie zum

---

Motivation zu betrachten; vielmehr ist Rationalität ein normatives, institutionalisiertes Muster.

43 Professionalisierung wird häufig mit Akademisierung oder Verwissenschaftlichung gleichgesetzt. Bei Parsons ist jedoch von Anfang an eine Kritik des Szientismus angelegt. Professionalisierung ist deshalb keinesfalls gleichbedeutend mit Verwissenschaftlichung; es

"Fiduciary"-Subsystem (Treuhändersystem) konzipiert. Professionen verwalten treuhänderisch kulturelle Werte, die sie im Einzelfall anwaltlich vertreten; sie bleiben aber eng an den kognitiven Komplex gebunden.[44] Trotz der starken Bedeutung von wissenschaftlicher Rationalität bleibt gleichwohl ein Rest charismatischer Autorität, weil die wissenschaftliche Kompetenz immer auf die Lösung eines praktischen (Wert-)Problems im Einzelfall (klinischer Fokus) bezogen bleiben muß. Professionelle Praxis agiert im Spannungsfeld zwischen wissenschaftlich standardisierbarem, rationalisiertem Wissen auf der einen Seite und klinischem Erfahrungswissen (partiell mysteriösem Wissen) auf der anderen Seite (vgl. dazu auch Larson 1977: 31 ff.).[45]

Die drei Säulen des Professionsmodells sind also: erstens die Verankerung der beruflichen Tätigkeit im Wissenschaftssystem (kognitive Rationalität), zweitens der Bezug auf einen kulturellen Wert außerhalb der Wissenschaft (Gerechtigkeit, Gesundheit, Sinnhaftigkeit) und dessen treuhänderische Verwaltung und drittens die Orientierung am Einzelfall. Alle drei Punkte müssen zutreffen. Die ausschließliche Orientierung an der Wissenschaft bliebe, bezogen auf das kulturelle Problem der Wertbewahrung und das Problem des Klienten, ohne fallspezifische Lösung. Die ausschließliche Orientierung am kulturellen Wert oder an der Wissenschaft entspräche etwa dem Theologen, der keine Seelsorge macht, oder dem Psychoanalytiker, der nur noch Bücher schreibt. Die ausschließliche Orientierung am Klienten wiederum würde der Willkür Tür und Tor öffnen (Marktförmigkeit oder Partikularismus statt Universalismus und Rationalität).[46]

---

kommt immer auf den Anwendungsbezug, auf den „klinischen" Fallbezug, auf die Anwendung von Wissenschaft auf ein Werteproblem an.

44 Am Beispiel der juristischen Profession hat Parsons (1954b) schon früher betont, daß sich die professionalisierten Berufsrollen von gewöhnlichen Berufsrollen durch „independent trusteeship" eines bestimmten Wertes aus der kulturellen Tradition der Gesellschaft unterscheiden. Das erfordert eine spezielle Ausbildung, in der neben der natürlich zentralen „technischen" Kompetenz auch die *treuhänderische Verantwortung* entwickelt wird, die wiederum die (Legitimations-)Basis für die professionelle Autonomie darstellt.

45 Dieses – von Oevermann (1978) so bezeichnete – Paradox der Professionalisierung impliziert zum einen ein Erkennen der Grenzen wissenschaftlichen Wissens durch den Professionellen, zum anderen aber auch eine Erhaltung charismatischer Autoritätsgrundlagen im professionellen Handeln. Oevermann hat stärker noch als Parsons die klinische Kompetenz des professionell Handelnden betont, die Orientierung am Einzelfall im Sinne von Fallverstehen und stellvertretender Deutung. Er hat die „stellvertretende Krisenbewältigung" (stellvertretende Deutung bei Krisen der Autonomie der Lebenspraxis) als Kern professionellen Handelns ausgemacht.

46 Mit der Charakterisierung der Professionen durch das Treuhändermodell kommt Parsons zu einer deutlichen Abgrenzung des Professionsmodells von drei anderen möglichen Modellen der Organisation des beruflichen Handelns: Markt, Bürokratie und Demokratie (Parsons/Platt 1973: 123 ff.; vgl. dazu auch Burkart 1982). Man kann dadurch die Grenzen

Professionelle Autonomie und Verantwortung werfen die Machtfrage auf – für einen Großteil der Professionsforscher die wichtigste Frage. Wenn sich eine Berufsgruppe professionalisiert, dann ist damit zwangsläufig auch eine gesellschaftliche Eliteposition (legitime Herrschaft, Autorität) verbunden (Parsons 1968). In diesem Punkt unterscheidet sich Parsons gar nicht so sehr von den machttheoretischen Professionstheorien – der Unterschied liegt eher darin, daß für Parsons diese Machtposition der Professionen kein klassentheoretisches Problem ist. Er stellt sich die Professionen eher in Analogie zu früheren Wissens- und Interpretations-Eliten (Priester, Propheten) vor: eine Herrschaft im Dienst der Gesellschaft, für die diese Elite die Welt deutet, damit Probleme gelöst werden können. Dies gilt insbesondere für die „academic profession", die Parsons im Spätwerk *The American University* zum Modellfall macht. Der „academic profession" geht es nicht und noch weniger als den Ärzten um die Stabilisierung oder gar den Ausbau der eigenen Macht und Privilegien, sondern eher um eine verantwortungsvolle gesellschaftlich-kulturelle Aufgabe der Sinndeutung zum Zweck der Problemlösung. Professionen sind deshalb notwendig für die Bestandserhaltung der Gesellschaft – vor allem in der Wissensgesellschaft. Professionen bzw. das Modell der *kollegialen Assoziation*, nach dem sie intern organisiert sind, sind für die Moderne besonders wichtig als Vermittlungsglied zwischen ökonomischer Rationalität und Solidarität, zwischen Individualismus und Kollektivismus, zwischen klassischem Charisma und aufgeklärter (Meinungs-)Führerschaft. Berufsgruppen dieser Art eignen sich besonders als Kultur-Elite.[47]

In diesem Zusammenhang sind auch die „intellectuals" von Bedeutung, denen Parsons eine Sonderrolle im akademischen System einräumt (Parsons/Platt 1973: 267 ff.). Sie haben einen professionsähnlichen Status („quasi-professions"), sind Vermittler zwischen Universität und allgemeinem Kulturpublikum, zwischen kognitiver Rationalität und Expressivität oder Moralität (Ideologie). Ihr Kommunikationsmedium ist – wie für das „cultural system" im Ganzen – „Definition der Situation". Die typischen Berufe sind Journalisten, Literaten, Künstler. Wie Profes-

---

der Vermarktung beruflicher Leistungen abschätzen und das Spannungsverhältnis Markt – Kultur genauer bestimmen, was insbesondere für jene neuen Professionen wichtig ist, die Werte vermarkten bzw. die Märkte kulturalisieren sollen.

47 Ein Teil der Kritik hat das Professionsmodell nur als Ideologie, als Absicherung der Professionsherrschaft betrachtet. Die Profession wurde als soziale Gruppierung betrachtet, die als Verband die Interessen ihrer Mitglieder durchsetzt (Freidson 1986; Larson 1977) oder, noch schärfer, zur Kerngruppe einer neuen herrschenden Klasse wird (Gouldner 1980). In der professionellen Beziehung, so die Kritik, werde die Asymmetrie häufig ausgenutzt zugunsten der Professionals; das Vertrauen der Klienten sei deshalb häufig nicht gerechtfertigt.

sionals sind sie Sinnvermittler und Wertetreuhänder. Aber im Unterschied zu den klassischen Professionen fehlt ihnen der unmittelbare Klientenbezug in der Einzelfallkommunikation. Ihr Klient ist die intellektuell interessierte Öffentlichkeit.

Die Professionstheorie wird nun also, im letzten Stadium der Theorieentwicklung, wieder stärker mit der allgemeinen Theorie verknüpft, zunächst im Sinne der Zeitdiagnose, wo erstens die Universität und die „academic profession" ins Zentrum der gesellschaftlichen Entwicklung rücken (Wissensgesellschaft) und zweitens die expressive Kultur an Bedeutung gewinnt („expressive Revolution", „Postmoderne"). Dazu kommt ansatzweise die Verknüpfung der Theorie der symbolisch generalisierten Medien mit Expressivität und Professionstheorie. Bevor wir auf die mögliche Weiterentwicklung der Professionstheorie zu sprechen kommen, müssen wir daher zunächst noch auf die expressive Kultur und die Medientheorie eingehen.

6.2.2 Expressive Kultur und Affektivität

Parsons' Kulturbegriff wird oft auf Wertintegration reduziert. Doch schon in der Hochphase des Strukturfunktionalismus unterscheidet Parsons drei Teilbereiche: neben der für Werte zuständigen moralischen (*evaluativen*) Kultur und der *kognitiven* Kultur der Wissenssysteme („ideas", „belief systems") die *expressive* Kultur (Parsons 1951: 384 ff.). Expressivität steht dabei in enger begrifflicher Verbindung mit einer affektiven Motivationsbasis[48] und mit einer ästhetischen Orientierung: Expressive Symbole (Objekte) und Handlungen erhalten ihre Kulturbedeutung nicht primär durch einen normativen Wertbezug, sondern durch affektive Motivationen (Kathexis, Bedürfnis nach unmittelbarer Gratifikation) und durch ästhetische Wertschätzung („appreciation").[49] Der expressive Symbolismus dient somit der Kommunikation von gemeinsamen Gefühlen und ist Ausdruck von affektiv begründeten Solidaritäten, Lebensstilen und Geschmacksurteilen (ausführlich dazu Staubmann 1995a).

---

48 Affektivität war für Parsons schon immer wichtig als Basis für Solidarität und Kollektivität und damit auch für Expressivität im Sinne des Zum-Ausdruck-Bringens des Wertes der kollektiven Bindungen. „Alle Handlungen haben einen expressiv-symbolischen Charakter, bringen eine affektive Einstellung, eine – positive oder negative – Kathexis von Objekten zum Ausdruck." (Wenzel 2001: 291)

49 „Ästhetisch" wird in einem weiten Sinn verstanden, als alles, was gefällt, was Vergnügen bereitet. Symbolisch-expressive Handlungen sind daher auch solche, in denen Affekte zum Ausdruck gebracht werden (Freude, Gruppensolidarität, Freundschaft usw.). Hier sind Ähnlichkeiten zur Konzeption von Susanne Langer (1969) unübersehbar.

Die Grundlagen der expressiven Kultur sind zunächst affektive, diffuse, partikularistische Komponenten, d.h. expressive Kultur ist im Privatleben (Gemeinschaft, Liebe, Verwandtschaft) begründet. Aber im Zuge der gesellschaftlichen Differenzierung, begleitet von affektiver Generalisierung, entwickeln sich spezialisierte expressive Rollen – Berufsrollen, in denen instrumentelle und expressive Komponenten kombiniert werden. So, wie der Wissenschaftler der Prototyp des kognitiven Akteurs ist, so ist dies der Künstler für den expressiven Bereich (Parsons 1951: 399ff., 408ff.). Doch es gibt auch andere expressive Berufsrollen – den ganzen Bereich der Kulturvermittler, die nicht selbst Produzenten expressiver Symbole sind (wie etwa in der Werbung) – und expressive Aspekte von instrumentellen Rollen – etwa charismatische Führungsrollen, die Gruppen-Gefühle zum Ausdruck bringen. Schließlich ist im Berufssystem auch „expressive rewarding" (ebd.: 414ff.) wichtig, also die symbolische Auszeichnung, ein schönes Büro oder ein angenehmes Arbeitsklima. Expressive Gratifikationen könnten heute wichtiger werden, wenn Berufsleistungen zunehmend auf die Anerkennung durch ein Publikum angewiesen sind.

Zwar mag bezweifelt werden, ob für Parsons die expressive Kultur wichtiger geworden ist; von der „expressiven Revolution" sprach er erst spät und eher beiläufig.[50] In *The Social System* und anderen Arbeiten überwiegt die evaluative (moralische) Kultur; und in *The American University* wird Expressivität häufig im Zusammenhang mit der „störenden" Gegenkultur präsentiert.[51] Wie dem auch sei, es gibt jedenfalls allgemeine Hinweise dafür, daß Expressivität wichtig ist und vielleicht wichtiger wird.

Für die Professionstheorie werfen die expressive Revolution und der Bedeutungszuwachs von Affektivität, Expressivität und Diffusität die Frage nach der Möglichkeit eines neuen „expressiven" Expertentypus auf. Schon in der klassischen Professionstheorie gibt es Hinweise für die

---

50 Parsons (1978: 320ff.). In diesem Zusammenhang wird der *institutionalisierte Individualismus* mit Selbstverwirklichung in Verbindung gebracht (*expressiver Individualismus*). Gelegentlich ist von „increased prominence of expressive interests in American society" die Rede (Parsons/Platt 1973: 382f.). Zur Bedeutung der ästhetisch-affektiven Dimension in Parsons' Werk vgl. Staubmann (1995a, b), der jedoch meint, diese Dimension sei im Zuge des Umbaus zum AGIL-Schema wieder verloren gegangen; etwas anders sieht das Wenzel (2001). Vgl. auch Tanner (2000) für die Affekt-Generalisierung und die affektive Unterstützung von Interaktionen durch expressive Symbole.

51 Daher gibt es häufig Spannungen zwischen expressiver, evaluativer und kognitiver Kultur (z.B. Parsons/Platt 1973: 273f., 417). Der typische Vorwurf von der expressiven an die kognitive Seite lautet dann: Ihr seid nicht kreativ! Die *Humanities* mit ihrer kritischen Funktion gegenüber der Kunst verknüpfen das Kognitive mit dem Expressiven, während umgekehrt die Kunst dem Kognitiven sozusagen das affektive Futter gibt – mit der Gefahr der Überästhetisierung des Wissens (ebd.: 48).

erhebliche Bedeutung des affektiv-expressiven Komplexes, wie bereits am Beispiel der Arzt-Patient-Beziehung erwähnt, wo Diffusität (Ganzheitsmedizin, Psychotherapie) und Affektivität wichtig werden.[52] Die Professionen sind spezifisch modern, indem sie der Affektivität, Expressivität und Diffusität (wieder) *im Berufssystem* zu ihrem Recht verhelfen. Parsons erkennt also, wenn auch vielleicht nur zögernd, die eminente Bedeutung des affektiv-expressiven Komplexes für die moderne, rationalisierte Berufswelt. Der affektiv-expressive Komplex bleibt nicht im „partikularistischen" Bereich der „Gemeinschaft", vielmehr wird dieser Komplex durch Affekt-Generalisierung abstrakter, und er wird professionalisiert. Und Parsons befaßt sich zumindest mit der Möglichkeit einer Schwerpunktverlagerung vom Moralischen zum Expressiven. Das beinhaltet auch eine Verschiebung hin zum *expressiven* Individualismus, zu Selbstverwirklichung und Diffusität: die ganze Person wird wichtiger.[53]

Das bedeutet für die Professionstheorie erstens, daß nun auch die klassischen Professionen stärker an Affektivität und Expressivität orientiert sein müssen, und zweitens, daß sich allmählich ein neuer professioneller Komplex bildet, eine Gruppe von „expressiven" Professionen.[54] Neben den Künstler als Kernprofession der Treuhänderschaft für expressiven Symbolismus treten zunehmend neue Berufsgruppen, die Verantwortung für die Implementierung eines expressiven Symbolismus übernehmen (siehe Kapitel 6.3).

6.2.3 Die Verknüpfung der Professionstheorie mit der Theorie der Kommunikationsmedien

Parsons hat seine Theorie immer wieder umgebaut. Die „pattern variables" wurden allmählich aufgegeben, sie wurden Mitte der fünfziger Jahre in das AGIL-Schema eingeschmolzen. Auf dessen Grundlage ent-

---

52 Wenn Parsons das ärztliche Handeln bzw. die Arzt-Patient-Beziehung mittels der „pattern variables" als affektiv neutral, universalistisch, leistungsorientiert und funktional spezifisch charakterisiert, kann doch nicht übersehen werden, daß die Rationalität der Logik des professionellen Handelns mit dem Begriff der „affektiven Neutralität" nicht adäquat erfaßt wird (siehe dazu Parsons 1964; vgl. auch Staubmann 1995a, b).

53 Im AGIL-Schema erhält später die Expressivität die „goal-attainment"-Funktion und damit – auf der Ebene des Allgemeinen Handlungssystems – eine besondere Verbindung zur Persönlichkeit (Selbstverwirklichung) (Parsons/Platt 1973: 313).

54 Bei Parsons selbst lassen sich nur schwache Ansätze für die Skizzierung eines „expressiven", gewissermaßen postmodernen Professionskomplexes finden. Parsons hat, so kritisiert Wenzel (2001), die „postmoderne" Medientheorie zu wenig auf die Professionen bezogen und darüber hinaus die Massenmedien vernachlässigt. Es gibt jedoch einzelne Hinweise auf eine „Professionalisierung expressiver Tätigkeiten" (z. B. Parsons 1994: 213).

stand schließlich die Theorie der symbolischen Kommunikationsmedien („symbolic media of interchange"), kurz: *„Medientheorie"*, die wiederum in den letzten Arbeiten (insbesondere in *The American University*) mit der Professionstheorie wenigstens ansatzweise verknüpft wurde.[55] Als Grundformel für diese Verknüpfung läßt sich zunächst festhalten: Mit allgemeinen gesellschaftlichen Veränderungen (Schwächung der sozialen Integration, Pluralisierung von Werten) können sich die Professionellen nicht mehr allein auf ihre institutionalisierte Autorität und die internalisierte Wertbindung bei den Klienten stützen. Sie müssen deshalb von Wertintegration auf Medienkommunikation umstellen. Sie müssen jetzt stärker versuchen, durch Einflußkommunikation bei ihren Klienten Wirkung zu erzielen. Und dabei wird die expressive Komponente wichtiger, besonders bei den neueren Berufen der ökonomischen Kulturvermittler.

Die Frage, ob es sich bei der Einführung der Medientheorie um eine radikale Umstellung oder nur eine Modifikation bzw. Ergänzung der Wertintegrationstheorie handelt, ist umstritten. Klar scheint jedenfalls, daß Parsons mit der Medientheorie die Wertintegrationstheorie flexibler machen, der angenommenen Schwächung des – bisher durch Institutionalisierung und Internalisierung gesicherten – Zusammenhalts von Kultur Sozialsystem und Persönlichkeit in der Theorie Rechnung tragen wollte.[56] Wer etwas durchsetzen will, so die Annahme, kann sich weniger als früher auf seine Autorität und die feste „Verankerung" der Werte (in Persönlichkeit und Sozialsystem) verlassen. Werte müssen flexibler werden, müssen „zirkulieren", müssen in Kommunikationen durch Ein-

---

55 Parsons (1967, 1975). Die entsprechenden Aufsätze wurden in deutscher Übersetzung zusammengestellt von Stefan Jensen (Parsons 1980). Erste Ansätze der Medientheorie finden sich bei Parsons bereits im Zusammenhang mit Arbeiten zur Propaganda im Zweiten Weltkrieg (vgl. dazu Wenzel 2001: 201 ff.). Propaganda ist öffentliche Einflußkommunikation. Die Medientheorie wirft zahlreiche Probleme auf, die hier nicht behandelt werden können, etwa die Frage des Vertrauens, Wertbindung als „Medium" und dessen Verhältnis zu „Einfluß" oder die Frage der Massenmedien.

56 Für manche Interpreten handelt es sich um eine grundlegende Umstellung der Theorie von Parsons. Für Habermas (1981: 384 ff.) ist die Medientheorie fast ein Verrat an der Lebenswelt (Systemintegration statt Sozialintegration). Für Wenzel (2001) ist sie eine Innovation, mit der Parsons wieder Anschluß an die neueren Diskussionen bzw. an die veränderte gesellschaftliche Wirklichkeit fand (sozusagen ein Parsons für die Postmoderne). Parsons selber hat zwar grundsätzlich immer eine Kontinuität seiner Theorie behauptet, und die Wertintegrationstheorie ist auch in *The American University* nicht verschwunden; aber er hatte wohl tatsächlich den Eindruck (wie Wenzel meint), daß die alte Theorie der Wert-Norm-Integration der modernen Gesellschaft immer weniger angemessen ist. Man kann dies daran sehen, wie er in *The American University* die Medien einführt. „Symbolic media of interchange" sind Integrationsmechanismen, mit denen die Handlungssysteme flexibler werden und besser funktionieren, vor allem, weil Medien (wie das Geld) „zirkulieren" können (Parsons/Platt 1973: 23 ff.).

fluß, Vertrauen, Überzeugungsarbeit usw. immer wieder aufs Neue durchgesetzt werden. Sie müssen dabei gleichzeitig auch abstrakter werden.[57]

Das hat Konsequenzen für die Professionen. Zwar ist professionelles Handeln immer schon Einflußkommunikation; auf der Grundlage ihres Kompetenzvorsprungs, der ihnen Status und Reputation verschafft, üben Professionelle Einfluß aus, weil man ihnen vertraut, den richtigen Ratschlag in bestimmten Situationen geben zu können. Aber mit der theoretischen Modellierung als Medium ändert sich die Lage. Zunächst kann Einfluß nun kontrastiert werden mit anderen Mitteln, jemanden zu einer bestimmten Handlung zu bewegen. Im Unterschied insbesondere zu Macht und Geld – Medien, die eher mit Druck (Drohung) und instrumentellen Anreizen wirken – ist Einfluß ein Mittel der Überzeugung aufgrund von Kompetenz und Status (Reputation).[58] Als Medium löst sich Einfluß stärker aus der institutionellen Verankerung und wird flüchtiger, kann leichter verloren gehen, kann „zirkulieren". Er ist damit auch stärker kontextabhängig. Zwar ist die Basis von Einfluß weiterhin die Berufsrolle und die mit ihr verknüpfte Reputation. Aber diese reicht alleine nicht mehr aus und wirkt nicht mehr wie eine Amtsautorität. Das hängt mit der Relativierung von Werten zusammen: Generalisierung, Pluralisierung, Demokratisierung. Damit ist auch eine Schwächung der professionellen Rolle verbunden, aber nicht notwendigerweise eine Schwächung des professionellen Handelns: die Professionellen müssen nun allerdings stärker als Person oder situativ überzeugen, sie müssen sozusagen das Medium interaktiv aktivieren.[59]

Bezogen auf das Kultursystem kann Einfluß, auf der Basis von Reputation, unterschiedlich ausgeübt werden: als Einfluß, der primär eher mit kognitiven, mit moralischen oder mit expressiven Mitteln überzeugen

---

57 Neben der Umstellung auf Medien hat Parsons versucht, das Problem der Wertintegration in einer zunehmend differenzierten Gesellschaft durch die Annahme einer *Wertgeneralisierung* zu lösen. Werte müssen zunehmend abstrakter und allgemeiner – weniger spezifisch – werden, wenn sie noch integrativ wirken sollen. Kulturelle Evolution bedeutet: mehr Differenzierung und Pluralismus. Wertintegration ist dann nur auf höherem Abstraktionsniveau möglich (Parsons/Platt 1973: 383 ff.).

58 Einfluß wird zum Medium des integrativen Subsystems des Sozialsystems („societal community"; Parsons 1967). Überzeugung in diesem Sinn ist jedoch nicht zu verwechseln mit Überzeugung durch diskursive Argumentation. Einfluß bleibt status- und wertbezogen („to persuade on the basis of solidarity and shared value-commitments"; Parsons/Platt 1973: 321).

59 Vgl. dazu auch Gerhards (2001), der vom „Aufstand des Publikums" spricht. Auch für die klassischen Professionen dürfte gelten: weniger Wertverankerung, mehr „mediale" (Einfluß-)Kommunikation. Zum Beispiel bleibt „Gesundheit" als Wert institutionalisiert, ist aber inhaltlich umstrittener, nicht mehr so stark verankert, der Arzt muß mehr Überzeugungsarbeit leisten (Aushandlungsprozeß mit Klienten).

möchte. In der jüngeren Vergangenheit ist von einem Bedeutungszuwachs der expressiven Einflußnahme auszugehen, vor allem bei den neuen Kulturvermittlern.[60] Diese Umstellung macht Parsons' Theorie attraktiver für eine Anwendung auf neuere kulturvermittelnde Berufe, die nicht mehr so stark auf (moralische) Werte und deren Fixverankerung, sondern mehr auf Expressivität und Kommunikation bauen.[61]

Im Zuge des allgemeinen Expressivitätszuwachses wird nun auch *Affekt* wichtiger. Affekt ist zunächst einmal für Parsons, im Anschluß an Durkheim, die Basis jeglicher Vergesellschaftung. Das gilt erst recht für den expressiven Bereich.[62] In einer expressiven Kultur werden Beziehungen stärker affektiv vermittelt, doch müssen die Affekte flexibler und generalisiert werden, damit askriptive Zusammenhänge überschritten werden und auch unpersönliche Beziehungen affektiv begründet werden können. Sie müssen sozusagen „abstrakt" und „inhaltsleer" werden, wie das Geld. Parsons hat daher, wenn auch relativ spät und unausgereift, Affekt als Kommunikationsmedium rekonstruiert, als Medium des Sozialsystems auf der Ebene des allgemeinen Handlungssystems (Parsons/Platt 1973: 83 ff.; Wenzel 2001: 301 ff.).[63] Parsons sozio-

---

60 Aber auch bei den klassischen Professionen gibt es Anzeichen für eine Bedeutungssteigerung von Expressivität: Die Patienten wissen nicht nur mehr über Medizin im Allgemeinen, sie entwickeln auch eigene Theorien über den Zusammenhang von Geist, Psyche und Körper (Alternativmedizin, Selbstverwirklichung). Für Staubmann (1995a: 232 ff.) ist Einfluß das „primäre expressiv-ästhetische Medium des Sozialsystems. Deshalb sieht er eine enge Beziehung zwischen den Medien Affekt und Einfluß. Staubmann (ebd.: 236) kritisiert, daß „Überzeugung" („persuasion") nicht der richtige Begriff für das Einflußmedium sei, denn es komme ja darauf an, daß B – folgt er einem Einflußversuch von A – eine innere Befriedigung erlebt (positive affektive Sanktionen). Das von A gewünschte Verhalten entspricht dann den expressiven Wünschen von B. „Werbung der verschiedensten Art basiert hauptsächlich auf dieser Grundlage" (ebd.).

61 Eine weitere Veränderung im Zusammenhang mit den neuen Professionen besteht darin, daß an die Stelle der Einzelfallkommunikation die Kommunikation mit einem Publikum über die Massenmedien tritt. Einfluß könnte dann auch als symbolisches Medium für die Werbekommunikation zwischen Werbern und Publikum gelten: Diese Kommunikation ist ja nur dann erfolgversprechend, wenn Alter (der Beworbene) wenigstens minimal Vertrauen entwickelt hat, daß Egos (des Werbenden) Aussagen glaubwürdig bzw. „gute Argumente" in dem Sinn sind, daß die Befolgung des Vorschlags (das Werbeangebot wird akzeptiert) letztlich in Alters eigenem Interesse liegt und keine Folge von Zwang, Wertbindung oder Geldanreiz ist.

62 Affekte motivieren Handlungen, bringen den Akteur erst dazu, sich für die Verwirklichung eines Zieles anzustrengen („effort"). Affekt ist die basale Motivation zur Interaktion. Der „affektuelle Grenzfall des Handelns (ist) der reine Ausdruck solch affektiver Einstellungen: *expressives Handeln*. Die normative Regulierung solchen Ausdrucks übernehmen dann ästhetisch-expressive Symbolismen" (Wenzel 1990: 368).

63 Als Medium kann Affektivität besser wirken, weil sie frei von askriptiven Bindungen ist und weniger stark in der Persönlichkeit und institutionellen Kontexten (Berufsrollen) verankert ist. Affekt wird zum Mediator der Kommunikation nicht nur zwischen Akteuren, sondern wird vor allem bedeutungsvoll in Relation der Subsysteme: auf der sozialen Ebene

logisiert damit die Affektivität noch stärker, die er ja ursprünglich von Freud übernommen und im ersten Soziologisierungsschritt als Resultat von Sozialisations- und Institutionalisierungsprozessen modelliert hatte. Vor allem kann Affekt, als Medium, also gelöst von askriptiven Bindungen, sich nun auch besser in beruflichen Kontexten auf einer „Kredit"-Basis ausbreiten, d. h. Affektivität muß stärker interaktiv und situativ aktiviert werden und kann auch leichter wieder abgezogen werden.[64]

6.3 Unternehmensberater und Werber als neue ökonomische Kulturvermittler

Mit welcher Berechtigung können wir davon ausgehen, daß Medien- und Kulturberufe, wie sie oben definiert worden sind, einen neuen Expertentypus repräsentieren? Für Parsons stellte der Künstler noch die Kernprofession der Treuhänderschaft für expressiven Symbolismus dar. In Reaktion auf die „expressive Revolution" entstehen jedoch immer neue Kulturvermittler, die den affektiv-expressiven Komplex institutionell verankern. Waren diese zunächst überwiegend im öffentlichen Sektor (Museen, Theater, Ausstellungen, Musikorchester etc.) sowie im Bildungs- und Wohlfahrtsbereich (Psychologen, Pädagogen, Sozialarbeiter, Erwachsenenbildung etc.) tätig, so dringen sie aufgrund der Kommerzialisierung von Kultur (durch die Expansion populärer Kulturindustrien) und der Kulturalisierung des Ökonomischen nun auch in die ökonomische Sphäre ein. Dabei stellt sich die Frage, ob und unter welchen Bedingungen diese Berufsgruppen nicht nur einen ökonomischen, sondern auch einen gesellschaftlichen Auftrag erfüllen, und welche sozialen Rollen (im Verhältnis zum Konsumenten- bzw. Klientenpublikum) dazu herausgebildet werden.

Die Medien- und Kulturberufe sind selbstverständlich keine Professionen im klassischen Sinne (wie sie Parsons definiert). Dies zeigt sich bereits in ihrer mangelnden Autonomie. Hinsichtlich ihrer arbeits- und sozialpolitischen Regulationsformen nehmen sie eine Sonderstellung im bundesdeutschen wohlfahrtsstaatlich regulierten Erwerbssystem ein, weil sie nicht in das korporatistische Institutionengefüge eingebunden sind und über keine Berufsverbände und Kammern verfügen, die sie vor

---

verknüpft sich Affekt zu Solidaritätsmustern, auf der Persönlichkeitsebene zu Motivationen und auf der Ebene des Kultursystems zu Mustern des expressiven Symbolismus (Parsons/Platt 1973: 83 f.). Allerdings bleiben bei dieser Vorstellung viele Unklarheiten.

64 Die Arbeiten von Arlie Hochschild (1990, 1997) über den Bedeutungszuwachs von „Emotionsarbeit" in der Berufswelt könnten vor diesem Hintergrund gewissermaßen als Ausdeutung der expressiven Kultur von Parsons interpretiert werden.

berufsfremder Konkurrenz schützen (Gottschall/Betzelt 2001a, b). Die Kultur- und Medienberufe konnten somit weder professionelle Regulationsmodi und Privilegienstrukturen institutionalisieren noch den durch wohlfahrtsstaatliche und arbeitsrechtliche Maßnahmen abgestützten Status des verberuflichten Arbeitnehmers annehmen (Betzelt 2003: 105).[65] Insbesondere für die wirtschaftsbezogenen Kulturberufe gilt, daß sie keinen staatlichen Schutz genießen und als Wirtschaftsberater letztlich der ökonomischen Logik ihrer Auftraggeber aus den Unternehmen unterworfen bleiben.

Doch anstatt diese Abweichungen als unvollständige Professionalisierung zu verstehen, soll hier die Frage nach der Möglichkeit eines neuen akademischen Berufstypus aufgeworfen werden.[66] Dies soll am Beispiel der Berufsfelder Unternehmensberatung und Werbung[67] genauer ausgeführt werden: Was berechtigt uns dazu, hier von *Kultur*vermittlern zu sprechen? Charakteristisch für die Entwicklung dieser Berufsfelder ist, daß sie sich im Schnittfeld von Kultur und Wirtschaft modernisieren konnten, indem sie *innerhalb* der Unternehmen die sozialen und kulturellen Grundlagen wirtschaftlichen Handelns reflektieren: Unternehmensberater – so hat Deutschmann (1993) im Anschluß an Kellner/ Heuberger (1992) gezeigt – betreiben unter dem Etikett „Unternehmenskultur" professionelles Symbolmanagement von Arbeitskulturen. Public-Relations-Experten sorgen sich um den Ruf des Unternehmens vor den kritischen Augen einer Öffentlichkeit, die sich um ökologische, soziale und biologische Risiken sorgt. Und Werbeexperten orientieren sich immer stärker am massenmedialen Aufmerksamkeitswettbewerb (Schmidt 1996; Thiel 2002; Koppetsch 2004). Darüber hinaus weitet sich die Angebotspalette der Wirtschaftsberater in Werbung und Unternehmensberatung von funktional spezifischen zu „holistischen" Dienstleistungen, die tendenziell alle Bereiche eines Unternehmens abdecken und auf dieser Ebene auch in Konkurrenz zueinander treten. Werbeagenturen haben zunehmend mehr „Kommunikationsdisziplinen" wie Direktmarketing, klassische Werbung, Promotion, Public Relations, Corporate Citizenship etc. unter dem Dach der „integrierten Marken-

---

65 Dies kann unter anderem darauf zurückgeführt werden, daß Medien- und Kulturindustrien flexibel spezialisierte Produktionsregimes besonders frühzeitig ausgebildet haben (Lash/ Urry 1996).

66 Das betrifft zum einen die berufspolitischen Strategien, mit denen der Prozeß der sozialen Schließung, der zunehmenden Selbstkontrolle und der Legitimierung professionellen Handelns vorangetrieben wird. Diese Fragen werden hier jedoch nicht weiter verfolgt.

67 Dabei geht es in diesem Kapitel schwerpunktmäßig um die Rolle von Werbeberufen als expressive Kulturvermittler auch im Kontext des Wandels von Konsumstilen und des Systems massenmedialer Öffentlichkeit. Struktur und Berufshabitus des Arbeitsfeldes werden im dritten Teil am Beispiel des Akteurstypus der *Kreativen* noch ausführlicher behandelt.

kommunikation" versammelt und versuchen auf dieser Basis, Unternehmen unter kommunikationspolitischen Gesichtspunkten umfassend zu beraten. Ähnliche Expansionstendenzen finden wir auch im Bereich Consulting (Groß 2003).

Und was berechtigt uns dazu, Berufsfelder in Werbung und Unternehmensberatung mit den klassischen Professionen zu vergleichen? Dazu sollen folgende Thesen näher ausgeführt werden: 1. Beide Berufsfelder definieren ihren gesellschaftlichen Auftrag – in Abgrenzung zu klassischen Professionen – weniger über ein moralisches Berufsethos. Sie sehen sich stärker in der Rolle als Vermittler *expressiver* Werte, wie z. B. Selbstverwirklichung, Individualität, Autonomie und Kreativität. 2. Es handelt sich um Berufe, deren Autorität nicht in Form von Stellen fixiert ist, sondern von marktförmigen Reputations- und Einflußstrukturen abhängt. 3. Sie vermitteln jedoch keine normativen Garantien mehr, sondern tragen zur Flexibilität und Relativität kultureller Werte und Normen bei. Die Maßnahmen dieser Berufe müssen deshalb kontextspezifisch und durch Kommunikation (d. h. durch Einflußkommunikation) immer wieder hergestellt und stabilisiert werden, statt – wie die stark hierarchischen Wertsysteme der klassischen Professionen – sich auf internalisierte Wertbindungen der Klienten zu stützen. Damit erfüllen sie zugleich wichtige gesellschaftliche Funktionen: Durch die professionelle Vermittlung expressiver Wertorientierungen (Charisma, Lebensstile, Kreativität und die Suche nach Sinn und Selbstverwirklichung) – so die Überlegungen im Anschluß an Parsons – werden Handlungsmuster im Kontext wirtschaftlichen Handelns flexibilisiert und aus festen Rollenzuschreibungen herausgelöst. Damit wird eine höhere Elastizität und letztlich eine höhere Komplexität institutioneller Ordnungen erreicht. Arbeits- bzw. Konsummuster müssen sich nicht mehr an vorgegebenen Normalitätsmustern orientieren, sondern werden individualisiert.

6.3.1 Expressiver Individualismus und Einflußkommunikation
Zur Besonderheit des professionellen Handelns der neuen Kulturvermittler

Sowohl Unternehmensberatung als auch Werbung haben sich seit den 1980er Jahren modernisiert, indem sie sich stärker mit ganzheitlich-expressiven Aspekten von Arbeit bzw. Konsum befassen, die zuvor außerhalb ihres eher technisch-ökonomisch definierten Zuständigkeitsbereichs lagen.[68] Was sagt dieser Rollenwandel der Experten über den Wandel von Arbeit und Konsum aus? Betrachten wir dies zunächst am Beispiel der Unternehmensberatung: Kellner/Heuberger (1992) haben z.B. gezeigt, daß modernes Consulting sich nicht mehr primär auf Fragen der Rationalisierung von Produktion und Organisation, d.h. auf die technische und organisatorische Betreuung beschränkt, sondern seinen Ehrgeiz darin setzt, das „corporate image", die Firmenphilosophie oder die Unternehmenskultur zu formen, um den „human factor" unter Kontrolle zu bringen. Dies geschieht nicht allein im Interesse des Unternehmers. Der Anspruch der von Unternehmensberatern vertretenen Organisationskonzepte besteht darin, die Gültigkeit der von Angestellten geäußerten Forderung nach mehr Autonomie und Authentizität anzuerkennen und in der Sphäre von Arbeit zu verankern, d.h. der Gesamtheit der Angestellten zuzugestehen, was bis dahin nur einer kleinen Elite vorbehalten war (Teamarbeit, flexible Arbeitszeiten, Lohn für effizientes Arbeiten). Hinzu kommt, daß Unternehmensberater dazu verhelfen, neue Normen der Kooperation und neue Erfolgsordnungen durchzusetzen, die sich stärker am Prinzip individueller Anerkennung und Selbstverwirklichung orientieren. Direkte Kontrolle soll durch indirekte Kontrolle ersetzt werden. An die Stelle formaler Folgebereitschaft soll authentische Motivation treten. Institutionelle Garantien der Arbeitsteilung sollen durch reflexives Vertrauen in die gegenseitige Kooperationsbereitschaft ersetzt werden. Das setzt ein hohes Ausmaß der Identifikation mit dem Arbeitsprozeß voraus, weshalb auch Gefühle und Motivationen von Mitarbeitern wichtiger werden: Zunehmend mehr subjektive Aspekte bzw. „die ganze Persönlichkeit" werden in die Arbeitsprozesse integriert. Dazu richten Unternehmen „families" und „teams" ein, die nach dem Vorbild von Primärgruppen eine Identifikation mit der „gemeinsamen Sache" nahelegen, um die Ablösung von formal-bürokratischen Strukturen zu erleichtern. Über die Integration des affektiv-expressiven Komplexes können Kooperationsformen flexibler gestaltet, Informationen „dicker" und Kommunikationswege „dichter" werden. Dadurch können sich Arbeitsstrukturen besser an veränderliche Märkte und projektförmige Produktionsweisen anpas-

---

68 Zwischen 1990 und 2001 hat sich der Umsatz in der Werbung von 6 Mrd. Euro auf 12 Mrd. Euro gesteigert (vgl. Zentralverband der Deutschen Werbewirtschaft 2001). Nahezu verdoppelt hat sich in diesem Zeitraum auch das Beschäftigungsvolumen für die im Gesamtverband Kommunikationsagenturen angeschlossenen Agenturen von 9.000 auf 16.282 Mitarbeiter. Der Umsatz der Unternehmensberatungsbranche hat sich in jenen Jahren in der BRD fast verdreifacht: von 4,5 Mrd. Euro 1990 auf 12,9 Mrd. Euro im Jahre 2001 (Groß 2003).

sen.[69] Die Forcierung von Identifikation und Selbstverwirklichung im Beruf findet sich insbesondere in den expandierenden Unternehmen der neuen Dienstleistungen, in denen die Forderung nach mehr Kreativität und Individualität ein Ausmaß an Anerkennung fand, das dreißig Jahre zuvor undenkbar gewesen wäre. Hier sind Selbstverwirklichung und Persönlichkeitsentfaltung im Beruf mittlerweile keine „Privatsache" mehr, sondern werden zu Aspekten der offiziellen Arbeitsmoral in Unternehmen.[70]

Damit folgen die Unternehmensberater aber der von Parsons angedachten Schwerpunktverlagerung vom Moralischen zum Expressiven. Und sie operieren – im Unterschied zu klassischen Professionen – nicht mehr auf der Basis unhinterfragter hierarchischer Wertsysteme, sondern handeln im Bewußtsein der Pluralität und Relativität von Wertsystemen. Durch die Einführung von Unternehmenskulturen im Bereich der Arbeit haben sich arbeitsbezogene Werte (Arbeitsmoral, Solidaritäts- und Wettbewerbsnormen) aus traditionalen Bindungen, etwa aus der protestantischen Arbeitsethik oder lokalen (Arbeiter-)Traditionen, herausgelöst. Die neuen Werte sind flexibler und zugleich abstrakter, sie müssen durch Einfluß, Vertrauen, Überzeugungsarbeit etc. immer wieder aufs neue durchgesetzt werden. Das bedeutet aber auch, daß die Autorität der Unternehmensberater sich nicht – wie bei den klassischen Professionen – auf verinnerlichte moralische Werte stützen kann, sondern zirkuliert.[71] Einflußkommunikation und flexiblere Reputationssysteme treten damit an die Stelle der ehemals kollektiv abgesicherten „Amtsautorität" traditioneller Professionen.[72] Zwar gibt es auch bei Ärzten, Rechts-

---

69 Dadurch kommt es zu einem unmittelbaren Austausch zwischen Individuum und Ökonomie, weil Prinzipien des Marktes und der arbeitsteiligen Kooperation durch den Wegfall von Bürokratien direkter auf Lebenswelt und Persönlichkeit, auf Karrierestrukturen, Qualifikationen und Identitätsnormen zugreifen.
70 Als professionelle Vermittler des normativen Individualismus sind sie damit zugleich Akteure des normativen Wandels des Kapitalismus: Sie bringen neue Herrschaftsformen hervor, die sich weniger an formalen Hierarchien und kollektiven Berufssystemen, sondern an weitaus flexibleren symbolischen Formen der Anerkennung orientieren.
71 Die „Unternehmenskulturen" beinhalten ja gerade keine unumstrittenen fest verankerten Werte, vielmehr implizieren sie einen reflexiven Umgang damit, d.h. eine symbolische Arbeit an der Konstitution von Arbeitsbeziehungen.
72 Reputation entspricht dem „Tauschwert" des Einflusses, hat also Mediencharakter, weil sie generalisierte Zustimmung gewährleistet, ohne daß Unternehmensberater im einzelnen nachweisen müßten, was die Ziele sind, die von seiten der Klienten unterstützt werden sollen. Dabei zeigt sich, daß sich das Einflußmedium in dem Maße auf expressive Aspekte ausweitet, wie Affektivität und individuelle Motivationen der Angestellten stärker in den Betrieb eingebunden werden sollen. Was zählt, sind nicht mehr nur die Expertenreputation und moralische Glaubwürdigkeit des Unternehmensberaters (kognitiver und moralischer Einfluß), sondern auch seine „Persönlichkeit", sein Geschmack, seine expressiven Kompe-

anwälten oder Wissenschaftlern Tendenzen einer Pluralisierung und Relativierung von Werten, allerdings verfügen diese – folgen wir dem Professionsmodell von Parsons – nach wie vor über eine stärkere Autorität qua Rolle, die sich auf internalisierte Wertbindungen (Gesundheitsbewußtsein, Wahrheitsliebe, Rechtsbewußtsein etc.) seitens ihrer Klienten stützt.

Darüber hinaus liefern die Berater durch die neuen Organisationskonzepte *Orientierungswissen*, das in der aktuellen Situation rasanten Wandels von Märkten dazu verhilft, Unsicherheiten zu reduzieren. Dies versetzt Unternehmensberater in die Rolle von Sinnstiftern, die inmitten konkurrierender und konfligierender Wertsysteme und unter Bedingungen der Unsicherheit von Märkten und unternehmerischen Entwicklungsmöglichkeiten die Fortschreibung der kulturellen Binnenidentität des Unternehmens gewährleisten. Auch dies wird kommunikativ – folgen wir den Überlegungen Parsons' – auf der Basis des *Kommunikationsmediums Wertbindung* gewährleistet: Das Medium Wertbindung sorgt für die Integration sozialer Systeme auch dort, wo sich Professionelle nicht mehr auf allgemeingültige Werte stützen können, sondern diese erst „herbeischaffen" müssen. Voraussetzung ist allerdings professionelle Reputation, d. h. generalisiertes Vertrauen in die Unternehmensberater. Durch Reputation kann Konsens auch auf abstrakte Ziele bezogen werden; sie garantiert eine Art Vertrauenskredit (Wenzel 2001: 384), auf dessen Basis Unternehmensberater versuchen, Wertkonflikte in Unternehmen auszuräumen, die Integrität von Arbeitskulturen zu sichern, fehlende Gewißheiten zu ersetzen und Ambivalenzen zu beseitigen.[73]

In noch stärkerem Maße als Unternehmensberater stehen Werbeberufe für die kommunikative Vermittlung ausdifferenzierter und pluralisierter Werte. Dies zeigt sich vor allem in dem wachsenden Bereich der „Non-Profit-Werbung". Diese konnte in dem Maße an Bedeutung gewinnen, wie der Einfluß der klassischen Professionen zurückgegangen

---

tenzen. Unternehmensberater müssen im weitesten Sinne „attraktiv" sein, sie müssen nicht nur überzeugen, sondern auch verführen.

73 Giddens (1995) hat hierfür, ohne auf Parsons Bezug zu nehmen, von Prozessen der Wiedereinbettung („reembedding") gesprochen. Nach Giddens ist die Moderne durch abstrakte Systeme gekennzeichnet, die den Prozeß der zeiträumlichen Distanzierung vorantreiben, in dessen Verlauf diese Systeme aus den lokalen Handlungs- und Erfahrungsräumen der Menschen herausgelöst, dekontextualisiert wurden („disembedding"). Dieser Prozeß, der in der Terminologie von Parsons der Auflösung askriptiver Bindungen im Übergang zur modernen Gesellschaft entspricht, macht eine Wiedereinbindung der abstrakten Systeme in die Lebenswelt durch Vertrauen notwendig. Nach Giddens wird dies durch sogenannte Zugangspunkte gewährleistet, die als Systemrepräsentanten und Experten das Vertrauen der Laien einwerben. Sie bedürfen dazu einer interaktiven Verkörperung der Vertrauenskommunikation in Face-to-face-Beziehungen. Sie müssen Gesichtsarbeit – und man kann ergänzen: Gefühlsarbeit – leisten (vgl. auch Wenzel 2001: 379).

ist: Kirchen, Museen, Parteien, Universitäten und politische Einrichtungen verfügen immer weniger über unumstrittene Autoritätsgrundlagen, müssen sich zunehmend auf Märkten behaupten und im weitesten Sinne Werbung für sich machen. Dazu schalten sie zunehmend auch Werbeagenturen für die Gestaltung von Kampagnen ein. Und je stärker Werbekampagnen zu einem akzeptierten Mittel der Beeinflussung auch außerhalb der Wirtschaft geworden sind, desto größer die professionelle Reputation der Werbeberufe: Wenn z.B. für das Christentum, für Parteien, für soziales Engagement oder für Umweltbewußtsein geworben wird, werden durch Werbung gesellschaftlich anerkannte Werte vermittelt.[74] Die Bezugnahme auf legitime Werte vergrößert das Ansehen und die Glaubwürdigkeit von Werbung und Werbeberufen in den Augen einer breiteren Öffentlichkeit.

6.3.2 Werbeberufe als Treuhänder expressiver Ausdrucksformen? Die Zirkulation von Affekt in der öffentlichen Sphäre

Kehren wir noch einmal zur Frage der expressiven Werte zurück: Der Bedeutungszuwachs der expressiven Kultur wurde innerhalb der Soziologie lange Zeit im Zusammenhang mit der „störenden Gegenkultur" präsentiert. In Anlehnung an Boltanski/Chiapello (2001) können wir annehmen, daß die neuen ökonomischen Kulturvermittler (Unternehmensberatung und Werbung) dazu beitragen, daß die Forderung nach mehr Kreativität, Autonomie und authentischen Beziehungen, die ursprünglich aus der gegenkulturellen Bewegung der Postachtundsechziger stammte und sich gegen den Kapitalismus wandte, nun in der Wirtschaftssphäre verankert wird.[75] Dadurch werden einerseits wichtige Strukturanpassungen des Kapitalismus – eine höhere Flexibilität – erzielt. Andererseits kommt es zu einer stärkeren normativen und kulturellen Aufladung von Arbeit, Konsum und Organisation, auf deren Grundlage sich die neuen Wirtschaftsexperten – verstärkt seit den 1980er Jahren – professionalisieren konnten. Kehren wir zum Professionsmodell von Parsons zurück, dann wird nämlich deutlich, daß die

---

74 Durch die manchmal auch als „Social Marketing" oder „Non-Profit Marketing" bezeichneten Kampagnen erweitern sich die Aktivitäten der Werbeagenturen. Politische Werbespots (seit 1971), die für Umweltschutz werben, über Aids und Drogen aufklären, gegen Fremdenhaß und Ausländerfeindlichkeit antreten oder für ökologische Themen werben (Schmidt 1996: 125), finden sich auf einer Ebene mit kommerziellen Werbespots.

75 Zunächst haben staatlich subventionierte Symbolvermittler in Bildung, Gesundheit, Therapie, Sozialpädagogik, Human Relations etc. die neuen expressiven Werte vertreten und sich – kompensatorisch zum Projekt der Aufklärung – stellvertretend für ihre Klienten auf die Suche nach Sinn, Identität und der richtigen Lebensführung begeben.

neuen Wirtschaftsberater und Werber nicht nur Strukturanpassungen des Kapitalismus vornehmen, sondern *Treuhänderschaft* für den Umgang mit expressiven Werten beanspruchen, um ihrem beruflichen Handeln besondere Legitimität zu verleihen. Dies spiegelt sich z. B. in der Selbstdeutung der Werbegestalter als „Kreative" wider, wie in Kapitel 8 noch genauer ausgeführt werden wird. Die *Kreativen* sehen sich nicht mehr allein als Marketingexperten, sondern als ästhetische Interpreten einer Alltagskultur. Sie sehen sich als Vorbilder expressiver Individualität, die zunehmend auch die öffentliche Sphäre durchdringt. Im Zentrum ihrer professionellen Berufspolitik steht das Leitbild der „kreativen Werbung", das die Kritik an der industriellen Massenproduktion und die Uniformierung der Lebensweisen durch standardisierte Produkte aufgreift und dagegen das Ethos des individualisierten, kreativen Konsumenten setzt (Leslie 1997: 1020).[76] Werbung orientiert sich deshalb verstärkt an ästhetischen Maßstäben, arbeitet mit Witz und Humor, parodiert klassische Werbekodes, dezentriert das Produkt und orientiert sich an filmästhetischen Maßstäben (Schmidt 1996).[77] Darüber hinaus sehen sie sich zunehmend in der Rolle, den Konsumenten dazu zu verhelfen, ein schöneres Leben zu führen, sich und seine Persönlichkeit über Konsumgüter auszudrücken. Werbeberufe sind deshalb nicht nur darauf ausgerichtet, Güter oder Dienstleistungen zu verkaufen, sie bestätigen – vergleichbar vielleicht mit der Rolle des Künstlers bei Parsons – zugleich die Rolle des Expressiven, indem sie Lebensstile, Erlebnis- und Gefühlswelten in immer differenzierterer Weise zu symbolischen Dimensionen von Waren machen: Romantik, Sexualität, Familienglück, Status, Freizeit, Urlaub, Exotik sind z. B. immer wiederkehrende Werbebotschaften (Leiss/Klinc/Jhally 1986: 202), in denen sich Glücksmomente bzw. Vorstellungen des „schönen Lebens" kristallisieren, die durch „kreative Werbegestaltung" ästhetisch kodiert werden. Hinzu kommt, daß die Unterscheidung von Produkten immer weniger vom

---

76 In allen westlichen Ländern ging diese als „second wave advertising" bezeichnete Veränderung mit einer Herausbildung neuer beruflicher Kompetenzprofile und mit einer regionalen Verlagerung der Werbezentren in innovative, subkulturell geprägte städtische Zentren einher, die als kultureller Nährboden für kreative Werbung und Anziehungspunkte für ein entsprechendes Arbeitskräftepotential gelten. In den USA wanderte das räumlich extrem konzentrierte Werbezentrum von der Madison Avenue nach Soho. In Deutschland verlagerte sich der Schwerpunkt von den großen Netzwerkagenturen in Düsseldorf und Frankfurt zu den Agenturen in Hamburg, die einen ästhetischen und kreativen Ansatz in der Werbung vertraten (Thiel 2002).
77 Vergleichbar mit anderen künstlerischen Professionen wie Architektur und Film haben die Vertreter kreativer Werbung (z. B. der Art Directors Club) Wettbewerbe eingerichtet, die ästhetisch hochwertige Werbung auszeichnen. Mittels Vergabe symbolischer Ränge ist es ihnen gelungen, eine Art professioneller Selbstkontrolle auszuüben, die die Reputation von Agenturen und Werbeschaffenden wesentlich bestimmt.

Gebrauchswert, sondern zunehmend von der „kulturellen Verpackung" abhängt. Konsumgüter werden durch Produktdesign, Verpackung, Marken- und Imageproduktionen etc. in immer komplexere Bedeutungsschichten eingebettet. Diese Entwicklung hat die Werbegestalter zu Spezialisten für die symbolischen Dimensionen von Konsumgütern gemacht.

Vergleichbar zur Universalisierung kognitiver Rationalität können wir – Parsons' Theorie weiterdenkend – von einer Rationalisierung und Ausdifferenzierung expressiver Symbolismen durch die neuen Kulturvermittler ausgehen. Die Darstellung und Kommunikation von Subjektivität und Affektivität wird dadurch auf universalistische und öffentliche Beziehungen hin verallgemeinert. Klassische Experten – und zu einem gewissen Umfang auch klassische Professionen – konnten über die zunehmende Anwendung des Prinzips funktionaler Rationalität an Dominanz gewinnen. Dabei blieben sie jedoch meist auf „rationalisierbare" Handlungsbereiche beschränkt. Die neuen Experten dagegen übertragen die rationalistische Haltung auch auf jene Lebensbereiche, die bislang als irrationale Sinnprovinzen ein weitgehend undomestiziertes Dasein führten. Sie überschreiten dadurch die traditionellen Grenzen zwischen dem Öffentlichen und dem Privaten und zwischen der Arbeitswelt und der Alltagswelt. Durch die Professionalisierung von Gefühlsarbeit (Hochschild 1997) im öffentlichen Leben bleibt der affektiv-expressive Komplex nicht mehr nur auf die Primärbeziehungen und die Familie beschränkt, sondern dringt zunehmend in unpersönliche Beziehungen der Berufs- und Arbeitswelt und der Öffentlichkeit ein. Bezogen auf unsere Untersuchung zeigt sich dies zum Beispiel daran, daß Werbung zu einem immer wichtigeren Mittel der Beeinflussung innerhalb wie außerhalb der Wirtschaft wird. Es zeigt sich zudem in der Bedeutung „familienähnlicher" Unternehmenskulturen. Und es zeigt sich in den erweiterten Inklusionsansprüchen der Klienten klassischer Professionen, die sich nicht mehr nur in funktional spezifischen Ansprüchen wie Gerechtigkeit, Gesundheit etc. vertreten sehen wollen, sondern in ihrer *ganzen Persönlichkeit* einbezogen werden möchten. Die neuen Wirtschaftsberater können damit als Sozialisationsagenturen für Affekte und emotionale Beziehungen außerhalb partikularer Beziehungen angesehen werden. Das Eindringen von Gefühlen in die Öffentlichkeit ist allerdings nicht gleichzusetzen mit „enthemmter Kommunikation". Vielmehr können wir im Anschluß an die Zivilisationstheorie von einer höheren Stufe der Kontrolle durch eine „entregelte Regulation der Gefühle" ausgehen. So können die neuen Gefühls- und Darstellungsnormen dazu beitragen, ein höheres Ausmaß wechselseitigen Vertrauens in der Kommunikation unter Fremden zu etablieren. Dies bestätigt die von Parsons herausgearbeitete Rolle des Mediums „Affekt": Die Zurückdrängung von askriptiven und partikularistischen Beziehungen zugunsten flexiblerer, kontinuierlich erneuerbarer Solidaritätsmuster und posttraditionaler Vergemeinschaftungen hat zur Generalisierung von expressiven Handlungspotentialen beigetragen und Affektivität nicht nur für gemeinschaftliche, sondern auch für universalistisch-spezifische Bindungen freigesetzt. Dadurch entstehen neue Handlungsoptionen; Affektivität wird damit als Ressource der sozialen Integration in unpersönlichen Beziehungen wichtiger.

Teil III
Kreativität als Arbeit und Lebensentwurf
Eine Fallstudie zum Berufsfeld Werbung

Die in den vorangehenden Kapiteln erarbeiteten Ansätze und Konzepte stecken den Problemhorizont ab, an dem sich auch die hier vorgestellte zeitdiagnostisch sensibilisierte Fallstudie zum Berufsfeld Werbung orientieren wird, nämlich an der Frage nach dem Wandel des Sozialcharakters von Arbeit und Beruf. Dazu wurden im zweiten Teil Konzepte des Kulturwandels von Arbeit und Erwerb entwickelt, die wieder an die klassische Berufssoziologie anknüpfen, um die Unzulänglichkeiten, die in den ökonomisch-strukturtheoretischen Ansätzen zur Globalisierung und Netzwerkgesellschaft sichtbar geworden sind, zu überwinden und die aktuelle Diskussion um eine akteurs- und institutionensoziologische Perspektive zu erweitern, die das Konzept des Berufsethos ins Zentrum stellt. Drei Dimensionen werden dazu aufeinander bezogen: kulturelle Werte und Rechtfertigungsprinzipien (Berufsethos), berufliche Positions- und Laufbahnsysteme und kapitalistische Erwerbs- und Arbeitsbedingungen.

Im Zentrum der folgenden Kapitel steht das Berufsethos der *Kreativen*. Dieses vermittelt zwischen flexibler Ökonomie und der Subjektivität der Beschäftigten. Es hat zur Entstehung von Arbeitsmodellen beigetragen, die den globalisierungsbedingten Strukturwandel der Werbeindustrie (mehr Wettbewerb, größere Mobilität von Agenturen und Beschäftigten) kulturell unterstützt (7.1; 7.2). Dennoch geht das Kreativethos in unternehmerischen Herrschaftsinteressen nicht auf, da es auch die Grundlage beruflicher Selektions- und Laufbahnprinzipien darstellt. Untersucht wird, wie sich in den weitgehend durch projektförmige Arbeitszusammenhänge geprägten Arbeitsfeldern der Werbeberufe Statusordnungen, d.h. legitime berufliche Positionszuschreibungen realisieren und mit Aufstiegs- und Beschäftigungschancen im Arbeitsfeld verknüpfen. Daraus ergeben sich wichtige Einsichten in die institutionelle Ordnung neuer Berufsbilder (7.3).

Das Kreativethos vermittelt nicht nur zwischen Ökonomie und Subjektivität, es hat auch die Modernisierung der Werbeberufe, ihre Anpassung an neue Konsumstile und massenmediale Kommunikationsformen (8.5; 8.6) entschieden vorangetrieben. Es kam zur Herausbildung eines Expertentypus, der sich nicht in erster Linie durch wissenschaftliche Autorität, sondern durch seine expressiv-ästhetische Vorbildfunktion (Charisma, Emotionsarbeit, Kommunikationsstil) legitimiert. Dies wird in Kapitel acht am Aufstieg der Berufsgruppe der Werbegestalter im Kontext des Arbeitsfeldes Werbung gezeigt (8.1–8.4). Dieser Aufstieg hat sich nicht konfliktfrei vollzogen, sondern wurde von Auseinandersetzungen mit konkurrierenden Expertengruppen (Markentechniker,

Berater, Marktforschern) um die normative Geltung sozialer Identitätsmuster und professioneller Problemsichten begleitet.

Als zentrale Trägergruppe eines neuen Berufstypus können Werbegestalter deshalb gelten, weil bei ihnen, vergleichbar mit anderen Berufsfeldern der Kultur- und Medienökonomie, das Leitbild des *Kreativen* Subjektideal geworden ist. Seinen Stellenwert in den Selbstdeutungen der betreffenden Berufsgruppen erhält dieses Ideal nicht nur durch den gesellschaftlich wichtiger werdenden Wert der Kreativität, sondern auch durch seine Distinktion gegenüber der sozial diskreditierten Existenzform des Angestellten, die als konformistisch, unselbständig und nicht authentisch erscheint.[1] Vor dem Hintergrund dieser Wertorientierungen werden auch die institutionellen Merkmale dieser Arbeitsfelder – die starke Mobilität und die fehlenden berufsständischen Schließungen und Monopolisierungen ökonomischer und sozialer Chancen – erklärbar. Dabei hat sich die Herausbildung dieses Experten- und Berufsmodells im Kontext der Branche nicht konfliktfrei vollzogen, sondern muß als ein Spielfeld des Kampfes sowohl zwischen konkurrierenden Berufsgruppen (z. B. zwischen klassischen Marktforschern und Gestaltern) als auch zwischen den betreffenden Berufsgruppen und dem Management (um die Geltung von Kontroll- und Belohnungssystemen) nachgezeichnet werden.

In methodischer Hinsicht besteht die Berufsfallstudie aus einem historisch-rekonstruktiven Teil und einem Befragungsteil. Der historisch-rekonstruktive Teil unternimmt den Versuch, auf der Basis eigener Quellen[2], veröffentlichter Selbstzeugnisse, Experteneinschätzungen und bereits bestehender Untersuchungen zur Entwicklung der Werbeindustrie (Ewen 1976; Ingenkamp 1996; Leiss et al. 1986; Reinhardt 1993; Marchand 1985; Frank 1997; Thiel 2002), den Aufstieg der *Kreativen* im Kontext der historischen Entwicklung der Werbebranche seit den 1960er Jahren zu rekonstruieren und auf den Wandel von Konsumentenrollen und Medienpublikum zu beziehen. Die Befragung erfolgte – gefördert durch ein siebenmonatiges Forschungsstipendium der DFG in den USA – im Zeitraum zwischen 2001 und 2004 in Hamburg, Chicago, Berlin und Düsseldorf. Erhoben wurden zum einen Informationen zu institutionellen Strukturen und ökonomischen Bedingungen des Arbeitsfeldes, zum anderen Identitäts- und Wirklichkeitskonstruktionen der gestaltenden Expertengruppen. Insgesamt wurden 50 teilstandardisierte Interviews durchgeführt, davon 20 Experteninterviews und 30

---

1   Vgl. dazu auch Stuhr 2003; Ladendorff 2003.
2   Informationen über die historische Entwicklung des Berufsbildes wurden dem Archiv der 1964 gegründeten Schule für Gebrauchsgrafik/Grafik-Design *Kunstschule Alsterdamm* in Hamburg sowie der Branchenzeitschrift *Gebrauchsgrafik* entnommen.

leitfadengestützte Tiefeninterviews (12 in den USA und 18 in Deutschland) mit Gestaltern (Texter, Grafiker, qualitative Marktforscher) und leitenden Angestellten (Kreativ-Direktoren und Geschäftsführern). Die Tiefeninterviews mit den Gestaltern dienten der Erfassung der Lebens- und Identitätsentwürfe der *Kreativen*, während die Experteninterviews auf die Erfassung der Rahmenbedingungen der Werbebranche und des Berufsfeldes abzielten. Sie wurden mit Vertretern der Branchenverbände (Gesamtverband Kommunikationsagenturen, GWA; Zentralverband der Deutschen Werbewirtschaft, ZAW), Headhuntern, Mitarbeitern des Art Directors Club, Personalleitern und mit Werbeexperten selbst geführt. Zusätzlich wurde auf die jährlich herausgegebenen Broschüren des Zentralverbandes der Deutschen Werbewirtschaft, die Branchenzeitschriften *Werben & Verkaufen, Horizont* und auf die Selbstauskünfte der Agenturen im Internet zurückgegriffen.

7. Zwischen Professionalismus und Marktkultur
Zur beruflichen Identität der Kreativen

Das Arbeitsfeld Werbung nimmt im Kontext der Sozialwissenschaften eine Sonderstellung ein. Die höchst eindrucksvolle Bilanz der sozialkritischen Werbe- und Konsumkritik (Packard 1957; Galbraith 1958; Horkheimer/Adorno 1988) steht in einem bemerkenswerten Kontrast zum nahezu vollständigen Desinteresse am Berufsfeld Werbung[3], seinen Handlungslogiken und Erfolgsordnungen.[4] Auch kultursoziologische Studien (Goffman 1981; Williamson 1978; Leiss/Kline/Jahlly 1986; Lears 1994), die (versteckte) kulturelle Botschaften, Mythen und Stereo-

---

3 Die wenigen Untersuchungen zum Arbeitsfeld Werbung weisen zudem entscheidende Einschränkungen auf. Entweder handelt es sich, bis auf einige lobenswerte Ausnahmen (Nerdinger 1990; Frank 1997; Leslie 1997; Thiel 2002), meist um Untersuchungen zur Struktur der Branche mit Ratgebercharakter (Hattemer 1995; Bristot 1995). Oder es handelt sich um Studien, die zwar einen Überblick über die historische Entwicklung der Werbeindustrie bieten (Ewen 1976; Ingenkamp 1996; Leiss et al. 1986; Reinhardt 1993), sich dabei aber auf die Darstellung kultureller bzw. ökonomischer Rahmenbedingungen beschränken. Die überwältigende Zahl der Arbeiten befaßt sich, wie bereits erwähnt, mit der Untersuchung kultureller Bedeutungen von *Werbebotschaften*.
4 Angesichts der Tatsache, daß der Werbeindustrie eine Schlüsselrolle im institutionellen Wandel des Kapitalismus zugewiesen wird (Thiel 2002; Mayer-Ahuja/Wolf 2003), wundert das Fehlen arbeits- und berufssoziologischer Untersuchungen. Wie vermitteln die Werbeberufe zwischen den immer zentraler werdenden ästhetischen und kreativen Aspekten von Werbung und Konsum auf der einen Seite und der Logik von Markt und Wettbewerb auf der anderen Seite? Welche Bedeutungsverschiebung im Konsum liegt der Entwicklung der Werbeberufe zugrunde? Welche Modelle professionellen Handelns und beruflicher Identität haben sich im Kontext der Werbebranche herausgebildet?

typen der Werbung untersuchen, berücksichtigen weder das professionelle Selbstverständnis noch die Handlungsorientierungen der Werbeexperten. Wie andere Kultur- und Medienberufe auch hat das Berufsfeld eine enorme Expansion durchgemacht. In der Bundesrepublik Deutschland ist die Anzahl der im weitesten Sinne mit Werbung befaßten Beschäftigten[5] allein in den Jahren 1993–2003 von 62.000 auf 103.000 gestiegen. Die Gruppe der im weitesten Sinne mit Produktdesign befaßten Beschäftigten[6] ist im gleichen Zeitraum von 60.000 auf 106.000 angewachsen. Die Zahl der Beschäftigen in beiden Feldern hat sich also innerhalb von 10 Jahren nahezu verdoppelt. Darüber hinaus sind verwandte, von den Berufsstatistiken noch nicht erfaßte Tätigkeitsgebiete entstanden (Web-Seiten-Design, Mediendesign, Multi-Media-Gestaltung, Videodesign, Logogestaltung).[7] Nicht alle diese Berufe sind im strengen Sinne neu, doch sind sie in den letzten Jahrzehnten wichtiger geworden und haben insgesamt – durch die Bedeutungssteigerung von medialer Kommunikation und Öffentlichkeit – eine stärkere Ausrichtung an Fragen der Imagepflege erhalten.

Neben diesen Expansionstendenzen, die nicht nur das Berufsfeld Werbung, sondern auch andere Kultur- und Medienberufe betreffen, hat sich das Arbeitsfeld Werbung auch in qualitativer Hinsicht gewandelt: Wurde Werbegestaltung (Werbegrafik oder Gebrauchsgrafik) in Deutschland bis in die 1970er Jahre noch als Handwerk verstanden, bei dem die solide Ausführung und Präzision im Vordergrund stand[8], so beanspruchen Gestalter heute über die grafische Ausführung hinaus nun in erster Line konzeptionelle Kompetenzen. Zur Aufwertung der Be-

---

5 Der Mikrozensus des Statistischen Bundesamtes faßt darunter sowohl Werbeberufe im engeren Sinne (Werbeberater, Werbekaufleute, Mediaexperten, Kreativfachleute, Texter) wie auch Public-Relations-Fachleute. Eine feinere Aufsplittung nach Berufsgruppen findet sich in der Broschüre des Zentralverbandes der Deutschen Werbewirtschaft (ZAW). Nach den Publikationen des ZAW hat die Gruppe der Kreativfachleute und Texter (Texter, Grafiker, Art-Direktoren und freie Werberegisseure und Schauspieler) sowie die Gruppe der Mediaexperten proportional stärker zugenommen als die Gruppe der kaufmännischen Experten (Zentralverband der Deutschen Werbewirtschaft 1991–2002).

6 Dahinter verbergen sich in der Berufsklassifikation des Mikrozensus neben den im weitesten Sinne mit Industriedesign und Produktdesign befaßten Berufsgruppen auch Mode- und Textilgestalter, Grafiker und Kommunikationsdesigner, Computergrafiker, Verpackungsdesigner, Zeichner, Textilmustergestalter und grafische Zeichner.

7 Vgl. zu den neuen Medien-, Informations- und Kommunikationsberufen Wasilewski 1997: 263 ff.

8 Der Wandel beruflicher Qualifikationsprofile spiegelt sich im Wandel der Texte von Stellenanzeigen in der Zeitschrift *Gebrauchsgrafik*: Wurden in den 1960er Jahren noch „tüchtige" Grafiker gesucht, die „gewöhnt an sauberes, exaktes Arbeiten" waren und über „solides Können" verfügten, so tauchen in den Stellengesuchen der 1970er Jahre vermehrt die Attribute „ideenreich" und „schöpferisch" auf. Seit den 1990er Jahren mehren sich Stellenanzeigen, die darüber hinaus „Vertrautheit mit der Popkultur" verlangen.

rufsfelder hat auch die Digitalisierung von Grafik-Design und Druck (Desktop Publishing) durch Computerprogramme (z.B. QuarkXpress, Photoshop) geführt. Gestalterische Kompetenz wird nun vor allem an der Originalität eines Entwurfes, einer Idee, und weniger an der Qualität ihrer grafisch-handwerklichen Umsetzung bemessen. Die hier am Beispiel der Werbegestalter skizzierten Aufwertungs- und Expansionstendenzen können als typisch für die Entwicklung der Kulturberufe im Ganzen gelten (Gottschall/Betzelt 2001a, b).

Die Spezifität des Erwerbstypus der Werbeberufe – und ich konzentriere mich in der folgenden Analyse vor allem auf die gestaltenden Berufe – zeigt sich daran, daß diese weder den Entwicklungspfad des betrieblich eingebundenen Arbeitnehmers noch den Weg der professionellen Schließung beschritten haben.[9] Da sie trotz ihrer überwiegend akademischen Ausbildung über wenig Ansatzpunkte der wissenschaftlichen Standardisierung ihrer Wissensbasis verfügen, die sie gegenüber Laien als Experten ausweisen würden, konnten qualifikatorische Barrieren gegenüber anderen Berufsfeldern nicht aufgebaut werden. Insbesondere die befragten Texter, aber auch die Marktforscher und Grafiker sind oftmals Quereinsteiger aus anderen beruflichen Feldern. Innerbetriebliche Aufstiegswege sind aufgrund der Umgestaltung von Agenturen und der Eliminierung von Hierarchieebenen begrenzt. Schließlich ist die Bindung an eine Agentur eher gering. Tatsächlich sind die Beschäftigungsverhältnisse in der Werbebranche nach herkömmlichen Maßstäben ungesichert, mit fließenden Übergängen zwischen selbständiger und angestellter Tätigkeit, gesicherten und ungesicherten Arbeitsverträgen. Einerseits sind die meisten freiberuflichen Grafik-Designer, Texter, Schauspieler, Regisseure und Mediaexperten gerade nicht selbständig, sondern werden als ständige Mitarbeiter immer wieder „gebucht". Andererseits sind die Festangestellten alles andere als fest angestellt, da sie innerhalb kürzerer Zeit mehrfach die arbeitgebenden Agenturen wechseln; ihre durchschnittliche Verweildauer in einer Agentur beträgt nach Auskunft der Befragten ca. zwei Jahre.[10] Man stellt sich das Erwerbsgefüge der Werbexperten am besten als Netz flexibler Beschäftigungschancen mit geringen Eintrittsbarrieren und großen Fluktuationen zwischen den Agenturen vor, in dem horizontale gegenüber vertikalen Mobilitätsprozessen überwiegen. Personalberater, sogenannte „Headhunter", die über Insiderwissen verfügen und mit einer großen Zahl an Kontakten ausgestattet sind, spielen in diesem Netz fluktuierender Er-

---

9 Auch dieses Merkmal kann nach Gottschall/Betzelt (2001a, b) als ein allgemeines Merkmal des Berufstypus der Kulturberufe gelten.
10 Diese Einschätzung wird durch eine andere empirische Untersuchung zur Werbebranche (Thiel 2002) bestätigt.

werbschancen als Agenten und Informationsknotenpunkte eine immer wichtiger werdende Rolle. Wie wir aus anderen Untersuchungen wissen, ist diese Erwerbsordnung charakteristisch für die Arbeitsfelder auch in anderen Kulturindustrien (Lash/Urry 1996; Menger 1999).

7.1 Kreativsein als Lebensentwurf und Persönlichkeitsideal

Sofern wir, wie oben bereits ausgeführt, nicht davon ausgehen, daß die ungesicherten Beschäftigungsstrukturen und Arbeitsformen allein auf ökonomischen Zwängen beruhen und somit in erster Linie als prekär eingeschätzt werden müssen, stellt sich die Frage nach ihrer Einbindung in normative Ideale und deren Verknüpfung mit den psychischen Antrieben der Individuen. Durch welche kulturelle Orientierungen und institutionelle Strukturen werden diese Arbeitsordnungen gestützt? Welche Maßstäbe und Sinnorientierungen liegen der beruflichen Selbstdeutung und persönlichen Selbstachtung des Einzelnen zugrunde? Um die Persönlichkeitskonstruktionen und Wertorientierungen innerhalb des beruflichen Feldes zu erfassen, greife ich auf Interviewausschnitte aus den Tiefeninterviews mit Textern, Art-Direktoren und Kreativ-Direktoren zurück. Im Zentrum stehen Aussagen, die immer wieder vorkommen und die für die Wirklichkeits- und Identitätskonstruktionen deshalb als besonders zentral gelten können.[11]

Wie die Analyse dieser Passagen zeigen wird, steht im Zentrum der Wahrnehmungs- und Bewertungsstrukturen der Akteure der Glaube, daß „gute Werbung" von kreativen Persönlichkeiten, von Talenten gemacht wird, die sich im Tätigkeitsfeld offenbaren bzw. bewähren müssen (oder scheitern). Dabei geht es um das Haben der wirklich schöpferischen, außergewöhnlichen Idee. Ausgehend von den unterschiedlichen Interviewaussagen läßt sich, dies sei vorweggenommen, folgende Erkenntnis ableiten: Der Glaube an die kreative Persönlichkeit wird als Eintrittsbillet in ein Spiel vorausgesetzt, in dem es nicht nur um die Absicherung eines Lebensunterhalts geht, sondern in dem die Größe, der Status der Persönlichkeit entworfen wird. Daß es sich dabei um ein Persönlichkeitsmodell, d. h. ein Subjektideal, und nicht nur um eine rein berufliche Kompetenz handelt, zeigt sich daran, daß Kreativsein von den Einzelnen als konstitutiver Bestandteil eines *Ethos*, d. h. als strukturierendes Prinzip der Lebensführung und als normativer Bewertungsmaßstab der Persönlichkeit zugrundegelegt wird. Der Glaube an die kreative

---

11 Ich danke Vanessa Watkins für die intensive Zusammenarbeit und wertvolle Anregungen bei der Durchführung und Auswertung der Interviews und Feldbeobachtungen.

Persönlichkeit prägt somit über die berufliche Tätigkeit hinaus Lebenspraxis und Selbstdeutung des Einzelnen.

Folgende Dimensionen dieses Persönlichkeits- und Lebensführungsideals sollen hier skizziert werden:

1. Als *berufliche Fähigkeit* ist Kreativsein aus der Sicht der Akteure nicht an ein *spezifisches* Talent gebunden (wie z. B. das Talent zur Bildhauerei, zum Schauspieler, zum Mathematiker, zum Werbegestalter etc.), sondern unspezifisch, eine allgemeine Disposition, die in erster Linie in dem Bedürfnis besteht, „etwas schaffen zu müssen": „Die Leute fallen ja nicht vom Himmel, die haben das Gefühl, daß sie etwas schaffen müssen, und wenn sie dann der Meinung sind, daß das, was sie schaffen müssen, mit Werbung zu vereinbaren ist, dann suchen sie sich diesen Beruf aus" (B1, männlich). „Vielleicht ist Kreativität nur die Art von etwas wahnsinnig motiviert zu sein, etwas zu schaffen, und sei es nur deine Steuerersparnis zu schaffen, des Schaffens wegen" (B2, weiblich). „Das ist, glaube ich, ein Grundbedürfnis bei Leuten, die kreativ sind. Dinge besser zu machen, lustiger, anders" (B3, weiblich).

2. Als *Subjektideal* wird Kreativsein einerseits durch das Talent, andererseits durch die „Leidenschaft für die Sache", d. h. die persönliche Hingabe an die Aufgabe bestimmt. Es handelt sich um zwei Facetten ein und derselben Persönlichkeitskonstruktion, die sich auf subtile Weise ergänzen. *Talent*, d. h. wirkliche Begabung, da sind sich die meisten der Befragten einig, ist selten. Die wenigsten verfügen darüber: „Wirklich kreative Menschen gibt es nur wenig in der Werbung" (B4, männlich). „In vielen Agenturen wird Mittelmaß produziert und das reicht [dem Kunden], zieht aber keine talentierten Leute an" (B5, männlich). „Von Menschen, die nicht besonders talentiert sind, wirst du niemals eine außergewöhnliche Idee kriegen" (B5, männlich). „Das, was an Kreation rausgeht, das verteilt sich in einer Familie [Bezeichnung für eine Abteilung] wegen mir mit 40, 50 Leuten auf 5 oder 6 Schultern. Und die anderen sind im Grunde genommen also so Zuarbeiter und spielen keine entscheidende Rolle" (B6, männlich). „Entweder man ist gut oder nicht" (B5, männlich). Die Frage, ob die Betreffenden selbst zur Elite der „wirklich Kreativen" gehören ist für sie von großer Wichtigkeit. „Ich weiß nicht, ob ich ein kreativer Mensch bin" (B4, männlich). „Ich glaube, manche haben die Fähigkeit, bekannte Sachen neu oder unbekannt auszudrücken, und manche können es eben nicht. Ich kann es" (B5, männlich). Die Selbsteinschätzung ist ungewiß, sie wechselt, je nach Tagesform und Erfolg. Sie bedarf eines Außenhalts: „Du weißt ja nie, ob du eine innovative Idee hast" (B5, männlich). Dabei sind die Einzelnen bestrebt, Zweifel an der eigenen Begabung in der persönlichen

Selbstbewertung nicht dominant werden zu lassen, da sie den Sinn fürs Spiel und das persönliche Engagement beeinträchtigen. Interviewer: „Hast du niemals an deinem Talent gezweifelt?" Antwort: „Nein, du mußt schon ein gutes Selbstbewußtsein haben, wenn du in die Werbung gehst" (B5, männlich).

Ohne die *persönliche Hingabe* an die Sache kann jedoch niemand sein Talent glaubhaft machen. Diese manifestiert sich in einem überdurchschnittlichen Arbeitseinsatz und dem Wunsch nach „kreativen Höchstleistungen" (B4, männlich). Es ist z. B. Konsens, daß „richtige Kreative" in ihren Ansprüchen an Originalität und Perfektion über die Aufgabenstellung des Kunden hinausgehen, um professionelle Standards zu realisieren. Ohne diese Anspruchshaltung verkümmert auch das Talent: „Du kannst Schweinebauch [Insiderbegriff für anspruchslose, aber einträgliche Routinekampagnen] gestalten, du kriegst das gleiche Geld und mußt vielleicht weniger arbeiten – aber du verkümmerst" (B2, weiblich). Auch in der zeitlichen Investition dokumentiert sich die „richtige" Haltung zur Arbeit: „Ich finde es immer so ein bißchen traurig, daß ich Art-Direktoren kenne, die setzen sich um neun in die Agentur vor den Computer, schieben den ganzen Tag an irgendwelchen Layouts herum und gehen abends um sieben" (B5, männlich). Das Engagement für die Sache beschränkt sich nicht auf den Arbeitskontext, es greift auf die ganze Persönlichkeit über: „Wenn man die Art-Direktion, den Text, wirklich macht und das als kreative Arbeit versteht, dann kann man das nur machen, indem man sich da wirklich voll reingibt, mit seiner ganzen Persönlichkeit" (B7, weiblich). „Wenn man Designer ist, dann ist man das mit Haut und Haaren, dann nimmt man auch alles designed wahr und will sich auch damit umgeben" (B2, weiblich).

3. Aus diesem Grund kann die berufsmäßige Ausschöpfung der Kreativitäts- und Begabungsressourcen nicht auf die Arbeitszeit beschränkt bleiben: „Es ist total wichtig, daß man auch andere spannende Sachen sich anguckt [als Beispiel werden Kino, weite Reisen, Ausstellungen genannt], daß man sich auch mal mit ganz anderen Dingen auseinandersetzt, um wieder den freien Kopf zu haben, da so ganz frisch wieder einzusteigen" (B3, weiblich). Dieselben Aktivitäten, die zunächst als notwendiger Ausgleich, Ablenkung und „Abschalten" von der Arbeit ausgegeben werden, können schon im nächsten Moment für die Ideensammlung oder als Inspirationsquelle für die Lösung eines Arbeitsproblems herangezogen werden. „Und dann geht das eben auch immer weiter, dann kannste auch in der Freizeit nicht abschalten, dann merkste, daß du immer wieder auf dieses Thema zurückkommst" (B3, weiblich). Daher geben die Gestalter an, Abschalten und Ideenfindung, Ablenkung

und Sammeln neuer Eindrücke, Arbeit und Freizeit nicht voneinander trennen zu können: „Ich war im Kino oder ich habe irgendwas gelesen. Eigentlich kommen die Inspirationen von allen Seiten. Deswegen kann man Privat und Agentur nicht immer ganz trennen" (B5, männlich). Freizeitaktivitäten können auch ganz gezielt zur Kreativitätsförderung eingesetzt werden: „Man sollte einfach gute Filme gucken und gute Literatur, gute Romane, gute Lyrik lesen, man sollte Filme auch jenseits des Mainstreams sehen, vielleicht sich sogar auf dem ein oder anderen Filmfestival rumtreiben. Also einfach mal gucken, wo ich Ideen herkriege, die jenseits des Mainstreams sind. Die erlauben es mir dann auch, jenseits des Mainstreams Werbung zu machen" (B1, männlich).

Was diese Aussagen zum Ausdruck bringen, ist ein Ethos, das sich von der bürgerlichen Berufsmoral in wesentlichen Merkmalen unterscheidet. Zum einen unterstreicht die Außeralltäglichkeit der hier angesprochenen kreativitätsfördernden Erfahrungsräume das Charisma der Beschäftigung. Die Einzelnen konstruieren durch den Hinweis auf künstlerische und grenzüberschreitende Aktivitäten (z. B. Kulturkonsum und Reisen) einen symbolischen Rahmen, durch den sie den Ausnahmecharakter kreativer Arbeit, ihren Sonderstatus im Vergleich zur „gewöhnlichen Angestelltenarbeit" unterstreichen. Zweitens dokumentieren die Aussagen die Kopplung von konsumatorischen und kreativen Dispositionen in der Charakterausstattung der produktiven Persönlichkeit. Wie das moderne Konsumsubjekt (Campbell 1989; Reckwitz 2006), so setzt das Ethos kreativer Arbeit auf die Ästhetisierung von Objekten, die, als Medium der Erweiterung des inneren Erfahrungsraums und der Transformation des Selbst eingesetzt, die Steigerung der kreativen Leistungen ermöglichen sollen. Dabei erlaubt die Effizienz der produktiven Verwertung des persönlichen Erlebnispotentials Rückschlüsse auf das eigene Talent: „Ein richtiger Kreativer, der ist in der Lage, irgendwie das Gesehene so zu verarbeiten und neue Dinge im Kopf entstehen zu lassen und auch neue Wege einzugehen" (B6, männlich). „Im Grunde hast du eine riesen visuelle Datenbank im Kopf. Du nimmst alles auf und auch die passenden Gefühle dazu" (B2, weiblich). Dennoch kann das kreative Arbeitssubjekt nicht einfach als bloße Kopie eines erlebnisorientierten, antibürgerlichen Habitus verstanden werden, da auch dieses nicht ohne die bürgerlichen Tugenden Rationalität, Disziplin und Selbstkontrolle auskommt, die ihm ja gerade ermöglichen, seine Arbeitsleistungen rational zu steuern. Plausibler scheint, im Anschluß an neuere Deutungsversuche (Boltanski/Chiapello 2003; Reckwitz 2006) davon auszugehen, daß im Arbeitsethos der Kreativberufe gegenkulturelle Charakterdispositionen wie Erlebnisorientierung, Bereitschaft zur

Grenzüberschreitung und Flexibilität mit den Dispositionen des bürgerlichen Arbeitssubjekts verschmelzen. Und in dem Maße, wie sich die bürgerliche Berufsmoral, die ursprünglich auf der institutionellen Trennung von Emotionalität und Rationalität, Passivität und Produktivität, spielerischen und arbeitsbezogenen Orientierungen, Erlebnis- und Handlungsorientierungen basierte, mit den avantgardistisch-ästhetischen Dispositionen des Kreativsubjekts verbindet, werden Arbeit *und* Lebensführung, Öffentlichkeit *und* Privatheit von den kulturellen Widersprüchen des Kapitalismus (Bell 1991) durchdrungen.

4. Als *Lebensentwurf* setzt Kreativsein die Bereitschaft zur Überschreitung des Gegebenen, zum Bruch mit Normalitäten und Konventionen voraus: „Kreativität hat etwas damit zu tun, daß man Dinge nicht einfach so als gegeben hinnehmen kann, sondern daß man Spaß daran hat, immer was Eigenes zu machen oder was Neues zu machen und das nicht einfach so hinzunehmen, wie das ist" (B3, weiblich). Die Bereitschaft zur Abweichung vom Konventionellen teilt sich nicht nur durch den berufsmäßigen Umgang mit ungewöhnlichen Ideen, sondern auch durch das Charisma und den persönlichen Stil mit: „Ich glaube, man kann kreative von nicht-kreativen Menschen unterscheiden, weil engstirnige, langweilige Menschen sich auch äußerlich von den etwas offeneren Menschen unterscheiden. Sei's die Kleidung, sei's die Frisur, sei es auch das Gesicht" (B4, männlich). „Wenn einer überhaupt kein Gefühl hat, wie er sich vielleicht kleidet oder wie er sich einrichtet, wie er seine Freizeit gestaltet, dann halte ich ihn für nicht so kreativ" (B2, weiblich). An dieser Haltung bemißt sich auch der biographische Entwurf des Einzelnen. Kreativsein läßt sich nicht mit einer festgelegten Berufslaufbahn vereinbaren. Die jeweilige Erwerbssituation muß offen für die wechselnden Ansprüche an die berufliche und persönliche Entwicklung bleiben. „Ich weiß nicht, was in fünf oder zehn oder zwanzig Jahren ist. Das entspricht nicht meiner Denke. Aber ich denke mal, daß ich so jemand bin, der immer kreativ sein muß, egal in welcher Branche, und wenn ich, keine Ahnung, in zehn Jahren Kurzfilme drehe, dann mache ich in zehn Jahren Kurzfilme" (B8, weiblich).

Die Zukunft bleibt offen. Die Tätigkeit in der Werbung jedenfalls gibt kein Karriereziel vor, sie scheint für viele der Befragten eine Durchgangsstation – deren Dauer unbestimmt ist – auf dem Weg in eine noch kreativere, z. B. künstlerische Beschäftigung. Man identifiziert sich auch nicht mit einem Werbe*beruf*, sondern, wie in der unspezifischen Berufsbezeichnung „Kreative" bereits mitschwingt, mit dem Kreativsein. Und dieses ist, wie bereits oben skizziert, nicht notwendig an das Arbeitsfeld Werbung gebunden, sondern kann überall zur Entfaltung kommen. Hier zeigt sich, daß eine fehlende Berufsidentität im klassischen Sinne durchaus mit einem starken Arbeitsethos einhergehen kann. Für die wenigsten war die Beschäftigung in der Werbung der erste Berufswunsch. Typisch ist ein Quereinstieg, der durch persönliche Kontakte vermittelt wurde. Charakteristisch ist zudem die Grenzdurchlässigkeit des Arbeitsfeldes Werbegestaltung gegenüber anderen kreativen Berufsfeldern. Dies gilt in beide Richtungen. Aufgrund vergleichsweise guter Verdienstmöglichkeiten und weil der Abteilung Kreation zunehmend konzeptionelle Aufgaben und häufiger auch professionelle Leitungsfunktionen übertragen werden, ist das Berufsfeld für Quereinsteiger aus anderen Kultur- und Medienindustrien attraktiver geworden. Viele der Befragten kommen z.B. über Fernsehsender, Dokumentar- oder Kinofilmproduktionen, Zeitungs- oder Zeitschriftenverlagen in die Werbebranche.

Umgekehrt sind Werbeexperten häufig bemüht, in andere „kreative" Berufsfelder, bevorzugt in die Filmbranche bzw. in den Publizismus (z.B. Drehbuchautorenschaft für Texter) abzuwandern. Dieser Wunsch ist um so größer, je weiter der Verlust des Glaubens an die kreative Mission der Werbung bereits fortgeschritten und je schlechter die persönlichen Entfaltungsmöglichkeiten im Arbeitsfeld Werbung bewertet werden. Dieser Prozeß der Desillusionierung, der im Feld mit dem „Altwerden" gleichgesetzt wird, führt zur Verengung des biographischen Horizontes, zur Verringerung der subjektiv wahrgenommenen Optionen. Im Falle eines positiven Verlaufs steht dem Betreffenden der Aufstieg in eine höhere, meist besser bezahlte Position (z.B. die Position des Kreativ-Direktors) oder der Absprung in ein benachbartes künstlerisches Arbeitsfeld offen, der allerdings mit ökonomischen Risiken verbunden ist, insbesondere wenn es sich um eine eher künstlerische Beschäftigung handelt.

7.2 Die ökonomischen Erfordernisse des beruflichen Feldes Abschied vom Modell des Normalarbeitsverhältnisses

Etwas kommt im Horizont der kreativen Berufslaufbahn jedoch nicht vor: Das Modell des „Normalarbeitsverhältnisses", also die lebenslange Vollzeitbeschäftigung in einem Beruf, einem Betrieb und womöglich ein- und demselben Ort. Dafür gibt es nicht nur Gründe, die im Subjektideal der kreativen Persönlichkeit liegen. Vielmehr droht durch die Normalisierung einer Beschäftigungssituation die Gefahr der Entwertung des beruflichen Kapitals. Erwerbschancen innerhalb der Kreativarbeitsmärkte verhalten sich umgekehrt proportional zum Grad der Spezialisierung von Beschäftigten: Je offener und vielseitiger das individuelle Qualifikationsprofil, desto höher werden die Chancen eingeschätzt, in noch interessanteren Projekten zu arbeiten und im Falle eines Wechsels bessere Gehälter und Arbeitsbedingungen verlangen zu können. Langjährige Spezialisierung auf einen Auftraggeber, eine Agentur oder eine Zielgruppe kann dagegen gerade für leitende Angestellte (z. B. Kreativ-Direktoren) in einer scheinbar gesicherten Position (d. h. „auf einem großen Etat, etwa Mercedes") zum Verhängnis werden, wenn diese aufgrund des Verlustes des Etats plötzlich entlassen werden und in die Situation geraten, im Wettbewerb um jüngere und vielseitigere Arbeitspotentiale nicht mehr mithalten zu können. Auffällig ist jedoch, daß die Akteure den ständigen Wechsel nicht mit strukturellen Bedingungen des Arbeitsfeldes, sondern mit der Notwendigkeit zur Entfaltung ihres kreativen Potentials und dem Wunsch nach Abwechselung und Erweiterung von Horizonten begründen: „Der Wechsel der Agentur ist lebensnotwendig, weil sonst schläft man ein. Man muß immer wieder neue Leute, neue Kunden, verschiedene Agenturen und Arbeitsabläufe kennenlernen" (B5, männlich). „Ich hab das Gefühl, als wär bei mir nun der Punkt erreicht, wo die Ideen nicht mehr so sprudeln. Deswegen habe ich auch gerade gekündigt und versuche es in einer neuen Agentur, weil das meistens hilft" (B4, männlich). „Ich habe dann einen Headhunter angerufen und gesagt, ich würde gern weg, ham'se was? Und dann kriege ich eine Woche später Anrufe und dann sagen die: Hier ist was, hier ist was, hier ist was" (B5, männlich). „Man ist immer auf der Suche nach der richtigen Agentur" (B3, weiblich).

Eine genauere Analyse der Bedingungen des Arbeitsfeldes Werbung läßt jedoch keinen Zweifel daran, daß Selbstdeutungen und Lebensentwürfe der Akteure den ökonomischen Erfordernissen des beruflichen Feldes angepaßt sind. Globalisierung, stärkere Ausdifferenzierung von Konsumgütermärkten und zunehmender Wettbewerbsdruck haben seit den 1980er Jahren eine stärkere Konkurrenz von Agenturen, eine größere Fluktuation von Auftraggebern und Etats und eine zunehmende Unberechenbarkeit von Märkten für Werbeproduktionen und Werbemethoden nach sich gezogen (Leslie 1997; West 1988; Thiel 2002). Dies muß im Kontext eines allgemeinen Wandels kapitalistischer Akkumulationsprinzipien betrachtet werden. Unter Bedingungen intensiver Globalisierung wurden die vergleichsweise stabilen Marktumwelten, langlebigen Produkte und Produktionsverfahren sowie die vergleichsweise gemächliche Innovationsdynamik, die mehr von den Betrieben kontrolliert und gesteuert als durch Marktprozesse initiiert und erzwungen wurde, von einer Dynamisierung der Absatzmärkte verdrängt (Kern/

Schumann 1985; Kern/Sabel 1994; Baethge/Baethge-Kinsky 1998). In dieser Situation sind immer mehr Dienstleistungs- und Industrieunternehmen mit einer Wettbewerbssituation konfrontiert worden, in der die eigene Existenz davon abhängt, daß man gleichzeitig eine hohe Qualität, größere Konsumentennähe und schnellere Innovation erreicht. Auch die Werbebranche geriet in den Sog des verschärften Wettbewerbs. Wichtige Auftraggeber konnten ihre Werbestrategie gleichsam über Nacht revidieren und ihren Etat von einer großen Agentur abziehen und an eine andere, unter Umständen bislang völlig unbekannte Nischenagentur geben (Leslie 1997).

Diese Situation führte zur Entgrenzung der beruflichen Handlungskonstellation im Kontext der Werbebranche, die sich in folgender Weise niedergeschlagen hat:
1. Es kam aufgrund der stärkeren Mobilität der Etats zu einer größeren Fluktuation von Beschäftigten. Auftragsgewinne und Auftragsverluste konnten zu unvorhersehbaren Entlassungen oder Neueinstellungen führen. Agenturen wurden in atemberaubender Geschwindigkeit gegründet, von anderen Agenturen aufgekauft oder wieder aufgelöst. Mitarbeiter gewöhnten sich daran, ihre Beschäftigung in einer Agentur als temporäres Engagement zu betrachten, das nur für die Dauer eines jeweiligen Projekts gesichert ist.
2. Berufliches Kapital ist an Mobilität gebunden. Dabei erweist sich Kreativität als Flexibilisierungsmotor. Da Werbestile und Werbemethoden nun einem größeren Innovationsdruck unterliegen, werden vorzugsweise Mitarbeiter eingestellt, die in verschiedenen Agenturen unterschiedliche Werbestrategien, Werbestile und Teamkonzepte kennengelernt haben und gewinnbringend in die neue Agentur einbringen können.
3. Die funktions- und berufsbezogene Betriebs- und Arbeitsorganisation wurde weitgehend durch eine projektförmige Arbeitsorganisation ersetzt. An die Stelle fester beruflicher Zuständigkeiten und Positionierungen treten flexible Kooperationsformen, die eine ständige Selbstorganisation von Aufgabenzuweisungen im Team erforderlich machen und vom Einzelnen verlangen, zwischen unterschiedlichen Aufgabenmustern und Denkweisen wechseln zu können. Dadurch haben sich Aufgabenfelder sowie Kooperations- und Herrschaftsstrukturen aus festen beruflichen Aufgabenfeldern gelöst und sind unleserlicher geworden.

7.3 Wettbewerbe als Bewährungsproben
Die institutionellen Regulative des Arbeitsfeldes

Kommen wir nun zur Problematik der institutionellen Verankerung des Berufsethos in den Regulationsprinzipien des Berufsfeldes. Es stellt sich die Frage nach den Belohnungs- und Kontrollprinzipien, durch die das Berufsethos der *Kreativen* institutionell beglaubigt wird, nach den Prinzipien der Statuszuweisung im beruflichen Feld. Einfluß und Status kann in einem Arbeitsfeld, in dem die kleinste Einheit der Beschäftigung nicht die Stelle sondern das Projekt darstellt, nicht an der betrieblichen Position festgemacht werden. Auch kann der Werdegang des Einzelnen wegen der Singularität von Projektlaufbahnen nicht mehr kollektiv als typische Berufslaufbahn erfahren werden, der nach außen durch Bildungstitel öffentliche Legitimität verliehen wird. Dennoch haben sich im Kontext der Werbebranche institutionelle Bewährungsproben herausgebildet, die als Selektionsmuster in den beruflichen Laufbahnen wirksam werden und sozial verbindliche Rangordnungen schaffen. Diese sind in den unterschiedlichen Wettbewerben der Branche institutionalisiert, die mit der Auflösung beruflicher Laufbahnen ins Zentrum symbolischer Verteilungskämpfe getreten sind.

Wettbewerbe existieren in der Branche in unterschiedlichen Formen. Es gibt Wettbewerbe, die effiziente Werbung (d.h. Werbung, die nachweislich den Umsatz steigert) auszeichnen, Wettbewerbe für kundenfreundliche Agenturen u.a. Das Gros der ausgeschriebenen Wettbewerbe bezieht sich auf die Norm der „Kreativität". Die renommiertesten Kreativwettbewerbe stellen auf internationaler Ebene der Wettbewerb in Cannes und auf nationaler Ebene die vom Art Directors Club (ADC) ausgeschriebenen Wettbewerbe dar. Eingereicht werden dürfen nur solche Auftragsarbeiten, die innerhalb des letzten Jahres bereits veröffentlicht wurden. Um die Rolle der Wettbewerbe im Berufsfeld richtig einzuschätzen, ist es zunächst notwendig, auf die Funktionsweise des Feldes der kreativen Werbeproduktion einzugehen.

1964 wurde in Deutschland nach amerikanischem Vorbild der Berufsverband des Art Directors Club gegründet (Severin 2001: 20), dessen Aufgabe darin besteht, „kreative" Werbeideen in Wettbewerben auszuzeichnen. Damit sollte zunächst, analog zur Rolle des Festivalwesens im Berufsfeld Kinofilm (Baumann 2001), eine künstlerische Identität dokumentiert bzw. die Verknüpfung von Werbung und Popkultur hergestellt werden. Öffentliche Anerkennung als legitime Kulturproduzenten ist den *Kreativen*, im Unterschied zu anderen Kulturindustrien (Popmusik, Film, Mode), bis heute versagt geblieben, dazu ist die Bindung von Werbeproduktionen an kommerzielle Interessen zu dominant und zu offensichtlich. Doch die Gründung des ADC markiert den Beginn der Herausbildung eines *Feldes kultureller Produktion* (Bourdieu 1998b) innerhalb der Werbebranche, das einen gemeinsamen Orientierungsrahmen für die Positionierung des Einzelnen vor dem Hintergrund gemeinsamer beruflicher Standards schuf. Die in Wettbewerben verliehenen Auszeichnungen und Preise haben zur Institutionalisierung eines gemeinsamen beruflichen Anspruchskonzeptes beigetragen. Sie repräsentieren die kreativen Standards für „gute Werbung". Diese sind vor allem bei Auftraggebern und Marketingexperten umstritten, innerhalb der „Zunft" haben sie sich jedoch flächendeckend durchgesetzt. Ihre Geltung ist nicht nur in den Zentren für Kreativwerbung – Hamburg und Berlin –, sondern auch in den traditionellen Agenturen anerkannt.[12] Die Bedeutung der Preise für das berufliche Feld hat kontinuierlich zugenommen, was sich zum einen in der enormen Ausweitung des Wettbewerbswesens[13], zum anderen in der zunehmenden Relevanz der Preise und Auszeichnungen für die berufliche Positionierung des Einzelnen (im Hinblick auf Gehaltsforderungen, Arbeitsbedingungen und Zugang zu renommierten Agenturen etc.) dokumentiert.

Wettbewerbe bilden die Reputationsordnung des beruflichen Feldes ab, durch die die Gestalter in der beruflichen Öffentlichkeit positioniert werden. Individuelle Laufbahnen werden durch erhaltene Preise geebnet, die die Beschäftigung in prestigeträchtigen Projekten und Teams sichern. Darüber hinaus nähren Wettbewerbe die Hoffnung auf den großen kreativen Durchbruch, von dem die meisten Art-Direktoren, Grafiker und Texter träumen. Sie bieten, da die Preisträger in Branchenzeitschriften innerhalb der Werbeszene bekannt gemacht werden, dem Einzelnen ein Forum zum Prestigegewinn. Durch sie fällt ein Teil der Attraktionskraft der Medien, die durch die Funktionsmechanismen von Prominenz und Aufmerksamkeit gesteuert wird, auf den Einzelnen ab. Aber auch die Agenturleitung hat Interesse an der Wettbewerbskultur.

---

12 Die Befragungen in unterschiedlichen Städten haben gezeigt, daß die Standards des ADC nicht nur in den kreativen Zentren der Branche, nämlich in Hamburg und Berlin, die eine Ballung sogenannter Kreativagenturen aufweisen, sondern auch an den Rändern anerkannt werden, deren Chancen, Auszeichnungen zu erhalten, aufgrund struktureller Benachteiligungen gegenüber den Zentren geringer sind.

13 Die Ausweitung des Wettbewerbswesens dokumentiert sich in der Einrichtung zusätzlicher Sparten, der „Special Awards" (Media Person of the Year, Advertiser of the Year, Agency of the Year, Lion of Excellence in Music etc.) und der Zunahme der in den Wettbewerben eingereichten Arbeiten. Nach Angaben des ADC (vgl. auch www.adc.de) hat sich die Gesamtzahl der eingesandten Arbeit zwischen 1981 und 2004 von 867 auf 3663 vervierfacht. Daraus wird ersichtlich, daß Kreativwettbewerbe eine zunehmende Bedeutung im Berufsfeld spielen.

Sie lassen ihre Mitarbeiter Arbeiten in Kreativwettbewerben einreichen, da ihre Attraktivität als Arbeitgeber dadurch gesteigert wird. Je höher – gemessen an der Qualität und Anzahl der Auszeichnungen – die kreative Reputation einer Agentur, desto höher die Zahl der Bewerber, unter denen die Agentur auswählen kann, desto geringer die Bezahlung (als Ausgleich für die wertvolle Erfahrung) und desto größer der Pool an unterbezahlten Hilfskräften (Praktikanten und Junioren)[14].

Wettbewerbe sind für die Struktur des Arbeitsfeldes nicht nur wegen der öffentlichen Beglaubigung beruflicher Ränge zentral. Sie bilden das zentrale Ordnungsprinzip des durch das Arbeitsfeld Werbung repräsentierten Berufstypus ab, weil sie die Behauptung von Talenten an eine Wettbewerbsordnung (statt an eine betriebliche Ordnung oder eine professionelle Ausbildung) binden und somit den Glauben an das kreative Talent, der notwendig ist, um am Spiel teilzunehmen, mit der Marktlogik der Beschäftigungsstrukturen versöhnen. Die große Plausibilität des Wettbewerbsgedankens manifestiert sich auch darin, daß interne Wettbewerbsausschreibungen innerhalb von Agenturen das für einen Auftrag beste Team eruieren soll. Häufig findet dies auch im Vorfeld des Einwerbens von Neugeschäften, dem sogenannten *Pitchen* statt, das ebenfalls in Form einer Wettbewerbspräsentation (gegen die Projektvorschläge anderer Agenturen) stattfindet.

Wettbewerbe liefern das Berufssubjekt dem Markt, d.h. der Konkurrenz um Anerkennung und Erwerbschancen aus. Das unterscheidet das Regulationsprinzip der Werbeberufe von dem der Professionen. Die Wettbewerbe in der Werbung machen aus der Konkurrenz innovativer Talente und Ideen eine legitime Wertigkeitsprüfung[15]. Diese richtet sich gegen das Prinzip autoritativer Festschreibungen von Rängen in beruflichen Positionen. Sie schließt stets die Möglichkeit der „Umwertung der Werte", der Umkehrung bisher geltender Rangordnungen und Autoritäten mit ein. Jeder soll die Möglichkeit erhalten, mit einer ganz neuen, nie dagewesenen Idee hervorzutreten. Wettbewerbe sanktionieren den Charakter der Liminalität (Turner 2000) kreativer Arbeit und verknüpfen ihn mit den Regeln von Konkurrenz und Markt. Damit schreiben sie die Spielregeln des beruflichen Feldes fest. Über Autorität und Rang verfügt, wer aus sich selbst heraus, kraft seines Talentes, herausragende schöpferische Leistungen erbringt. Nicht die Beförderung, d.h. die hierarchische Selektion durch Vorgesetzte, auch nicht die schulische Selek-

---

14 Dem Einstieg in des Berufsfeld geht eine mehr oder weniger lange Phase unregulierter Beschäftigung als Praktikant, Junior-Art-Direktor oder Junior-Texter voraus. Nach Auskunft der Befragten (Stand 2001) verdienen Praktikanten ca. 250 Euro, Texter bzw. Art-Direktoren zwischen 1800 und 2500 Euro im Monat, Junioren entsprechend weniger.
15 Zum Konzept der Wertigkeitsprüfung vgl. Boltanski/Chiapello (2003: 72 ff.).

tion durch Bildungstitel, sondern die Behauptung in einer Konkurrenzsituation ist das Strukturprinzip des beruflichen Erfolgsstrebens. Letztlich bestätigen und legitimieren die Wettbewerbe eine Erwerbssituation, in der Karrieremuster durch marktlich radikalisierte Beschäftigungsformen geprägt werden. Die charismatische Aufwertung des Wettbewerbsprinzips liefert ihren Trägern das Bewußtsein der Richtigkeit und der Sinnhaftigkeit ihrer unsicheren Erwerbsform – und damit natürlich auch einen Antrieb, sich innerhalb dieser Erwerbsordnungen zu behaupten. Darüber hinaus schaffen sie eine normative Grundlage für die neuen betrieblichen Regulationsformen, in denen das Steuerungsprinzip Herrschaft (hierarchische Kontrollen) zunehmend durch marktförmige Kontrollprinzipien substituiert werden (Moldaschl 1998).

Im Anschluß an die Theorie des sozialen Feldes von Bourdieu läßt sich die These aufstellen, daß der Lebensentwurf des Kreativsubjekts, seine distinktive Abgrenzung von den Sicherheiten und Konventionen des „normalen" Arbeitslebens kennzeichnend für eine Haltung ist, die Bourdieu unter den Begriff der „illusio" (Bourdieu 1998b: 140f.) gefaßt hat.[16] Illusio bezeichnet die Tatsache, daß man sich auf das Spiel eingelassen hat, das Spiel ernst nimmt. Die Illusio in den Arbeitsfeldern der Werbung basiert auf dem Glauben an das kreative Talent, der als selbstverständliches Interesse an dem sozialen Spiel des beruflichen Feldes und als Voraussetzung in die Wahrnehmung und Bewertung von Dingen eingeht und gleichzeitig notwendig ist, um am Spiel teilzunehmen und die Spielregeln zu reproduzieren. Man kann auch von jenem Engagement der Gestalterinnen und Gestalter sprechen, das auf der Gewißheit beruht, daß das, was sie in ihrer Arbeit tun, wichtig ist und daß sie bei dem, was sie tun, ihre Fähigkeiten in dem Arbeitsfeld in einer Weise einsetzen können, die sich für sie lohnt. Durch die Übereinstimmung der mentalen Strukturen und Motive mit den objektiven Bedingungen des Arbeitsfeldes werden Persönlichkeiten entworfen, die sich in den konkurrenzbestimmten Arbeitsfeldern der Kreativindustrien behaupten können.

7.4 Professionalismus oder Markt?

Werbegestalter scheinen ein gutes Beispiel für die Aushebelung der sozialregulativen und integrativen Funktionen klassischer Berufsgruppen darzustellen: Ursprünglich erfüllten Berufe, wovon bereits Parsons (1964) und Durkheim (1992, 1999) in ihren Überlegungen zur gesell-

---

[16] Eine neuere Anwendung des Konzeptes der Illusio auf die Berufsfeldproblematik findet sich z.B. auch bei Engler 2000.

schaftlichen Bedeutung von Berufsrollen und Berufsmilieus ausgegangen sind, im Kontext moderner Industriegesellschaften *limitierende* Funktionen gegenüber der Vergesellschaftung durch Märkte und ökonomische Interessen (Beckert 1997). Die Wertmuster und Belohnungs- bzw. Bewährungsprinzipien von Berufen lassen sich nämlich den Effizienzanforderungen von Unternehmen nicht völlig unterordnen. Vielmehr müssen sie die Regeln und Standards der jeweiligen Berufsgruppe mitberücksichtigen, die außerhalb der Ökonomie angesiedelt sind und für die Integration auf dem Arbeitsmarkt von Relevanz sind. Darüber hinaus bieten Berufsgruppen ihren Mitgliedern Schutz vor Konkurrenz und Autonomie.

Am ausgeprägtesten ist die berufliche Logik der Kontrolle und Belohnung von Arbeitsleistungen im „Professionalismus" (Freidson 1994, 2001) ausgebildet, der die autonome disziplinarische Selbstkontrolle, die Überwachung beruflicher Leistungen durch die Profession selbst beinhaltet. Auch die Wettbewerbe in der Werbung stellen eine Form der beruflichen Selbstkontrolle dar – allerdings eine, die sich in einer Hinsicht vom berufsständischen Modell des Professionalismus grundlegend unterscheidet: Einerseits repräsentieren die Wettbewerbe, die kreative Ideen auszeichnen, durchaus berufliche Anspruchskonzepte, andererseits, und konträr zum Berufstypus Profession, bieten die darauf basierenden Kontroll- und Belohnungssysteme keinen wirksamen Schutz vor den marktförmigen Strukturen flexibler Erwerbsordnungen und der Konkurrenz mit anderen Berufsfeldern. Dies ist aber die Funktion der Berufsverbände der klassischen Professionen gewesen (Larson 1977; Krause 1996). Als Gründe dafür können die skizzierten Haltungen und Denkschemata herangezogen werden. Vorstellungen beruflicher Kompetenz und Qualifikation stellen sich in den Berufsfeldern der Werbung (wie möglicherweise auch in anderen Kulturindustrien) den Prinzipien von Wettbewerb und Markt nicht entgegen, sondern tendieren dazu, zur Ausweitung der Marktkultur beizutragen. Das Wettbewerbsprinzip gilt diesen Berufsfeldern als Grundlage und Garant für die Behauptung von Talenten und Ideen. Anstelle der einmaligen Festlegung und symbolischen Beglaubigung qualifikatorischer Eingangsbedingungen müssen die Einzelnen den Nachweis ihrer Befähigung immer wieder neu erbringen: „Du mußt jedes Mal neu zeigen, daß du es wert bist, das Geld, was du verdienst, daß du mit den Kollegen und den Kunden gut auskommst. Du mußt praktisch jedes Mal von vorne anfangen" (B5, männlich). Darüber hinaus unterscheidet sich auch das Mindestniveau der zu erbringenden Befähigungen: Einmal in den Kreis der Profession aufgenommen, bleibt darin, wer die kollektiv festgelegten Standards nicht unterschreitet. In der Wettbewerbslogik der Werbung zählt hingegen nur, wer sich als „Kreativer" individuell konturiert. Nur außerordentliche Leistungen berechtigen zu einem angemessenen Erwerbsstatus – eine Haltung, die die Herausbildung kollektiver Interessenvertretungen erschwert.

Gleichzeitig ist in der mangelnden Rationalisierbarkeit eines an schöpferischen Ideen orientierten Berufshandelns ein wesentliches Hindernis für die berufliche Schließung und Monopolisierung von Erwerbschancen in der Werbung zu sehen. Damit sind Voraussetzungen auch der Subjektivierung von beruflicher Arbeit (Baethge 1991; Müller 2004) geschaffen. Die mangelnde Objektivierbarkeit von beruflichen Qualifikationen und Kompetenzprofilen führt zu einer durch kein kollektives Handlungskorsett mehr abgestützten Unmittelbarkeit zwischen dem Individuum und seiner Arbeit, zwischen dem Individuum und seinem beruflichen Erfolg oder Mißerfolg. Weil berufliche Qualifikationen nicht in erster Linie als instrumentelle Arbeitsfähigkeiten wahrgenommen werden, sondern die ganze Persönlichkeit umfassen, an deren Attributen sich beruflicher Erfolg oder Mißerfolg festmachen kann, kann auch der berufliche Status nicht kollektiv erfahren, sondern muß als Resultat innerer Merkmale, höchstpersönlicher Begabungen und Eigenschaften betrachtet werden. Die Folge ist eine Individualisierung beruflicher Zugehörigkeiten, die die berufliche Reproduktion von Status und hierarchischen Positionen nicht auflöst, aber folgenreich modifiziert. Je weniger objektive Standards zur Verfügung stehen, desto stärker öffnet sich der Einzelne den äußeren Einflüssen sozialer Bewertung, desto eher entscheidet über sein Ansehen nicht mehr dessen institutionell verbürgtes Bildungs- und Qualifikationspotential, desto mehr ist er zur Bestätigung seines Wertes und zur Anerkennung seiner Leistungen auf konkrete andere angewiesen. Dies schafft neue Unsicherheiten und Abhängigkeiten.

Vor diesem Hintergrund ist es nur naheliegend, die auf Kreativität gestützte Arbeitskultur als betriebliches Herrschaftsinstrument, als personalpolitisches Instrument zu begreifen, durch das Motivation und flexible Einsatzbereitschaft von Mitarbeitern gesteigert werden, um bessere Arbeitsleistungen in immer längeren Arbeitsstunden hervorzulocken. Tatsächlich wurden die Kosten des globalisierungsbedingten verschärften Wettbewerbs, der größeren Kundennähe und der Reduktion von Overheadkosten durch eine enorme Ausdehnung der Arbeitszeiten der Kernbelegschaft[17] auf die Einzelnen abgewälzt. Auch hinsichtlich der

---

17 In Stoßphasen kann es zu extremen Arbeitszeiten von bis zu 15 Stunden kommen. Manchmal verlassen die Betreffenden erst nachts die Agenturen und dürfen als Entschädigung am nächsten Morgen ein wenig später anfangen oder unter ganz extremen Arbeitsbelastungen auch mal einen Tag pausieren. Dies wird von den Befragten als Entgegenkom-

Merkmale betrieblicher Herrschaftsformen entspricht die Entwicklung der Werbebranche in prototypischer Weise dem allgemeinen Trend zur flexiblen Spezialisierung (Piore/Sabel 1989), wonach Güter und Dienstleistungen immer schneller für immer spezifischere Marktnischen hergestellt werden, und zu projektförmigen Betriebs- und Arbeitsorganisationen (Baethge/Denkinger/Kadritzke 1995): Basale organisatorische Einheit ist nun das Team, das durch die projektförmige „Verknotung" (und nicht mehr sequentiellen Verknüpfung) von Funktionsbereichen bestimmt wird, Experten somit aus dem starren Korsett betrieblicher Arbeitsteilung herauslöst und mit mehr Verantwortung ausstattet. Dies gibt den Beschäftigten (der Kernberufe) scheinbar eine beträchtliche Machtposition. Diese wird noch dadurch erhöht, daß die erwünschten Fähigkeiten nicht formalisierbar sind, sich somit der sachlichen und bürokratischen Kontrolle durch Befehl und Entscheidung entziehen. Damit ist aber nicht notwendig ein Verzicht auf Herrschaft und Kontrolle von seiten der Agenturleitung verbunden. Die neuen Herrschaftsstrukturen arbeiten jedoch auf der Ebene der emotionalen Einbindung und persönlichen Anerkennung: „Ich glaube, *Butter* [Name der Agentur] ist da so ein bißchen wie ein Papi oder so ein guter Freund, der dir auch mal aus der Scheiße helfen würde" (B8, männlich). Die emotionale Bindung steht jedoch im Widerspruch zur Norm beruflicher Selbstbehauptung im Kontext marktlicher Erwerbsordnungen. Solange es Agenturen jedoch gelingt, ihren Mitarbeitern das Gefühl der privilegierten Zugehörigkeit zu vermitteln, bleiben die Widersprüche im Verborgenen: „Da ist *Butter* sehr großzügig. *Butter* gibt dir halt ein bißchen zurück, dieses Gefühl, daß *Butter* dich auch nie wirklich hängen lassen würde. Wenn es dir jetzt echt schlecht geht. Ich könnte mir vorstellen, daß, wenn du zwei Monatsgehälter Vorschuß brauchst" (B8, männlich). An die Stelle der bürokratischen Herrschaft treten „Missionen", charismatische Gründerfiguren und die je agenturspezifische „Kreativitätsphilosophie", die als Teil eines neuen symbolischen Herrschaftsstils verstanden werden können, der langfristig vermutlich die nicht mehr legitimierbaren paternalistisch-hierarchischen Autoritätsmuster des fordistischen Zeitalters ersetzen wird. Die charismatische Aufladung von Arbeit könnte deshalb ein willkommenes Substitut für die Aufweichung fester bürokratischer Herrschafts- und Kontrollprinzipien sein.

Dennoch wäre es zu kurz gegriffen, das Kreativitätsethos allein als Herrschaftsideologie zu begreifen, da es auch eine sachliche, eine pro-

---

men der Agentur bewertet: „Obwohl *Butter* [Name der Agentur] da echt ein bißchen raussticht. Da kannste schon mal sagen, ich hab jetzt ein ganzes Wochenende durchgearbeitet, ich bleib jetzt mal einen halben Tag zu Hause" (B8, männlich).

fessionelle Grundlage besitzt. Im Kontext eher kultursoziologischer Erklärungen des Phänomens flexibler Spezialisierung gilt die Werbeindustrie nach Lash und Urry (1994) zusammen mit anderen Kulturindustrien, etwa der Film-, Medien- und Musikbranche, als Vorreiterin bei der Institutionalisierung flexibler Arbeitsformen, da ihre Produkte schwerlich im Rückgriff auf Routinen und formalisierte Kontrollprinzipien erzeugt werden können: der bürokratisch-rationalen Kontrolle und Organisierbarkeit schöpferischer Arbeitsleistungen sind Grenzen auferlegt. Die primäre Ursache für die flexible Spezialisierung von Produktionsprinzipien sehen Lash und Urry daher weniger in der wettbewerbsbedingten Notwendigkeit einer verstärkten Markt- bzw. Auftraggeberorientierung (Baethge/Baethge-Kinsky 1998), sondern mehr in der Verbreitung einer subjektivierten Konsumhaltung, die zu einer Ästhetisierung von Waren und Dienstleistungen geführt hat. So wie sich die Designintensität der Produktion insgesamt erhöht hat (Lash/Urry 1994), so mußte auch die Werbebranche dem allgemeinen Anstieg des Wohlstandes, dem Wunsch nach individueller Verantwortung und der Verbreitung und Ausdifferenzierung erlebnisbezogener Konsumformen durch eine stärkere Ästhetisierung ihrer Produkte Rechnung tragen.

8. Der Aufstieg der Kreativen. Zum Wandel der Werbeindustrie seit den 1980er Jahren

Als David Ogilvy, einer der ersten professionellen Werbeberater und erfolgreichsten Agenturgründer der USA, 1962 in seinen Memoiren *Confessions of an Advertising Man* die Fachwelt über die Grundsätze des erfolgreichen Werbens aufklärte, las sich das so:

> „Ich habe nun gewiß meinen Anteil zu den Anzeigen beigetragen, die von der Fachwelt als Meisterwerke bewundert werden, aber ich gehöre trotzdem zur Schule, die meint, daß eine gute Anzeige das Produkt verkaufen muß, ohne die Aufmerksamkeit auf sich selbst zu ziehen. [...] Als nächsten Schritt verbiete ich Neuankömmlingen, ihre Tätigkeit in unserer Agentur als ‚creativ' zu umschreiben. [...] Die Leute, die für die Werbung von langfristigen Marken verantwortlich waren, wissen, daß jede Anzeige, jeder Radio- oder Fernsehspot nicht nur eine einmalige Angelegenheit ist, sondern eine langfristige Investition in die Persönlichkeit ihrer Marken. Sie haben der Welt ein bleibendes Image präsentiert und sind dabei reich geworden. [...] Widerstehen Sie der Versuchung, Texte zu schreiben, die möglicherweise Preise gewinnen. Ich bin immer sehr glücklich, wenn ich einen Preis gewinne. Aber die meisten Kampagnen, die wirkliche Erfolge am Markt haben, gewinnen nie Preise, ganz einfach deshalb, weil sie die Aufmerksamkeit nicht auf sich selbst lenken." (Ogilvy 1991: 122, 139, 157)

Was Ogilvy in den oben zitierten Passagen artikuliert, ist eine Momentaufnahme des Kampfes zweier konkurrierender Sichtweisen auf Werbung, die bis heute den zentralen Konfliktstoff im Arbeitsfeld von Werbeexperten bilden: Das Spannungsmoment besteht darin, daß Werbung einerseits eine Kommunikations- und Einflußtechnik darstellt und andererseits der strategischen Positionierung von Marken auf Absatzmärkten dient. Werbung ist zugleich ein Absatz- und ein Kommunikationsinstrument, sie richtet sich sowohl an ein Massenpublikum als auch an einen Käufermarkt. Beide Funktionen sind nicht identisch und stellen unterschiedliche Anforderungen an die Konzeption und Gestaltung von Werbemitteln.[18] Für die Frage beruflicher Interessen ist der Unterschied zwischen den beiden Funktionen zentral, weil er die Grundlage für berufliche Konkurrenzen zwischen den Werbegestaltern und den Marktforschern bzw. Markenstrategen um die „richtige" berufliche Definition von Werbung und um die Behauptung professioneller Kompetenzen und Zuständigkeiten bildet. Während die Gestalter Werbung primär als eine Einflußtechnik sehen, die durch ihren Stil überzeugen will (Willems 2002), sehen Markenstrategen in Werbung in erster Linie ein wissenschaftliches Instrument der Übermittlung von Botschaften, die eine Marke einzigartig machen sollen, um sie dadurch der Konkurrenz mit anderen Marken zu entziehen (Hellmann 2003: 97). Für Ogilvy, dessen Auffassung durchaus als repräsentativ für den Werbeansatz der damaligen Zeit gelten kann, stand Zeit seines Lebens außer Zweifel, daß Werbung durch Verkaufsargumente und nicht durch Inszenierungstechniken überzeugt: „Was Sie sagen ist wichtiger, als wie Sie es sagen" (Ogilvy 1991: 125).

Welchen Entwicklungen ist es nun zu verdanken, daß sich Werbegestalter als beruflicher Akteurstypus profilieren und an Einfluß gewinnen konnten?[19] Wie in den vorangehenden Ausführungen gezeigt, sichert das Ethos „Kreativität" einerseits die Akzeptanz für den beständigen Wechsel von Agenturen, Werbestilen und Werbemethoden, andererseits bietet es die moralische Rechtfertigung und die kulturelle Basis für die Herausbildung projektförmiger, netzwerkgestützter Arbeitszusammenhänge. Doch das Ethos wäre als solches nicht glaubhaft, wenn es über

---

18 Beide Funktionen können auch völlig isoliert voneinander bestehen. In den Anfängen wurde Werbung zunächst als reines Kommunikationsinstrument unabhängig von Markenbildung und wissenschaftlicher Marktforschung verstanden. In Deutschland geschah dies durch das Künstlerplakat, das die Aufgabe hatte, den beworbenen Produkten ein Image anzukopieren (Ingenkamp 1996: 22).

19 Dies geschah verstärkt seit den 1980er Jahren nicht nur in Deutschland, sondern auch in den USA (Leslie 1997; Franck 1997) und in anderen westlichen Industrieländern (Grabher 2001, 2002).

diese herrschaftssichernden Funktionen hinaus nicht auch eine sachliche Grundlage besitzen würde. „Kreativität", so soll im folgenden gezeigt werden, bildet das Kernstück auch eines professionellen Anspruchskonzepts, durch das Werbegestalter versuchen, im Kontext von Medien, Konsum und Öffentlichkeit an Einfluß zu gewinnen. Gestalter haben dabei einen neuen Expertentypus herausgebildet, der zwischen Medien, Konsumgütermärkten und Alltagskultur vermittelt und dessen Entwicklung nun im Kontext des historischen Wandels der Werbebranche rekonstruiert werden soll.

8.1 Werbung aus der Sicht der Herstellerperspektive
Die klassische Phase der Werbeindustrie

Ogilvy steht für die vorherrschende Werbetheorie der klassischen Phase der Werbung, die in den USA den Zeitraum von den 1920er bis in die 1970er Jahre (Ewen 1976; Leiss/Kline/Jhally 1986; Lears 1994) und in Deutschland die Phase der bundesrepublikanischen Nachkriegszeit bis Ende der 1970er Jahre umfaßt. In dieser Phase artikulierte sich die Differenz der beiden Funktionen von Werbung (Werbung als Marketinginstrument und Werbung als Instrument kommunikativer Einflußnahme) in der Unterordnung der eher kommunikationsorientierten, publikumsbezogenen unter die absatzorientierte, auf Marktforschung bezogene Konzeption von Werbung (Nerdinger 1990; Thiel 2002). Die absatzmarktorientierte Sichtweise wurde durch die Berater (Kontakter) vertreten und sieht vor, Werbekonzeptionen an dem langfristigen Aufbau einer Markenpersönlichkeit auszurichten. Die kommunikationsorientierte Sichtweise auf Werbung wurde durch die gestaltenden Berufsgruppen (Grafiker, Texter) repräsentiert und war in der klassischen Phase auf Fragen der grafischen und ästhetischen Ausgestaltung der Markenbotschaft beschränkt. Für die Entwicklung der eigentlichen Werbe*idee* waren die Gestalter daher, anders als heute, nicht zuständig. Vielmehr hatten sich diese an den Vorgaben der Markenstrategien auszurichten, die die Berater in Zusammenarbeit mit den Auftraggebern und der wissenschaftlichen Marktforschung entwickelten.

Was waren die Gründe für die nahezu ausschließlich absatzorientierte Sichtweise auf Werbung? Ein wesentlicher Grund dafür lag darin, daß Werbung aus einer Herstellerperspektive als wissenschaftlich kalkulierbarer Prozeß des Markenaufbaus verstanden wurde. Man glaubte, daß Verbrauchereinstellungen und -verhalten rein durch Anwendung wissenschaftlicher Prinzipien des Marketings und der Marktforschung[20], also durch Markentechnik „gesteuert" werden könnte. Werbung wurde nicht in erster Linie als eigenständiges Überzeugungsinstrument, als eine Form der *Einflußkommunikation* begriffen, sondern unter den absatzpolitischen Maßnahmenkatalog des Marketings[21] subsumiert. Es dominierte eine eng an den Zeitgeist angelegte, den Prinzipien des wissenschaftlichen Managements entlehnte, „produktionistische" Auffassung von Werbung, die Werbekommunikation als einen auf ähnliche Weise technisch kontrollierbaren Prozeß wie die Herstellung einer Ware betrachtete. Demgegenüber rückte der *kommunikative* Erfolg von Werbebotschaften, d. h. die Frage, ob diese vom Publikum überhaupt beachtet, akzeptiert und angenommen werden, in den Hintergrund. Die Frage der kreativen Gestaltung der Konsumentenansprache durch eine anspruchsvolle Werbeidee war deshalb zweitrangig. Im Grunde wollte man den tayloristischen Prinzipien rationaler „Planung und Kontrolle" über den Bereich der industriellen Fertigung hinaus auch in der Sphäre von Werbung und Konsum Geltung verschaffen. Werbung wurde in Analogie zur Herstellerperspektive als eine Technik, als eine Gebrauchsanleitung zum Aufbau von Marken verstanden.[22] Die unbestrittene Geltung einer nach den Prinzipien des wissenschaftlichen Marketings geleiteten Werbewirtschaft beschränkte die professionellen Handlungsspielräume der künstlerischen Berufe (Grafiker, Reinzeichner). Sie galten als bloße Zuarbeiter, die auf Anweisung der Kontakter Layouts anfertigten und der Beratungsabteilung untergeordnet waren.

Wie Stuart Ewen (1976) gezeigt hat, muß diese Werbekonzeption im Gesamtkontext der ideologischen Konfiguration jener Epoche beurteilt werden. Diese war durch den Glauben an unbegrenzten Fortschritt,

---

20 Die ersten Vorläufer der heutigen Marktforschung in der amerikanischen Werbebranche entstanden bereits in den 1920er Jahren und bezogen sich auf recht einfache Umfragen zu Verbraucherpräferenzen ganz bestimmter Produkte (Ingenkamp 1996: 202 ff.). Der endgültige Durchbruch der Marktforschung hat sich in Deutschland Ende der 1950er Jahre vollzogen und wurde dadurch beschleunigt, daß amerikanische Werbeagenturen nach dem Krieg nach Deutschland zurückkehrten. Für amerikanische Agenturen war die Zusammenarbeit mit Marktforschungsinstituten längst zur Routine geworden (Hellmann 2003: 114). Bis heute werden Marktforschungsstudien in eigenständigen Marktforschungsinstituten durchgeführt.

21 Für die marketingorientierte Unternehmenspolitik ist Werbung nur ein einziges von insgesamt vier Instrumenten, dem sogenannten Marketingmix. Die anderen Funktionen sind: *Produktionspolitik*, die Qualität, Funktion, Design, Kundendienst und Sortiment des Produktes beeinflußt; *Distributionspolitik*, die über Absatzkanal, Transportmittel, Lagerhaltung und Lieferfrist entscheidet, und die *Kontrahierungspolitik*, die sich auf Preise, Rabatte, Zahlungs- und Lieferbedingungen bezieht (Ingenkamp 1996: 79).

22 Als ein Beispiel für eine produktionistische Sichtweise auf die Markenführung kann der als „Vater der Markentechnik" geehrte Hans Domizlaff gelten (Hellmann 2003: 74).

wirtschaftliche Rentabilität und technologische Machbarkeit geprägt (Lears 1994; Ewen 1976; Boltanski/Chiapello 2003). Und in einer Phase, in der nahezu jedes Produkt mühelos einen Massenmarkt erobern konnte, bedurfte es keiner besonderen „Kreativität" im heutigen Sinne, um in den vergleichsweise stabilen und berechenbaren Marktumwelten Marktanteile zu erobern. In Deutschland war es die Zeit der großen Marken für schnellebige Konsumgüter (Thiel 2002: 77). Die Macht gehörte den Produzenten, nicht den Konsumenten.

Die Herstellerperspektive auf Werbung und Markenproduktion spiegelte sich auch im betrieblichen Arbeitsablauf und in der organisatorischen Struktur der Agenturen wider. In der klassischen Epoche dominierte die mittelgroße, vertikal integrierte[23] Full-Service-Agentur[24], die alle Aufgabenbereiche der klassischen, über Massenmedien verbreiteten Werbung, von der konzeptionellen Planung der Werbung bis zur Plazierung der Anzeigen oder Kampagnen in den Medien ausführte. In dieser streng arbeitsteilig-hierarchisch durchorganisierten Agentur spielte die Abteilung „Gestaltung" und ihre Berufe eine untergeordnete Rolle, es dominierte die Abteilung Kundenberatung. Die sequentielle Verknüpfung der verschiedenen Aufgabenbereiche machte die Produktion von Werbeanzeigen zu einem in seine einzelnen Bestandteile zerlegbaren arbeitsteiligen Prozeß, der von Abteilung zu Abteilung weitergereicht wurde. Dies waren die Gründe für die relativ unbedeutende Position der Gestalter. Auch organisatorisch abgetrennt von der konzeptionellen Entwicklung, verfügten Grafiker und Texter über wenig Ansatzpunkte, die Konzeption von Werbung in einer für ihre eigenen professionellen Problemsichten günstigen Weise zu beeinflussen. Mehrheitlich wurde ihre Aufgabe lediglich darin gesehen, die durch die Berater (Werbekaufleute) übermittelten Anweisungen und Kampagnenkonzepte textlich und grafisch umzusetzen (Thiel 2002: 102; Nerdinger 1990).

---

23 Von vertikaler Integration spricht man, wenn ein Unternehmen vor- und nachgelagerte Stadien des eigentlichen Produktionsprozesses im Unternehmen selbst durchführt und nicht an andere Unternehmen auslagert.

24 Die Full-Service-Agentur war die Organisationsform der Werbung in der tayloristischen Ära der Massenproduktion. Ihr enormer Aufschwung nach dem zweiten Weltkrieg verdankte sich der Expansion des Marktes der schnellebigen Konsumgüter und großen Markennamen. Dieser Agenturtypus dominierte in der klassischen Phase der Werbung bis in die 1970er Jahre. Seine Stabilität wurde durch die eingeschränkte nationale Konkurrenz ermöglicht und spiegelte sich in der dauerhaften Bindung einer Agentur an jeweils einen spezifischen Klienten bzw. Auftraggeber wider. Der Auftraggeber bevorzugte für seine Werbung nur einen einzigen Ansprechpartner, der alle Bereiche unter besonderer Berücksichtigung seiner wirtschaftlichen Eigenheiten abdeckte (Thiel 2002).

8.2 Das Aufstiegsprojekt der Kreativen. Zur Neukonfiguration des Berufsfeldes seit den 1980er Jahren

Es kann kein Zufall sein, daß die Profilierung der Werbegestalter als relevante Akteursgruppe im Kontext der Branche mit dem Plausibilitätsverlust der rein absatzorientierten Sichtweise auf Werbung seit den 1980er Jahren einhergeht. Die Herstellerperspektive war von der Annahme weitgehend standardisierter Bedürfnisse und homogener Zielgruppen und der Vorstellung geleitet, der Erfolg von Marken sei durch wissenschaftliche Forschung prognostizierbar. Mittlerweile haben sich die Konsummuster jedoch stärker individualisiert und ästhetisiert. Der Wert vieler Dienstleistungen und Güter bemißt sich mehr und mehr an ihrem Beitrag zur Verwirklichung von subjektiven Sinnstiftungen, emotionalen oder ästhetischen Erlebnissen – und seit den 1990er Jahren verstärkt auch von ethischen Werten (Featherstone 1990, 1991; Ritzer et al. 2001). In der Folge setzen sich immer mehr Produktions- und Verkaufsstrategien durch, die sich an Lebensformen und Zielgruppen flexibel orientieren bzw., wenn möglich, sich selbst auf die Suche nach kulturellen Stilbildungen machen oder diese sogar selbst erfinden (Zukin 1988; Noller/Ronneberger 1995). Klassische Werbe- und Marketingstrategien, die auf standardisierte Märkte zugeschnitten sind, werden zunehmend in Frage gestellt (Leslie 1997; Thiel 2002) und durch Verfahren ergänzt, die den Verzahnungen moderner Waren- und Dienstleistungsmärkte mit Kultur und distinktiven Lebensstilen (Martin 1992) gerecht werden.

Exemplarisch spiegelt sich dieser Wandel im brancheninternen Diskurs in folgender Klage aus der Branchenzeitschrift „Der Markenartikel" wider:

> „Der multidimensionale Konsument ist sehr selbstsicher geworden. Gebote und Verbote mag er nicht. Respektlos und inkonsequent hüpft er von einem Verhalten ins andere. Er bestimmt selbst, was ,in' und was ,out' ist. Er wird immer vielfältiger, widersprüchlicher, unvorhersehbarer, unberechenbarer und immer individualistischer. Rasant zunehmend ist die Zahl der Menschen, die selbst einen Lebensstil prägen" (Heiner 1989).

Mit anderen Worten: Der Konsument entzieht sich der Autorität von Produzenten und Markenherstellern und folgt eigenen, ästhetischen Gesichtspunkten. Er kann nicht mehr den etablierten Zielgruppen zugeordnet werden, sondern vereinigt mehrere, zum Teil widersprüchliche Konsumstile in sich (Heiner 1989, 1991).[25] Dadurch wird auch der Auf-

---

25 Nach einer Studie von Hellmann (2003: 95, 104 ff.) kann diese Auffassung seit den 1980er Jahren durchaus als charakteristisch im brancheninternen Diskurs zu Werbung und Marketing gelten.

bau von Marken riskanter und unberechenbarer, weshalb langfristige Investitionen in die „Persönlichkeit" der Marke von den entsprechenden Experten zunehmend in Frage gestellt werden. Der Wandel von Konsummustern bildete einen wichtigen Ausgangspunkt für die Professionalisierung der Gestalter in Auseinandersetzung mit den eher wissenschaftlich orientierten Markenstrategen um die normative Geltung beruflicher Identitätsmuster und professioneller Problemsichten auf kommerzielle Werbung. Der Aufstieg der *Kreativen* soll im folgenden vor dem Hintergrund der Entwicklung der Branche seit den 1980er Jahren nachgezeichnet werden.

8.3 Zur Institutionalisierung „alternativer" Berufs- und Unternehmenskulturen

Wurde Werbegestaltung in Deutschland bis in die 1970er Jahre noch als Handwerk verstanden, bei dem die grafische Ausführung und Präzision im Vordergrund stand, so zeichnet sich seit den 1980er Jahren eine Trendwende ab, durch die dem Beruf ein neues, glamouröses Image zukommt, das ihn auf eine Ebene mit anderen populären Kulturberufen stellt. Der Berufstitel des *Art-Direktors* setzt sich auch in Deutschland als Berufsbezeichnung für Grafiker durch, zunächst auch in deutlicher Abgrenzung zum abgewerteten Berufstitel der „ReinzeichnerInnen". Der Art-Direktor beansprucht über die rein grafische Gestaltung hinaus die Kompetenz zur Entwicklung des Konzepts bzw. der Idee einer Kampagne. Immer mehr kleinere, sogenannte „kreative" Werbeagenturen entstehen, die danach streben, in Werbeproduktionen popkulturelle Standards zu realisieren und durch Wettbewerbe (z. B. Cannes) autorisieren zu lassen.[26] Es kommt zur Ausweitung der Gruppe der gestalterischen Berufe relativ zu anderen Berufsgruppen[27]. Die Entwicklung zum Kulturberuf wird durch die Übernahme von Rollenmodellen aus der Pop-

---

26 Wie im vorangehenden Kapitel gezeigt wurde, verkörpern die Wettbewerbe nicht nur die beruflichen Standards der Werbebranche. Sie stiften symbolische Ränge, die über die Zugehörigkeit zu exklusiven, meist überregionalen beruflichen Netzwerken entscheiden und bei der Vergabe von Posten zentral sind.
27 Während sich die Zahl der jährlich in Fachzeitschriften u. a. ausgeschriebenen offenen Stellen für Berater und Kontakter zwischen 1981 und 1991 etwa um den Faktor 2,4 erhöht hat (von 143 auf 339), hat sich die Zahl der ausgeschriebenen Stellen für Grafiker und Art-Direktoren im selben Zeitraum etwa verdreifacht (von 410 auf 1243) (Zentralverband der Deutschen Werbewirtschaft 1981, 1989, 1990, 1993, 2001).

kultur und gegenkulturellen Lebensformen[28] begleitet. Es kommt zur Neukonfiguration des beruflichen Feldes, in dessen Folge es den Gestaltern zunehmend gelingt, ihre eigene Sichtweise kommerzieller Werbung zu artikulieren und gegen den Widerstand der Markenstrategen zu einem (partiellen) Erfolg zu verhelfen.

Bei der Profilierung dieses Berufsmodells spielen Ausbildungsinstitutionen eine untergeordnete Rolle. Die Entwicklung zum „Trendberuf" wurde vielmehr durch die Verflechtung von Arbeitsnetzwerken mit lokalen, szenegestützten Lebensstilgemeinschaften begünstigt. Dabei werden bürokratische Organisationsformen weitgehend durch projektförmige Arbeitskulturen ersetzt. Arbeitszusammenhänge sind hoch personalisiert und emotional aufgeladen. Die persönliche Identifikation mit dem Team gilt als Gradmesser der Arbeitsproduktivität. Zwar ist die Mitarbeit in einer Agentur aufgrund der Projektstruktur zeitlich begrenzt, doch da man häufig mit den gleichen Personen zusammenarbeitet und sich auch innerhalb des umfassenden beruflichen Netzwerkes namentlich identifizieren kann, stellen persönliche Beziehungen und Reputation die wesentlichen Ressourcen auch für die berufliche Entwicklung des Einzelnen dar. Die Absorption künstlerischer Arbeitsformen und popkultureller Gestaltungsformen[29] erhöht die Attraktivität des Berufsfeldes. Gestalter beginnen sich als „Kreative", als ein in ästhetischer Hinsicht herausgehobenes Berufs- und Sozialmilieu zu begreifen, das sich nicht nur durch die stilbildenden Qualitäten ihrer „Kreationen", sondern auch durch ihren Habitus (Kleidung, Witz, Humor, Ausdruck) vom Durchschnitt der Bevölkerung abhebt.

Eine weitere wichtige Voraussetzung für die Herausbildung „alternativer" Berufs- und Unternehmenskulturen stellt die technologische Rationalisierung der Werbegestaltung und Werbeproduktion dar, durch die der Schritt in die Selbstständigkeit geebnet wurde. Agenturgründer können sich so auf die Ideenfindung und konzeptionelle Gestaltung konzentrieren, während die technische Umsetzung dank der Digitalisierung von Druck und Layout keine zusätzlichen Personalkapazitäten erforderlich macht. Es bedarf zur Neugründung von Agenturen keines hohen Startkapitals und Personaleinsatzes mehr. In den Mittelpunkt rückt Ta-

---

28 Die Absorption gegenkultureller Ideen und Gestaltungsideale durch das Berufsmilieu ist für die USA sehr gut dokumentiert (Frank 1997) und hat nach Einschätzung von Experten mit zeitlicher Verzögerung auch in Deutschland stattgefunden. Vgl. dazu auch Thiel 2002.

29 Diese und die nachfolgenden Aussagen stützen sich auf Experteninterviews mit Geschäftsführern und Managern der Kreativagenturen *Scholz und Friends*, *Springer und Jacobi* und der *Kunstschule Alsterdamm* in Hamburg. Die durch diese Experten gemachten Beobachtungen werden durch neuere Studien zur Entwicklung der Kreativwerbung in Großbritannien gestützt (Grabher 2001, 2002).

lent und Arbeitseinsatz. Auch der Bedarf an rein ausführenden Fachkräften wurde reduziert.[30] Die Zahl kleinster inhabergeführter Agenturen, die sich dem Rollenbild und Anspruchskonzept der „Kreativwerbung" verpflichtet fühlen, steigt an. Man erhofft sich, durch den Schritt in die Selbständigkeit Werbung machen zu können, die „besser" ist und den professionellen Ansprüchen an kreative Werbung besser genügt.[31]

Für die ökonomische Entwicklung der Branche hat diese Entwicklung enorme Konsequenzen. Da die inhabergeführten Agenturen ihre Verwaltungskosten (Overheadkosten) niedriger halten und somit Beratung und Produktion kostengünstiger anbieten können, bilden die kleinen Agenturen ökonomische Nischen für die Entwicklung „schlanker" Organisations- und Produktionskonzepte, die nicht selten mit zeitlicher Verzögerung auch in den Mainstream selegiert wurden. Häufig sind es Kostenvorteile, und weniger der innovative Werbestil, die Auftraggeber von den „Kreativagenturen" überzeugen. Beim „Pitchen" (der Wettbewerbspräsentation der Agenturen vor den Auftraggebern) stehen sich nun große und kleinere Agenturen gegenüber. Und in einer Wettbewerbssituation, in der die eigene Existenz davon abhängt, daß man schnellere Innovationen kostengünstiger anbietet, bekommen auch Nischenagenturen ihre Chance.

Auf eine solche Konstellation ist z.B. der Erfolg der Hamburger Kreativagenturen *Springer & Jacoby*, *Scholz und Friends* und *Jung von Matt* Ende der 1980er und in den 1990er Jahren zurückzuführen. Den aus dem Umfeld des Art Directors Club stammenden Agenturgründern ist es gelungen, großen Markenführern (z.B. Görtz, Mercedes-Benz) Kreativkampagnen zu verkaufen und sich im Kielwasser ihrer Auftraggeber zu umsatzstarken Agenturen mit mehreren hundert Mitarbeitern zu entwickeln. Bei *Springer & Jacoby* wuchs zwischen 1987 und 1991 die Zahl der Angestellten von 72 auf 300 an. 2001 hatte die Agentur über 500 Angestellte (Thiel 2002: 102f.). Diese Agenturen sind ein zentraler

---

30 Diese Entwicklung spiegelt einen generellen Trend bei den Berufsprofilen und Qualifikationsanforderungen in der Wissensgesellschaft wider. Er wird meist als Wandel von erfahrungs- zu wissensbasierten Qualifikationen beschrieben. Aufgrund von Rationalisierungsprozessen und der Zunahme theoretischer und analytischer Arbeitsfelder neigen immer mehr Betriebe dazu, Aufstiegspositionen lieber mit Hoch- oder Fachhochschulabsolventen zu besetzen, als Fachangestellte für die entsprechenden Stellen weiter zu qualifizieren (Baethge 2001: 50).

31 Allerdings erzielen nicht alle auf „Kreativität" spezialisierte Agenturen den erwünschten ökonomischen Durchbruch mit Kreativwerbung. Da in der Regel nur kleinere Auftraggeber wagen, publikumswirksame Kreativwerbung ohne Rücksicht auf Markentreue zu produzieren (Thiel 2002: 102), haben die kleinen Agenturen meist auch nur mit kleinen Auftraggebern zu tun. Große Markenführer (mit großen Werbeetats) vermeiden in der Regel die mit unkonventionellen Werbemethoden verbundenen Risiken (Leslie 1997).

Pfeiler der neuen Agenturkultur, da sie die meisten Preise bei den Kreativwettbewerben gewinnen, in den Rankings für „kreative Werbung" weit vorne rangieren und aufgrund ihrer innovativen Betriebskulturen zu den attraktivsten Arbeitgebern für Werbegestalter gehören. Der ökonomische Erfolg dieser Agenturen (*Scholz und Friends* konnte den Umsatz allein im Jahr 2000 um 72% und die Zahl der Mitarbeiter von 80 auf 150 steigern) provozierte in den 1990er Jahren einen Boom „kreativer" Neugründungen. Diese Entwicklung spaltet die Werbebranche in zwei Lager: Traditionellen Agenturen, die nach wie vor dem klassischen Konzept der Markenführung verpflichtet sind und sich in der Rhein-Main-Region konzentrieren[32], steht nun ein Cluster von Kreativagenturen gegenüber (Thiel 2002), das sich schwerpunktmäßig in der Region Hamburg und Berlin ansiedelt und sich in den beruflichen Anspruchskonzepten und der Organisations- und Produktionsweise den Kulturindustrien annähert.

8.4 Das Konzept der „Kreativwerbung" als Professionalisierungsstrategie

Wie im vorangehenden Kapitel gezeigt wurde, verdankt sich die Herausbildung des Habitus der *Kreativen* im Kontext der Branche dem Zusammentreffen unterschiedlicher Entwicklungen, die über den engeren Rahmen der Werbebranche weit hinausgehen und allgemeine gesellschaftliche Entwicklungen repräsentieren. Die ökonomischen Veränderungen ermöglichen den Gestaltern, das Konzept der Kreativität zum Berufs- und Subjektideal zu erheben. Dabei fungiert das Kreativethos als Brückenglied zwischen globalisierungsbedingten Veränderungen der Branche (Flexibilisierung und Projektarbeit) und dem beruflichen Aufstiegsprojekt der Gestalter. „Kreativität" erleichtert durch die Forderung nach beständigem Wechsel (von Agenturen, Werbestilen und Werbemethoden) zum einen die Akzeptanz für den zunehmenden Wettbewerbs- und Innovationsdruck in der Branche. Zum anderen ist das Kreativethos ein Medium zur Durchsetzung beruflicher Kompetenzansprüche und Einflußbereiche gegenüber konkurrierenden Expertengruppen. Dies geschieht mittels des Konzepts der Kreativwerbung, wie im folgenden ausführlicher dargestellt wird.

Das Konzept „Kreativwerbung" ist das Kernstück einer Professionalisierungsstrategie, die gesellschaftliche Ästhetisierungstendenzen von

---

[32] Dazu gehören auch die großen Agenturholdings wie z.B. *Grey, McCann-Erickson, J. W. Thompson, Lintas und BBDO*.

Konsum und Alltagskultur aufgreift, um den Kompetenzbereich der Gestalter aufzuwerten. Die Ästhetisierungstendenzen beinhalten, daß sich Konsummuster nicht mehr ausschließlich am objektiven Nutzen von Waren orientieren, sondern sich mit dem Eigensinn subjektiver Sinnstiftungen und Stile verzahnen. Dadurch werden die symbolischen Qualitäten von Waren, ihre Aufladung mit Bedeutungen und Imaginationen gegenüber den reinen Produkteigenschaften wichtiger. Daraus folgern Gestalter, daß auch Werbung nicht mehr auf der Ebene reiner Verkaufsargumente, d. h. dem Marken- bzw. Produktversprechen überzeugen kann; sie muß die ästhetische Bürgschaft für die angepriesenen Konsumgüter übernehmen und sich dem Lebensgefühl der Zielgruppen und dem Erlebnischarakter der Waren annähern, wenn sie erfolgreich sein will. Damit treten, in Abgrenzung von den absatzorientierten Werbestrategien der klassischen Epoche, die stilistischen und gestalterischen Eigenschaften der Werbe*kommunikation* (das „Wie") gegenüber dem Inhalt der Botschaft (das „Was") in den Vordergrund. Gelingt es den Werbegestaltern, diese Sichtweise gegenüber Auftraggebern und Markentechnikern durchzusetzen, wird damit auch ihr Kompetenzbereich aufgewertet.

Das Konzept der Kreativwerbung orientiert sich an der „wirklich" schöpferischen, außergewöhnlichen Idee, die sich vom Alltäglichen, Normalen, Durchschnittlichen abhebt. Als Strategie beinhaltet „Kreativwerbung" den Versuch, die Anerkennung des Konsumenten im Hinblick auf die expressive Qualität der Werbung und die ästhetische Glaubwürdigkeit der Werbeexperten zu gewinnen. Dabei beanspruchen die *Kreativen* – analog zu Popkünstlern –, in die Rolle von expressiven Vorbildern zu schlüpfen. Sie wollen selbst als Urheber ästhetischer Marktangebote gelten, statt lediglich Übermittler und Ausgestalter von Markenbotschaften zu sein. Die klassische Definition von Werbung als Versuch der Verhaltens- und Einstellungssteuerung gerät dabei ebenso in das Visier der Kritik wie die der klassischen Marktforschung unterliegende Psychologie eines einerseits nutzenmaximierenden, andererseits durch irrationale Motive (Neid, Angst, demonstrativen Konsum) getriebenen Verbrauchers.[33] Das zum Konsumenten geknüpfte Band wird nicht vom Konsumobjekt her gedacht, sondern ist symbolischer Natur. Angestrebt wird eine Lebensstilkoalition mit dem Konsumenten. Dazu

---

[33] Die klassische Werbepsychologie, die sich zunächst in den USA der 1920er Jahre auf behaviouristische Konzepte von Watson (Ingenkamp 1996: 206), ab den 1960er Jahren auf humanistische Konzepte von Maslow und seiner Bedürfnispyramide bezog, deutete Verbraucherverhalten auf der Folie eines anthropologischen Bezugsrahmens, wonach die Bedürfnisse und Wünsche, die das Konsumentenverhalten prägen, für alle Menschen zu allen Zeiten im wesentlichen dieselben sind.

muß die Werbebotschaft (und nicht erst das Produkt) dem Publikum etwas bieten können. Werbung soll witzig bzw. provozierend sein, ein Rätsel aufgeben, eine Fantasiewelt erschaffen oder durch eine besondere bildersprachliche Komposition überzeugen.[34] Demnach ist es nicht ausreichend, daß Werbung etwas anpreist, sie muß vor allem auf der ästhetisch-darstellerischen Ebene überzeugen.

Zu den wichtigsten Darstellungsmitteln der Kreativwerbung gehört die dosierte Normüberschreitung. Eine ironische Note, eine Übertreibung oder eine inszenierte moralische Verfehlung (z. B. Ehebruch, Betrug, Täuschung, Aggression) soll das Konsumentenpublikum irritieren oder provozieren. Um dies zu erreichen, bedienen sich Werbegestalter verstärkt seit den 1980er und 1990er Jahren moralischer Provokationen, wie etwa in den Anzeigenkampagnen des Textilherstellers Benetton. Durch die Darstellung von Gewalt, Tod oder Krankheit werden normative Grenzen des Darstellbaren übertreten. Eine weitere Strategie des Bruchs mit konventionellen Werbemethoden besteht in der intertextuellen Verknüpfung von Werbebotschaften mit politischen, künstlerischen oder religiösen Inhalten.[35] Durch Witz und Humor, das Einbauen religiöser Motive (Reichertz 1995) und Stilanleihen aus anderen Kommunikationsgattungen wird eine Medienkunstgattung geschaffen werden, die das Publikum unterhalten und zugleich seiner Intelligenz schmeicheln soll.

Bevor überhaupt Inhalte und Botschaften über eine Marke transportiert werden können, so die Auffassung der *Kreativen*, muß eine der Konsumentensubjektivität entsprechende Aufmachung gefunden, eine ansprechende Fiktion präsentiert werden. Dabei wird die Markenstrategie der kreativen Werbeidee kurzerhand untergeordnet: Im Konzept der Imagekampagne wird die kreative Idee selbst zum Markenversprechen. Dahinter steckt die Vorstellung, daß ästhetisierende Werbung, jenseits von Produktinformationen und Qualitätsversprechen, das Image eines

---

34 Die Wirkung von Werbung folgt nach dieser Auffassung keiner verborgenen, nur wissenschaftlich zugänglichen Logik, die sich der Kenntnis des Adressaten prinzipiell entzieht. Vielmehr geht es darum, eine idealisierte Erlebniswelt zu evozieren. Zur richtigen Einschätzung von Konsumenten wird daher zunehmend auch auf interpretative Methoden der Markt- und Trendforschung zurückgegriffen, die Sinnzusammenhänge von Konsum und Konsumentenidentitäten untersuchen (Leslie 1999; Hackley 2003). Der Aufstieg der qualitativen Forschung spiegelt sich in der Herausbildung eines eigenständigen Berufsprofils „account planning" wider.

35 Ein klassisches Beispiel für diese Form der Werbung ist eine 1994 gestartete Werbekampagne der Modefirma Otto Kern (ausführlich diskutiert und analysiert bei Reichertz 1998), in der biblische Motive mit von der Modefirma bekleideten Models nachgestellt werden.

Produkts von Grund auf neu prägen kann[36], mithin selbst den Markenkern des beworbenen Konsumartikels bestimmt. Deshalb entzieht sich die „wirklich geniale Idee", die den Verbraucher fasziniert, nach Auffassung der *Kreativen* der Kontrolle durch Tests und Zielgruppenforschung: „Kreativität ist nicht meßbar"[37]. Ihre Wirkung kann daher auch nicht mehr ausschließlich, wie in der klassisch-industriellen Phase der Werbung, mit standardisierten Marktforschungstechniken erfaßt werden.

8.5 Werbung im Wettbewerb um Aufmerksamkeit
Zur Konkurrenz zwischen Werbeagenturen und Unternehmensberatern

Diese Konzeption von Werbung, die die kreative Idee ins Zentrum stellt, stößt im Kräftefeld widerstreitender Interessen jedoch auf Widerstände. Die Wirksamkeit des kreativen Werbestils läßt sich mit den herkömmlichen Werbewirkungstests schwerlich nachweisen, da sie auf Überraschungseffekte vor einem Medienpublikum und weniger auf Übereinstimmung mit einem Markenimage ausgerichtet ist. Aus der Sicht von Marketingabteilungen besteht darin das Problem der „Kreativwerbung". Ihrer Meinung nach kann Werbung nur funktionieren, wenn sich die Werbekampagne dem „Charakter" einer Marke, der in Marktforschungsinstituten ausgetestet wird, unterordnet. Daher orientieren sich viele Auftraggeber nach wie vor oftmals an klassischen markenorientierten Beratungsangeboten, die Werbekonzeptionen den strategischen Vorgaben von Markenführung und Marktforschungstests unterwerfen.

Doch die Maßstäbe für Effizienz haben sich mit der Expansion der Massenmedien und der Globalisierung der Märkte verändert. Die Übereinstimmung einer Werbekampagne mit dem Markenimage sichert noch nicht die Aufmerksamkeit eines Publikums. Gerade konventionelle, an Markenführung orientierte Werbung nutzt sich durch ständige Wiederholungen und Trivialisierungseffekte ab. Eher zieht Kreativwerbung durch Ästhetisierungs- und Verfremdungseffekte Beachtung auf sich. Die Gewichtigkeit dieses Arguments muß vor dem Hintergrund der

---

36 Toscani, Initiator der spektakulären Benetton-Kampagnen und Galionsfigur der Kreativwerbung, die religiöse und moralische Motive in Werbebotschaften inkorporiert, sieht in der ästhetischen Qualität der Werbung (und nicht des Produktes) ein immer wichtigeres Kaufmotiv. Von der Akzeptanz dieser Strategie beim Konsumenten und Medienpublikum ist abhängig, ob es der Werbebranche in Zukunft noch stärker gelingt, ihr Kompetenzprofil zu schärfen und gegen die Einwände des strategischen Marketings durchzusetzen.

37 Aussage von Holger Jung, Chef der Hamburger Kreativagentur *Jung von Matt* in einem Interview 2002.

Expansion massenmedialer Kommunikationsangebote (Schmidt 1996) und der engen Bindung der Werbeindustrie an die Massenmedien[38] beurteilt werden. Bereits ab Mitte der 1970er Jahren wuchs mit der Ausweitung des Zeitungs- und Zeitschriftenmarktes die Werbebranche stärker als das verfügbare Einkommen und die Konsumausgaben der privaten Haushalte.[39] Mit der Einrichtung kommerzieller Sendeanstalten (ab 1986) und der Privatisierung des Rundfunks war eine weitere wesentliche Barriere der Expansion der Werbewirtschaft gefallen (Thiel 2002: 66). Von 1990 bis 2001 hat sich der Umsatz in der Werbung von 6 Mrd. Euro auf 12 Mrd. Euro erhöht (Zentralverband der Deutschen Werbewirtschaft 2001). Nahezu verdoppelt hat sich auch das Beschäftigungsvolumen für die im Gesamtverband Kommunikationsagenturen angeschlossenen Agenturen von 9.000 Mitarbeitern im Jahre 1990 auf rund 16.300 Mitarbeiter im Jahre 2001. Aus diesem Grund haben viele Auftraggeber ihre Werbestrategie geändert.

Mit dem Konzept der Kreativwerbung wird die Umstellung eines immer größeren Bereichs der Werbung von einem Wettbewerb der Produkte bzw. Marken hin zu einem Wettbewerb der Kommunikation, einem Wettbewerb um Aufmerksamkeit (Schmidt/Spieß 1996) vorangetrieben. Die Notwendigkeit, sich im Wettbewerb um Aufmerksamkeit zu behaupten, ist immer eine der wesentlichen Motoren der Expansion der Werbebranche gewesen (Thiel 2002: 63). Neu ist jedoch, daß das Prinzip der Aufmerksamkeitskonkurrenz durch die Vervielfältigung massenmedialer Kommunikationsangebote in alle Bereiche der Öffentlichkeit eindringt: Parteien, Universitäten, Kirchen und andere öffentliche Einrichtungen bedienen sich immer häufiger des Instruments der „Kampagne" und geben ihre „Öffentlichkeitsarbeit" in die Hände von

---

38 Im Unterschied zu den historischen Vorläufern des Künstlerplakats ist die moderne Werbung technologisch an die Voraussetzung massenhafter Verbreitung von Schrift- und Bildprodukten, kulturell an ein lesekundiges Massenpublikum sowie politisch an die rechtlichen Grundlagen der Verbreitung von Werbemitteln gebunden. In dieser Form existiert Werbung in Deutschland erst seit der Weimarer Republik, mit Vorläufern im Kaiserreich. Die enge Bindung an die Massenmedien spiegelt sich in der Vergütungsform, der Provision, wider. Der Preis, den auftraggebende Unternehmen für Werbung zahlten, umfaßte traditionell 15 % der für eine Kampagne ausgegebenen Medienkosten, war somit also nicht von dem konzeptionellen und gestalterischen Arbeitsaufwand, sondern vom Verbreitungsgrad einer Anzeige oder Kampagne abhängig (Bristot 1995). Dieses System wurde erst in den 1980er Jahren mit der Einführung eines projektbezogenen Honorarsystems aufgebrochen (Leiss et al. 1986).

39 Während im Zeitraum 1974 bis 1980 die erfaßbaren Nettowerbeumsätze um 85 Indexpunkte stiegen, erhöhte sich das Bruttosozialprodukt lediglich um 52 Punkte und der private Verbrauch um 56 Indexpunkte (Zentralverband der Deutschen Werbewirtschaft 1981: 12 f.).

Werbeagenturen (Bristot 1995: 48).[40] Meist handelt es sich dabei um Kreativagenturen. Politische Werbespots (seit 1971), die für Umweltschutz und Kirchen werben, über Aids und Drogen aufklären und gegen Fremdenhaß und Ausländerfeindlichkeit antreten (Schmidt 1996: 125), finden sich auf einer Ebene mit kommerziellen Werbespots.[41] Immer mehr Akteure sehen sich als Wettbewerber auf einem Meinungsmarkt, auf dem sie nicht mehr nur mittels rationaler Argumente (Diskursmodell der Öffentlichkeit) überzeugen können, sondern zunehmend durch expressive Kompetenzen (z.B. Stil, Metaphorik, Witz) beeindrucken müssen.[42] Öffentlichkeit wird dabei als marktförmige Konkurrenz um Aufmerksamkeit und Akzeptanz vorgestellt: Je größer der Kommunikationswettbewerb[43], desto wichtiger wird die Investition in die Herstellung von Aufmerksamkeit. Öffentliche Kommunikation nimmt damit selbst den Charakter von Werbung an.[44] Die *Form* der Kommunikation ge-

---

40 Der Unterschied zwischen Öffentlichkeitsarbeit und Werbung wurde lange darin gesehen, daß letztere auf „Emotionalität" abhebt und sich dadurch einem Täuschungsverdacht (Verführung/Manipulation) aussetzt, während erstere zu einer rational nachvollziehbaren Meinungsänderung führen soll (Bristot 1995; Hartwig 1998; Kalt 1993). Diese Abgrenzung ist in dem Maße, wie Öffentlichkeitsarbeit zu Werbezwecken verwendet wird, fraglich geworden.

41 Die Bedeutung werberischer Kommunikation für „aufklärerische Ziele" zeigt sich somit in der Zunahme von „social marketing" (Drogenkampagnen, Kampagnen gegen Ausländerfeindlichkeit, für Umweltschutz etc.) und daran, daß dieselben Werbeagenturen kommerzielle Produktkampagnen wie auch Wahlkampfkampagnen oder Public-Relations-Aktionen produzieren (Schmidt 1996: 125).

42 So kann auch die klassische Kulturvermittlung aus der Hochkultur immer weniger auf Techniken öffentlicher Eindrucksbildung und Imagepflege verzichten. Die Konsequenz ist eine zunehmende Popularisierung der Hochkultur, wie sie etwa in Gestalt der Sendeformate des *Literarischen Quartetts* oder des *Philosophischen Quartetts* vollzogen wurde. Hier ist das Diskursmonopol akademischer Kritik zugunsten popularisierter und stärker marktförmiger Formen der Meinungsbildung gebrochen. Was zählt, ist nicht das Argument allein, sondern auch die „Unterhaltung".

43 In dem Maße, wie sich Medienangebote vervielfältigen, wird die Aufmerksamkeit knapper, die jedem Angebot zur Verfügung steht. Deshalb wird die Attraktion von Aufmerksamkeit zunehmend zu einer mit technischen und professionellen Mitteln zu bewerkstelligende Aufgabe. Medienwissenschaftler gehen davon aus, daß mittlerweile ein maßgeblicher Teil der in den Medien dargestellten Wirklichkeit im Hinblick auf die Funktion der Aufmerksamkeitsattraktion hin präpariert wird (Franck 1998; Schmidt 1996; Meyer 2001).

44 In dieser Konzeption von Werbung müssen drei Bedingungen erfüllt sein: 1. Bei einem Akteur muß ein artikuliertes Interesse an einer strategischen Einflußnahme vorliegen. Werbung ist eine beabsichtigte, in eine Strategie umgesetzte Einflußnahme, die von einem Akteur gewollt und in eine gezielte Handlung bzw. Dramaturgie umgesetzt werden muß. Werben bedeutet ja gerade nicht Angabe von „guten", d.h. rationalen Gründen, die jeder sofort einsehen kann. 2. Werben hat darüber hinaus eine Konkurrenzstruktur: Sie setzt voraus, daß es neben der beworbenen Handlungsalternative andere, gleichwertige Möglichkeiten gibt. Und je größer die Zahl der gleichwertigen Alternativen (seien es Expertenmeinungen, Liebespartner oder Konsumangebote), desto geringer die Marktmacht eines Akteurs, desto wichtiger wird die strategische Einflußnahme durch Werbung. 3. Die Einfluß-

winnt gegenüber ihrem *Inhalt*, das „Wie" gegenüber über dem „Was", das Image gegenüber dem Gehalt an Bedeutung.[45] Was in den Medien nicht ankommt, hat auch in Politik oder Religion keine Chance.

Allerdings haben Werbeagenturen von der Privatisierung der Fernseh- und Rundfunkanstalten nicht ausschließlich und nicht allein profitiert. Durch die Ausweitung massenmedialer Kommunikationsangebote hat die klassische Fernseh-, Kino- und Zeitungswerbung, bislang das Hauptbetätigungsfeld der Werbebranche, deutlich an Reichweite eingebüßt, da auf jede einzelne Anzeige bzw. jeden einzelnen Spot nun ein kleinerer Anteil der Gesamtaufmerksamkeit entfällt. Auftraggeber reagieren darauf mit der Diversifizierung von Werbestrategien. Kommunikationskonzepte, die unterhalb der Ebene massenmedialer Streuwerbung (below the line) arbeiten, gewinnen an Bedeutung. Dies zeigt sich auch in einem wachsenden Marktanteil der Agenturen für Eventmarketing, Direktmarketing (direkte Verkaufsförderung durch Briefsendungen und Telefon), Sponsoring und Public Relations (Schmidt 1996). Hinzu kommt, daß die Aufgabe der Plazierung von Werbemitteln in den Medien, aus der historisch ja die ersten Vorläufer der Werbeagenturen entstanden sind (Ingenkamp 1996), zunehmend in eigenständige Spezialagenturen für Mediaplanung ausgelagert worden sind.[46] Diese widmen

---

nahme durch Werbung setzt weiter voraus, daß die erwünschte Handlung weder durch Zwang oder Macht, noch durch verbindliche Normen und Ordnungsstrukturen erzielt werden kann. Werbung ist nur dort sinnvoll, wo Handeln auf individuelle Entscheidungen zugerechnet wird, wo es nicht durch Normen und Status vorgeschrieben wird, wo sich die soziale Ordnung gewissermaßen aus dem Handlungsbereich zurückgezogen hat.

45 Gegen diese Form der Ausweitung von Marktlichkeit in die Sphäre von Öffentlichkeit und Kultur wurde in den letzten Jahren verstärkt Kritik geäußert (Nullmeier 2001; Neckel 2001; Meyer 2001). Kritisiert wird, daß durch die Anwendung „manipulativer" Methoden aus der Werbung der öffentliche Auftrag und sein aufklärerischer Anspruch konterkariert wird. Damit wäre zu befürchten, daß der aufklärerische, am Wahrheitsanspruch orientierte Öffentlichkeitsbegriff (Habermas) in dem Maße durch einen anderen, eher repräsentativen Öffentlichkeitsbegriff unterlaufen wird, wie sich die Kommunikationsprinzipien der Werbung zunehmend auch in öffentlichen, nichtkommerziellen Kommunikationsformen durchsetzen. Aufklärung und Wissen werde durch Expressivität und Aufmerksamkeitswettbewerb überformt. Die stärkere Einbindung von Experten für Werbung und Image werde langfristig Konsequenzen für unser Verständnis von Öffentlichkeit haben: Öffentlichkeit werde in Zukunft immer weniger an Maßstäben der Vernunft und Kritik, als an denen der Imaginationskraft und Visualität gemessen.

46 Die zunehmende Relevanz der Mediaplanung im Gesamtprozeß der Werbeproduktion läßt sich daran ermessen, daß die Stellenangebote für Mediaexperten seit 1989 sprunghaft angestiegen sind und sich Aufgabenbereiche und Kompetenzen der Mediaexperten erweitert haben. Nach Angaben des jährlich erscheinenden Berichts des Zentralverbandes der Deutschen Werbewirtschaft (ZAW) hat sich die Anzahl der jährlich ausgeschriebenen offenen Stellen für Mediaexperten zwischen 1981 und 1991 von 451 auf 1195 erhöht (Zentralverband der Deutschen Werbewirtschaft 1981, 1989, 1990, 1993, 2001). Hatte man vor der Privatisierung des Rundfunks lediglich die Auflage und Reichweite eines Mediums berück-

sich ausschließlich dem Ankauf von Sendezeit, da sie darauf spezialisiert sind, in der Vielfalt der Medienangebote den Überblick zu behalten. Die Diversifizierung ist auch daran zu ermessen, daß von seiten der Unternehmen häufiger Versuche unternommen werden, den rein absatzbezogenen Charakter von Werbemaßnahmen zugunsten einer umfassenden symbolischen Unternehmenspolitik zu überwinden, in der klassische Marketing- und Werbemaßnahmen sich zu einer „corporate identity" zusammenschließen. Nicht nur die gezielten Formen professioneller Werbung und Öffentlichkeitsarbeit, sondern *sämtliche* betriebliche Funktionen werden daraufhin befragt, welchen Beitrag sie zum Image und zur Außenwahrnehmung leisten.

All dies hat zu einer größeren Unübersichtlichkeit des Beratungsangebots für Auftraggeber beigetragen. In diese Kompetenzlücke versuchen Unternehmensberatungsfirmen nun vorzustoßen, um eine unabhängige Beratungskompetenz geltend zu machen und Werbeagenturen in eine ästhetische Nischenposition abzudrängen, indem sie ökonomische Effizienz gegen „Kreativität" ausspielen. Während Werbeagenturen nach wie vor „klassische", d. h. medienvermittelte Streuwerbung, die sie ja selbst schwerpunktmäßig anbieten, gegenüber anderen Maßnahmen (Direktmarketing, Eventmarketing, Sponsoring) bevorzugen, gelten Unternehmensberater als unabhängige Berater in Sachen strategischer Markenführung, weil sie die Maßnahmen, die sie empfehlen, nicht jeweils auch selbst anbieten. Dagegen haben die großen Agenturholdings wie z. B. *Grey, McCann-Erickson, J. W. Thompson, Lintas und BBDO* seit den 1990er Jahren eigene Expansionsstrategien entwickelt. Sie reagieren auf die zunehmende Konkurrenz von seiten der Unternehmensberater mit dem Ankauf unterschiedlicher Spezialagenturen (Agenturen für Direktmarketing, Eventmarketing etc.), die sie unter dem Etikett „integrierter Kommunikation"[47] miteinander verknüpfen. Die Geschäftsidee basiert darauf, einem Unternehmen nicht mehr nur einzelne Werbefeldzüge zu verkaufen, sondern als umfassender Markenpfleger aufzutreten, der alle Aspekte der Kommunikation eines Unternehmens, wie z. B. seine Werbung, seine Public Relations und sein „corporate branding", aufeinander abstimmt, um den Aufbau einer Marke durch unterschiedliche

---

sichtigen müssen, so werden nun auch Lebensstilmerkmale und Konsumgewohnheiten erfaßt. Über die durch die jeweiligen Medienangebote erreichten Zielgruppen führt die Gesellschaft für Konsumforschung (GFK) sehr genaue Datensätze. Da sich Fernseh-, Rundfunksender und Printmedien aus Werbeeinnahmen finanzieren müssen, ist deren Interesse an diesen Informationen entsprechend groß. Von der Art und Reichweite der Zielgruppen hängt zudem der Preis eines in den Medien plazierten Werbespots ab.

47 Eine Einführung in das Konzept der „integrierten Markenkommunikation" aus der Sicht ihrer Verfechter bieten Heller et al. 2000.

Medien und Kommunikationskanäle hindurch einheitlich zu gestalten (Tropp 2002). Die Grenzen zwischen Maßnahmen, die sich auf die Organisationskultur des Unternehmens, und Maßnahmen, die sich auf die Außendarstellung (Werbung und Public Relations) richten, sollen dabei zugunsten einer einheitlichen „Kommunikationspolitik" aufgehoben werden. Dem Kunden soll nicht – wie in klassischen Zeiten – nur eine Kampagne verkauft werden, vielmehr geht es darum, die Stimmigkeit sämtlicher Kommunikationsmaßnahmen eines Unternehmens zu überprüfen und zu gewährleisten. Selbst wenn Werbeagenturen mit dem Konzept der integrierten Kommunikation in eine Kompetenzlücke vordringen konnten, haben Unternehmensberatungsfirmen gegenüber diesen den Vorteil einer größeren Glaubwürdigkeit, da sie an der Realisierung der Maßnahmen nicht zusätzlich verdienen: Wenn ihre Empfehlung lautet, eine Firma müsse mehr Werbung einsetzen oder ihr „corporate branding" verstärken, hätte dies, im Gegensatz zu Agenturen, keinen Effekt auf das Folgegeschäft.

8.6 Von geheimen Verführern zur expressiven Elite? Der Aufstieg der Kreativen im Kontext der Ästhetisierung des Konsums

Es wäre sicherlich voreilig, wollte man den Aufstieg der Gestalter im Kontext der Branche allein oder in erster Linie auf ihr machtpolitisches Handeln zurückführen. Eine solche Annahme bliebe eine angemessene Antwort auf die Frage schuldig, warum die Berufsgruppe der Gestalter erst in den 1980er Jahren allmählich ihre professionellen Sichtweisen durchsetzen konnte.[48] Erfolgsversprechender scheint demgegenüber eine Analyse zu sein, die das regulative Prinzip nicht allein im Gewicht der organisierten Interessen sieht, die betroffen und beteiligt sind, sondern die spezifischen Haltungen und Diskurse zu Werbung und Konsum untersucht, die in der Branche bzw. in der Gesellschaft als Ganzer Anerkennung und Anwendung finden.[49]

---

48 Wie die Herstellerperspektive von Werbung vor dem Hintergrund der klassischen, industriegesellschaftlichen Epoche der Werbung verstanden werden muß, so ist das Konzept der Kreativwerbung im Kontext der ideologischen Konfiguration des Informations- und Netzwerkkapitalismus zu beurteilen.

49 Im Unterschied zu Berufsfeldanalysen in der Tradition des konflikt- und machttheoretischen Ansatzes der Professionssoziologie (Freidson 1994; Larson 1977, 1993) wird in dieser Untersuchung daher nicht primär das organisierte Interessenhandeln von Berufsgruppen fokussiert. Vielmehr wurde in Anlehnung an einen kulturtheoretischen Ansatz der Berufsforschung (Giesen 1983) der Versuch gemacht, den Erfolg der Werbegestalter auf umfassendere gesellschaftliche, ökonomische und kulturelle Veränderungen zu beziehen.

Dabei spielt der Wandel legitimer Konsumorientierungen eine entscheidende Rolle (Featherstone 1991; Baudrillard 1998; Reckwitz 2006; Campbell 1989). Dies spiegelt sich auch im öffentlichen Diskurs über Werbung wider: Von den 1950er bis in die 1970er Jahre dominierte die Manipulationskritik die sozialwissenschaftliche Auseinandersetzung mit der Werbung. Dies zeigt die im Hinblick auf die öffentliche Aufmerksamkeit höchst eindrucksvolle Bilanz der populären Werbe- und Konsumkritik (Horkheimer/Adorno 1947; Packard 1957; Galbraith 1958). Aus der Perspektive der populären Kultur- und Kapitalismuskritik (Schrage 2004), die ihren ersten Höhepunkt bereits in den 1950er Jahren mit den Konzepten der Kulturindustrie bzw. der „Überflußgesellschaft" (Galbraith 1958) erreichte, war die Werbeindustrie an vorderster Front an der Aufrechterhaltung der negativen Begleiterscheinungen der Konsumgesellschaft, nämlich an der Standardisierung der Güter und Bedürfnisse, der Herrschaft der Statussymbole, der Tyrannei des Statusdenkens, der Überflutung durch unnütze, unansehnliche Wegwerfprodukte etc. beteiligt. Seit den 1980er Jahren sind die kapitalismuskritischen Positionen in der Werbesoziologie hingegen seltener geworden. Der sozialwissenschaftliche Diskurs konzentriert sich stärker auf die Bedeutung von Werbung und Konsum im Kontext der Ästhetisierung des Alltagslebens und der Ausdifferenzierung von Lebensstilen (z. B. Wernick 1991; Ingenkamp 1996; Schmidt 1996; Schmidt/Spieß 1996; Hölscher 1998). Der sozialphilosophische Hintergrund ist nicht länger die Sorge um die „Verführbarkeit" des Verbrauchers, sondern die identifikatorische Macht konsumatorischer Kodes im Feld sozialer Anerkennung und Lebensstile (Willems 2002).

Der Manipulationsvorwurf gegen die Werbung bildet nicht einfach eine vorhandene Realität ab, sondern erfüllte im moralischen System seiner Zeit eine ganz bestimmte Funktion. Die durch ihn formulierte Gesellschaftskritik enthält normative Qualifizierungen, die die legitimen Konsumhaltungen der damaligen Zeit reflektieren, wie sie etwa von Siegfried Kracauer (1971) im Subjektmodell des „Angestellten" und von David Riesman (1963) als der „außengeleitete Charakter" beschrieben worden sind (Reckwitz 2006). Dieser Sozialcharakter ist zwar einerseits durchaus auf Konsum orientiert und greift dazu auch auf hedonistische Elemente zurück. Es handelt sich bei ihm um einen Charakter, der erstmals – und in Abgrenzung zum bürgerlichen Verhaltenskodex der

---

Nicht allein die Frage, durch welche strategischen und berufspolitischen Maßnahmen die Gruppe der Gestalter an Einfluß gewinnen konnte, ist dabei von Interesse, sondern auch die Frage, unter welchen gesellschaftlichen *Bedingungen* es dieser Berufsgruppe gelingt, ihre Problemsicht als angemessen, ökonomisch sinnvoll und als gesellschaftlich legitim auszugeben.

Mäßigung und Disziplin – auf seine attraktive und gewinnende Erscheinung Wert legt. Andererseits ist er jedoch in seiner Selbstdefinition an die Gruppenidentität der „peer society", des sozialen Netzwerkes aus Nachbarn, Kollegen und Freunden gebunden. Dies geht einher mit der Norm des kopierten Konsums, die das Einhalten bestimmter Konsumstandards, das „keeping up with the Jonses" prämiert (Douglas/Isherwood 1979; Eder 1989; Reckwitz 2006). Legitimer Konsum steht unter der Voraussetzung, nicht gegen den Anspruch sozialer Normalität zu verstoßen. Hinzu kommt, daß Konsumobjekte weithin unter Verweis auf ihre technische Effizienz und ihre objektive Nützlichkeit vermarktet und beworben werden. Verstöße gegen diese Konsummoral werden als irrationale Verschwendungssucht stigmatisiert.

Der Manipulationsvorwurf gegen die Werbung erfüllte somit die moralische Funktion, die guten, d. h. vernünftigen Motive des Konsumierens von den moralisch diskreditierten, exzessiven Seiten des Konsums zu trennen. Ästhetisierter Konsum und die dafür zentralen Dispositionen (Grenzüberschreitung statt Normalität, Spielerisches statt Ernsthaftigkeit, inneres Erleben statt äußeres Handeln) mußten vor dem Hintergrund des damaligen Sozialsystems als Bedrohung einer rationalen und moralischen Lebensführung erscheinen. Das gleiche gilt für die Werbung, die unter Verdacht stand, exzessive Konsumorientierungen und damit unmäßiges Verhalten zu fördern.

Die moralische Funktion der Werbekritik der damaligen Zeit zeigt sich vor allem darin, daß die Manipulationsabsicht der Werbeindustrie, wie sie erstmals von Packard (1957) in *The Hidden Persuaders* „aufgedeckt" wurde, in der Öffentlichkeit regelmäßig überschätzt worden ist.[50] Wie Roland Marchand (1985) und Jackson Lears (1994) herausgearbeitet haben, entsprach das Bild des „geheimen Verführers" keineswegs dem professionellen Selbstverständnis einer eher dem bürgerlichen Wertesystem verpflichteten Werbeindustrie der klassischen Epoche. Weder operierte das Gros der Werbekampagnen mit verdeckten psychologischen Einflußtechniken, noch appellierte man in erster Linie an irrationale Motive von Verbrauchern. Im Mittelpunkt stand eher der Gedanke der Belehrung bzw. Erziehung. Es dominierte ein therapeutischer und bisweilen paternalistischer Stil, der zwar an Ängste und Defizite der Konsumenten appellierte (Lears 1983: 3; Marchand 1985), sich dabei aber durchaus in Übereinstimmung mit der herrschenden Moral befand.

---

50 Da Werbung in der Regel ihre Motive, Verbraucherverhalten einer Beeinflussung zu unterwerfen, keineswegs verheimlicht, sondern offen deklariert (Luhmann 1995), ist der Einfluß verschlüsselter Botschaften eher gering zu veranschlagen. Auch ist die verkaufsfördernde Wirkung von Werbung bis heute höchst umstritten und vermutlich schwächer als bislang angenommen (Schudson 1984; Leiss et al. 1986).

Werbung propagierte keineswegs exzessiven Konsumismus, sondern Normen der persönlichen Effizienz und des psychischen und physischen Wohlbefindens (Lears 1994: 138). Das Gros der Werbebotschaften stand nicht in Widerspruch zur herrschenden Moral, sondern bestätigte diese.[51]

Wenn die Werbebotschaften der „Kreativwerbung" heute die umfassende Ästhetisierung von Konsumgüterangeboten anstreben, dann ist der Appell an irrationale Motive deutlich spürbarer als noch in der durch pseudoobjektive Produktinformationen durchwirkten Werbewelt der klassischen Epoche (Wernick 1991). Trotz ihrer Selbsteinschätzung als Nonkonformisten und Schöpfer innovativer Stile und Ideen, die sie in Abgrenzung zur Existenzform des Angestellten kultivieren, befinden sich die heutigen *Kreativen* durchaus in Übereinstimmung mit der herrschenden Moral: Mit dem Aufstieg neuer Kultur- und Subjektideale seit dem letzten Drittel des 20. Jahrhunderts ist Konsum vom abgewerteten Partizipationsmuster in das Zentrum gesellschaftlicher Sinnstiftungsangebote gelangt (Reckwitz 2006). Wenn die Angestelltenkultur nur eine unvollständige Ästhetisierung der Lebensführung durch Konsum betrieben hat, die noch unter der bürgerlich beeinflußten Normalitätskontrolle stand, entgrenzt das neue Kulturideal diese Ästhetisierung: Ausgehend von den ästhetischen Gegenbewegungen der Romantik des frühen 19. Jahrhunderts über die Avantgarde-Bewegungen bis hin zu den neuen sozialen Bewegungen der 1960er und 1970er Jahre (Friedensbewegung, Ökologiebewegung, Frauenbewegung) (vgl. Eder 2000), kam es zur Herausbildung eines Subjektmodells, das in Abgrenzung zum bürgerlichen Mainstream Ansätze einer Ästhetisierung der Objektwelt und der Stilisierung des Ichs lieferte. Die zentrale Entwicklung besteht nun darin, daß die Dispositionen und Verhaltensmodelle dieser ästhetischen Gegenkulturen, die ja zunächst außerhalb der Grenzen der Mainstreamkultur artikuliert und praktiziert wurden, in die dominante Kultur integriert worden sind und auch, wie bereits dargestellt, in hochmoderne Arbeitsfelder Einzug hielten (Boltanksi/Chiapello 2003; Albrecht 2002). Damit hat sich auch das, was einmal die moderne bürgerliche Kultur ausmachte, verändert (Reckwitz 2006). Konsum in jenem ästhetisierten Sinne, d.h. jenseits der Aneignung von Gebrauchswerten, war ein Gegenstand bürgerlicher Abgrenzung und wurde den hegemonialen Werten Arbeit, Moralität und Hochkultur entgegengestellt (Schrage 2003). Durch den kulturellen Erfolg der ästhetischen Avantgardebewegungen

---

51 Alles andere wäre auch überraschend gewesen. Denn kommerzielle Werbung spielt von jeher eine bedeutende Rolle bei der Vermittlung gesellschaftlich hegemonialer Wertorientierungen und Subjektideale (Leiss et al. 1986).

und Alternativkulturen konnte das Ideal des ästhetisierten Konsums in alle Lebensbereiche eindringen. Keine dieser Bewegungen empfiehlt tatsächlich den Konsum von Gegenständen – vielmehr betrieben sie meist sogar explizite Konsumkritik (z. B. Kritik am standardisierten Massenkonsum, an der Überflutung der Lebenswelt durch Waren). Aber alle prämieren Haltungen, die als Voraussetzungen in die Ästhetisierung des Konsums eingingen.

Diese Haltungen sind zu wesentlichen Bestandteilen eines neuen Konsumstils geworden, den man im Anschluß an Reckwitz (2006) als „individualästhetisch" bezeichnen kann. Daß die Voraussetzungen für diesen Konsumstil in der Romantik zu finden sind, hat bereits Colin Campbell (1989) in *The Romantic Ethic and the Spirit of Modern Consumerism* detailliert aufgezeigt. Das romantische Selbst zielt auf Selbstexpression und Einzigartigkeit des Individuums in Abgrenzung zur bürgerlichen Normalität und kultiviert seine imaginative und emotionale Innenwelt. Dazu sind nicht unbedingt Konsumgegenstände erforderlich, denn für das romantische Subjekt bietet sich die Objektwelt als solche – sei es der Partner in der romantischen Liebe, sei es das Naturschöne, sei es selbst die Arbeit – als Projektionsfläche subjektiver Bedeutungen und romantischer Ideale dar. Dennoch handelt es sich zugleich um Dispositionen, die Voraussetzungen für eine konsumatorische Haltung darstellen, die nicht mehr an Normalitätsstandards, sondern an der Fähigkeit zur Ausgestaltung des inneren Erlebens und des individuellen Erfahrungsraums (Campbell 1989) sowie an der Bereitschaft zur Überschreitung der alltäglichen Normalität (Illouz 2003) ausgerichtet sind.

Der ästhetisierte Konsum setzt voraus, daß Fragen sozialer Identität über symbolischen Konsum ausgedrückt und verstanden werden können (Baudrillard 1998), daß Konsum somit ins Zentrum distinktiver kultureller Praktiken gerückt ist, die gemeinhin innerhalb der Sozialwissenschaften mit dem Konzept des Lebensstils (Bourdieu 1982) untersucht worden sind. Und er empfiehlt, daß sich die Einzelnen nicht länger an vorgegebenen Normalitätsstandards orientieren, sich disziplinieren und kontrollieren, sondern vielmehr darum bemühen sollen, innere Energien und Antriebe zu mobilisieren. Konsumorientierte, ästhetische Dispositionen beschränken sich längst nicht mehr auf den engeren Bereich des Erwerbs und Verbrauchs von Gütern, vielmehr erstrecken sie sich zunehmend auf die gesamte Lebensführung im Sinne eines „consumerism as a way of life" (Featherstone 1991).

8.7 Zur Zukunft der Kreativen

Welche professionelle Entwicklung werden Werbegestalter in Zukunft nehmen? Ihre Erfolgsbilanz ist durchaus ambivalent. Nicht nur ist ihnen unter dem Label der Kreativwerbung die Institutionalisierung eigener beruflicher Standards gelungen, auch konnten sie mittels dieses Konzeptes ihre Kompetenz- und Einflußbereiche im Kontext kommerzieller Werbung erweitern und eine Ausdehnung ihres Arbeitsfeldes relativ zu anderen Berufsgruppen der Branche erreichen. Es ist ihnen über weite Strecken gelungen, ihre Wertmuster in den beruflichen Status- und Laufbahnsystemen geltend zu machen. Damit sind einst „alternative" Sinngrundlagen und Bewertungsprinzipien nun selbst zum Verteilungsprinzip von Berufs- und Erwerbschancen geworden. Hinzu kommt, daß „Kreativwerbung", wie die Befragungen von Art-Direktoren und Textern in Düsseldorf ergeben hat, längst nicht mehr auf Nischen- und Szeneagenturen beschränkt ist. Sogar große Traditionsagenturen wie *J. W. Thompson*, *Grey* oder *Ogilvy* beginnen damit, Abteilungen für Kreativwerbung einzurichten. Für das Image einer Agentur hat Kreativwerbung einen Zusatzgewinn, weil sie ein wichtiges Differenzierungsmerkmal der Agenturen untereinander darstellt.

Darin spiegelt sich ein gesellschaftlicher Rollenwandel der Werbung wider. Durch Bezugnahme auf ästhetische Ideale, Lebensstile und durch ihre Bedeutung im öffentlichen Kampf um Aufmerksamkeit ist Werbung als professioneller Imagemacher immer wichtiger geworden. Damit veränderte sich auch das Selbstverständnis der Werbeexperten. Im Unterschied zu den klassischen, d.h. wissenschaftlich orientierten Expertenberufen produzieren die Werbeexperten nun *Darstellungen* (Auftritte, Aufmerksamkeit, Images), nicht Wahrheiten oder technisch verwertbares *Wissen*. Sie arbeiten an ästhetischen Produkten. Dazu wurde in den letzten Jahren verstärkt auf Mittel der Fiktionalisierung und auf Stilmittel anderer „Kunstgattungen" (von der Malerei bis zur Popkunst) zurückgegriffen, weshalb Werbeberufe – vergleichbar mit Produktdesignern, Architekten und anderen Gebrauchskunst-Berufen – zunehmend auch einen künstlerischen Anspruch erheben (Schmidt 1996). Sie produzieren, vergleichbar mit Journalisten und Publizisten, Kommunikation für Massenmedien. Im Unterschied zu Journalisten und klassischen Kulturvermittlern in Architektur, Wissenschaft und Kunst etc. können sie sich jedoch nicht als Wertegemeinschaft in Opposition zu Markt und Wettbewerb verstehen, vielmehr forcieren sie den Wettbewerb der Ideen und Talente.

Dennoch ist der Professionalisierungsgrad der Werbeberufe gering, da sie über keine Organisations- und Verbandsmacht verfügen und somit auch in Zukunft von ökonomischen Konjunkturen und den Interessen der Auftraggeber abhängig bleiben. Die mangelnde berufliche Autonomie zeigt sich auch darin, daß „Kreativwerbung" keine geschützte Berufsbezeichnung darstellt. Manager und Auftraggeber verfolgen mit dem Etikett der Kreativwerbung jeweils ihre eigenen Interessen, die sich keineswegs mit denen der Gestalter decken und die oft hinter der Diffusität des Konzeptes verborgen bleiben.[52] In großen Markenführungsagenturen haben die Kreativabteilungen häufig nur personalpolitische und legitimatorische Funktionen, sie stellen ein Aushängeschild dar, durch das ambitionierte Mitarbeiter angeworben werden sollen. Auch sind die Realisierungsmöglichkeiten für Kreativwerbung nicht immer gegeben. Imagekampagnen, die von Auftraggebern bei Kreativagenturen geordert werden, bleiben häufig in der Schublade liegen, weil Marktforschungstests ergeben haben, daß die Kampagne zwar originell ist, sich jedoch in das Bild der Dachmarke nicht einfügt. Im Arbeitsalltag der Agenturen zeigt sich daher immer wieder die Notwendigkeit, zwischen Markenstrategie und Kreativwerbung, zwischen den Vorstellungswelten der Kreativwerbung (Weber 1994) und den Denkweisen der Auftraggeber zu vermitteln, um eine innovative Werbeidee plausibel zu machen. Ohne diese Vermittlungsleistung sind die Durchsetzungschancen für kreative Werbung selbst innerhalb der Kreativagenturen gering. Und nicht selten wird eine innovative Idee für eine Kampagne nach langem Hin und Her zwischen Agentur und dem auftraggebenden Unternehmen in einem keine der beiden Parteien zufriedenstellenden Kompromiß begraben.[53]

9. Ökonomie und Kultur
Neuere Perspektiven der Konsumsoziologie

Konsum ist allgegenwärtig. Konsum ist Subsistenz, Distinktion, Vergnügen und manchmal auch Bekenntnis. Er kann demonstrativ und auffällig in Szene gesetzt oder – im Gegenteil – auf die Hinterbühne verlagert werden und im Verborgenen geschehen. Rätselhaft erscheint vor allem die Doppelfunktion des Konsums: Er dient bestimmten Zwecken

---

52 Auch die Auffassungen der Gestalter sind keineswegs homogen: Kreativwerbung richtet sich teils an künstlerischen, teils aber auch an anderen Vorbildern aus.
53 Der Konflikt zwischen Gestaltern und Auftraggebern wurde auch in anderen empirischen Untersuchungen zum Berufsfeld Werbung herausgearbeitet wie z. B. Nerdinger 1990; Thiel 2002; Schierl 2002.

und kommuniziert zugleich Bedeutungen. Für Konsumgüter gilt, was der Kommunikationswissenschaftler Watzlawik für Interaktionssysteme postuliert hat: Man kann hier nicht *nicht* kommunizieren. Selbst wenn wir glauben, wir befriedigen nur unsere Bedürfnisse, werden wir durch den Zwang zur Wahl – etwa zwischen unterschiedlichen Brotsorten oder Biersorten – eines besseren belehrt. Konsumgüter werden insgeheim und zuweilen ohne unsere Zustimmung als Zeugen unserer Identität, unserer Werthaltungen und Lebensstile befragt. Die Verwendung von Konsumgütern ist nur teilweise auf physische Bedürfnisse bezogen. Vielmehr enthält der Gebrauch von Gütern – und dies nicht erst in der postmodernen Gesellschaft – immer auch eine symbolische Dimension. Douglas und Isherwood (1979) haben in ihrer bis heute wegweisenden anthropologisch-ethnologischen Konsumtheorie herausgearbeitet, daß eine der essentiellen Funktionen des Konsums in seiner Fähigkeit zu sehen ist, sowohl soziale als auch kognitive Grenzlinien zu ziehen, somit Sinn zu stiften und Werte zu artikulieren. Über Konsumrituale entscheiden wir, wer „dazu gehört"[54], über die Klassifikation von Konsumgütern stabilisieren die Einzelnen ihre Weltanschauung. Konsum ist die Arena, in der Kultur ausgefochten wird und Gestalt annimmt. Denn der Gebrauch von Gütern findet, im Unterschied zu ihrem Erwerb, meist in einer Handlungssphäre des freiwilligen Austauschs, zum Beispiel im Rahmen eines Rituals oder Festes, in der Freizeit, im Urlaub oder während des Ausgehens statt. Der Bereich des Konsumierens wird eingehegt durch Regeln, die anzeigen, daß weder Macht, Geld oder Zwang im Spiel ist (ebd.: 36 ff.). Dies ist nach Meinung der Autoren der Grund dafür, warum die Grenze zwischen dem Austausch von Geld und dem Austausch von Geschenken so sorgfältig gezogen wird (ebd.: 38).[55]

---

54 Im Medium des Konsums strukturieren sich Beziehungen zu stabilen Mustern sozialer Inklusion und Exklusion, wie sie von Michèle Lamont (1992) als „boundary work", als symbolische Formen der Grenzziehung untersucht worden sind. Konsum ist schließlich auch eine kognitive Praxis. Denn durch Konsumgüter werden zentrale Klassifikationssysteme ausgedrückt.

55 Die darin enthaltene Überlegung, soziale Handlungsfelder hinsichtlich ihrer Konsumintensität zu differenzieren, wurde in ihren Konsequenzen bis heute nicht hinreichend aufgegriffen. Eine Ausnahme stellt in dieser Hinsicht der Entwurf von Eva Illouz (2003) dar, die die Bedeutung von Konsumpraktiken für die Rituale romantischer Liebe herausarbeitet. Wenn Konsum in erster Linie eine Sphäre des freiwilligen symbolischen Austauschs darstellt, dann ist es nur folgerichtig, wenn er in Handlungsbereichen, die stärker auf rational-organisatorischen Reziprozitätsgrundlagen aufruhen, ausgegrenzt wird: So sichern sich formale Organisationen gegen das Eindringen persönlicher Beziehungen in einen durch sachliche Anforderungen charakterisierten Handlungsraum bis heute durch einen expliziten oder impliziten Uniformierungszwang ab. Die Forderung nach Einheitlichkeit soll verhindern, daß durch Rituale des Konsums – sei es in Form konsumtiver Exzesse, als sozialer Austausch von Geschenken oder durch das Setzen persönlicher Duftnoten – der Organisa-

9.1 Zur Marginalisierung der Konsumsoziologie in den Sozialwissenschaften

Angesichts der zentralen Rolle, die der Konsum in der modernen Gesellschaft spielt, sollte man annehmen, daß Konsum ein Grundbegriff innerhalb der Sozialwissenschaften darstellt. Das ist nicht der Fall. Die Arbeiten zu diesem Grundphänomen nehmen sich eher bescheiden aus.[56] Das Konsumthema gehörte innerhalb der Sozialwissenschaften lange Zeit zu den ungeliebten, wenn nicht sogar zu den gemiedenen Themen. Was könnten die Gründe dafür sein? Eine mögliche Antwort lautet: Das Thema ist zu trivial und profan, um in den Kreis legitimer soziologischer Forschungskonzepte aufgenommen zu werden, fehlt ihm doch die Dignität zentraler kultureller Werte wie Gerechtigkeit, Wahrheit oder Würde. Konsum und Konsumieren, daran besteht kein Zweifel, wird als etwas Minderwertiges angesehen – jeder weiß das, der unsere Gesellschaft schon einmal als Konsumgesellschaft denunziert hat. Wer bloß konsumiert, ist moralisch angreifbar – in erster Linie soll man doch schaffen und produzieren und kein Geld vergeuden.[57]

Der Bereich des Konsums, der mit Undiszipliniertheit, Spiel und Unordnung in Verbindung gebracht wird, erscheint für eine auf Rationalität und Disziplin gegründete Kultur bedrohlich. Immer wieder wurde der hedonistische Charakter des Konsumierens gegen das auf Arbeit und Produktivität gerichtete moderne Ethos ausgespielt. So prangert Thorstein Veblen (1986) den luxuriösen und verschwenderischen Charakter des „demonstrativen Konsums" der aristokratischen Oberschicht an und kontrastiert ihn mit dem „Industrialismus" der arbeitenden Klassen. Daniel Bell (1991) analysiert „die kulturellen Widersprüche des Kapitalismus", die mit der Herausbildung des Massenkonsums in hochentwickelten Industriegesellschaften entstanden sind: Der protestantische Sozialcharakter mit seinem Akzent auf Selbstdisziplin, Aufschub von Befriedigungen und Enthaltsamkeit, dem Max Weber (1988b) bekanntlich einen zentralen Stellenwert bei der Entfaltung der westlichen Wirtschaftsprosperität zugeschrieben hat, konfligiert mit einer hedonistischen Kultur des Konsumierens. Demgegenüber weist Colin Campbell (1989), der das moderne Konsumethos zeitgleich mit der Industrialisie-

---

tionszweck unterlaufen wird. Vielleicht hängt es damit zusammen, daß Konsum lange Zeit als etwas Privates verstanden wurde.
56 Einen guten Überblick zum Stand der sozialwissenschaftlichen Diskussion bieten die Sammelbände von Hellmann/Schrage (2004) und Rosenkranz/Schneider (2000).
57 So beklagt Habermas (1970) in den *Notizen zum Mißverhältnis von Kultur und Konsum*, daß „nicht mehr Askese, sondern Lust, nicht mehr Sammlung, sondern Zerstreuung – daß nicht mehr Bildung, sondern Konsum den Zugang zu den Kulturgütern öffnen".

rung und der Herausbildung des protestantischen Charakters sich herausbilden sieht, Lücken in der Theorie von Weber auf. Er deutet Konsum als einen Bereich der *Rationalisierung* einer autonomen Sphäre des Vergnügens und der Imagination. Durch die Abkopplung von alltäglichen Handlungsimperativen wird Konsum zum Medium einer selbstbezüglich steigerbaren Erlebniswelt, die Freiheitsgrade und damit Autonomie und Eigensinn gewinnt. Die historischen Wurzeln dieses Konsumethos verortet er in der Romantik. Im modernen Konsum gehe es nicht einfach um Stimulation der Sinne, sondern um die individuelle Kontrolle einer persönlichen, introspektiv zugänglichen Erlebniswelt, die die Folie für die Herausbildung einer unverwechselbaren Individualität und die moderne Dynamik der Selbstverwirklichung bildet.

Schließlich, und das ist ein dritter Grund für die Vernachlässigung, ist Konsum ein Gegenstand zwischen den Stühlen der Disziplinen. Eingespannt zwischen die Sphäre des Marktes und die Sphäre der kulturellen Werte fiel er der unglückseligen Arbeitsteilung zweier Disziplinen, den Wirtschaftswissenschaften und der Soziologie, zum Opfer. Nicht durch Zufall war in der Vergangenheit ein Großteil der soziologischen Aufmerksamkeit vor allem jenen Institutionen und Akteuren gewidmet, die die Grenzen zwischen dem Ökonomischen und dem Sozialen aufrechterhalten und stabilisieren halfen. Professionen galten als Treuhänder der unveräußerlichen gesellschaftlichen Werte (wissenschaftliche Wahrheiten, politische Überzeugungen, Heilswissen, Gesundheit, Gerechtigkeit), die ihr unvergleichliches gesellschaftliches Ansehen in den Dienst der allgemeinen Verbesserung der sozialen Lebensbedingungen stellten. Die Frage nach der Wirtschaftlichkeit ihrer Leistungen verbot sich dabei scheinbar von selbst. Ja, ihre Legitimität hing im wesentlichen davon ab, wie es ihnen gelang, die ihrer Obhut anvertrauten Zentralwerte vor den Übergriffen des Marktes zu schützen. Andere Institutionen wie der Wohlfahrtsstaat wurden auf der Grundlage kompensatorischer Verteilungsfunktionen von seiten der Sozialwissenschaften einer genaueren Betrachtung unterzogen. Der Beitrag, den die Sozialwissenschaften dabei zu leisten hofften, war, diese Institutionen in der Herausbildung eigenständiger Reservate (Lebenswelt, Professionen, Wohlfahrtsstaat etc.) gegen den Markt so gut wie eben möglich zu unterstützen. Der Gegenüberstellung zwischen System und Lebenswelt, Markt und Sozialintegration liegt letztlich die Auffassung von der Unfähigkeit des Marktes zur sozialen Integration zugrunde.[58] So bezeichnet z. B. Habermas den Markt als „normfreie Sozialität".

---

58 Ein Grund für diese Auffassung ist wiederum, daß die Soziologie ihr eigenes Verständnis von Marktlichkeit, Ökonomie und Wirtschaftlichkeit nicht weiter durchleuchtete (Nullmeier

9.2 Konsum im Kontext der Sozialtheorien. Von den soziologischen Klassikern zur interpretativen Wende

Die hier skizzierten Desiderata und blinden Stellen der Konsumsoziologie sind im wesentlichen ein Produkt der paradigmatischen Schwerpunktsetzungen der Sozialtheorie, die im folgenden kurz dargestellt werden sollen. In der klassischen Sozialtheorie hatte Konsum keinen eigenständigen Ort. Sie kam entweder als notwendige Ergänzung des Produktionssystems oder aber als Störquelle sozialer Ordnung[59], keinesfalls aber als eigenständiges Prinzip sozialer Integration bzw. der Vergesellschaftung in den Blick. Berücksichtigen wir den historischen Entstehungskontext der Sozialtheorie im Rahmen der industriellen Revolution (Ritzer et al. 2001), so verwundert dies nicht. Für Marx, Weber und Durkheim, die den konflikthaften Übergang von der traditionalen, agrarisch geprägten Gesellschaft zur modernen Industriegesellschaft zum Ausgangspunkt ihrer Theoriebildung machten, kristallisierte sich die moderne Ordnung aus dem Geist von Kapitalismus, Produktion und Organisation. Die gesellschaftlichen Veränderungen wurden zum Ausgangspunkt der Frage, wie soziale Integration unter Bedingungen zunehmender Vermarktlichung und Erosion von Traditionen möglich sei. Für Durkheim, der in der Arbeitsteilung eine eigenständige Quelle gesellschaftlicher Ordnung sieht, ist Konsum ein Bereich, der mit *Anomie* assoziiert wird. Gerade die Fiktionalität des im Konsum von der sozialen Ordnung entfesselten Begehrens erschien Durkheim, der den Wert „der echten Realität" in den Mittelpunkt stellt (Durkheim 1983: 292f.), verwerflich. Auch Max Weber (1988b) sah die Logik des Konsums in einem antagonistischen Verhältnis zur protestantischen Ethik, die ja auf Sparsamkeit und Rationalisierung beruht. Sein zentraler Bezugspunkt sozialer Ordnungsbildung ist Herrschaft und nicht Markt. Und Marx berücksichtigt zwar den Konsum als notwendige Ergänzung der Produktion (Marx 1962), denkt ihn aber aus der Perspektive des Gebrauchswertes von fixen Grundbedürfnissen des Menschen her, wäh-

---

2001), sondern bestimmte wirtschaftswissenschaftliche Vorstellungen übernommen hat. Wo aber Marktlichkeit zu einem immer wichtigeren Element des sozialen Lebens wird, gerät die Soziologie, die hier keine eigenständigen Erklärungsansätze bieten kann, in eine Randstellung.

59 Konsequenterweise hat die Mehrheit der klassischen Sozialtheorien Konsum entweder verurteilt oder ignoriert (Ritzer et al. 2001). Bis heute dominiert in vielen Sozialtheorien die Auffassung, daß die mit dem Konsum verbundene Betonung von Wahl, Vergnügen und individualisiertem Persönlichkeitsausdruck letztlich der Integration von Gesellschaft entgegensteht.

rend alle anderen kulturellen und psychologischen Motive des Konsumierens den Fetischcharakter der Waren repräsentieren.

Marx Theorie hatte mehr Einfluß auf die moderne Sichtweise von Konsum, als jede andere klassische Theorie. Besonders einflußreich war seine Unterscheidung zwischen dem „wahren Gebrauchswert" und dem Fetischcharakter von Waren. Bis heute existiert die Auffassung, daß der Konsum von etwas, was funktional als nützlich gilt, als notwendiges Bedürfnis legitimiert werden kann, während alle anderen Arten des Konsums als Luxus zu verurteilen sind, die moralisch zweifelhaften Motiven entstammen. In vielen der an den Marxismus bzw. an eher utilitaristischen Wirtschaftsauffassungen anschließenden Theorien sind zwei komplementäre Annahmen über die Herkunft von Bedürfnissen enthalten: Unsere eigentlichen und wahren Bedürfnisse sind physisch begründet. Sie haben den Charakter einer Notwendigkeit, während alle anderen – spirituellen Wünsche – zu einer Klasse zweitrangiger, uneigentlicher Bedürfnisse degradiert werden, die luxurierend, künstlich, also moralisch fragwürdig erscheinen. Die Leib-Seele-Unterscheidung gerät hier unabsichtlich, wenn auch mit umgekehrten Vorzeichen, in die Bedürfnisanthropologie. Es gibt die guten, die notwendigen oder leiblichen Bedürfnisse. Sie folgen einem handfesten Nutzen und haben eine rationale Grundlage, während die über die materiellen Bedürfnisse hinausgehenden Konsumwünsche von zweifelhaften Motiven – dem Drang zum demonstrativen Konsum, von Neid oder eben von unbewußten Wünschen – getragen werden. Konsum erscheint damit entweder als eine rationale Form der Bedürfnisbefriedigung – dann, wenn es um materielle Bedürfnisse geht – oder wird als ein irrationaler Ausdruck falscher Bedürfnisse disqualifiziert.

Von hier aus war es nur ein kleiner Schritt zu unterstellen, daß der über die reine Bedürfnisbefriedigung hinausgehende Konsum durch Konsumindustrie und Werbung kontrolliert wird. Diese Auffassung entsprach weitgehend auch dem Selbstbild von Produzenten und Fachleuten der Werbebranche von den 1920er bis in die 1970er Jahre (für die USA: Ewen 1976). Mit einer auf wissenschaftlichen Erkenntnissen basierenden Werbung wollte man die Gefühle und Wünsche von Konsumenten kontrollieren. Werbung diente dem „consumer engineering" der auf experimental-psychologischen Methoden gegründeten Produktion von Konsumenten. Dies mündete seit den 1950er Jahren in eine massive Kritik an der Manipulation von Verbrauchern (Packard 1957), die lange Zeit das Nachdenken über Konsum und Werbung geprägt hat: Das, was am Konsum moralisch fragwürdig war, konnte durch diesen Kunstgriff isoliert und dem schlechten Einfluß der Werbung, genauer:

der illusionären Aufladung des Gebrauchswertes zugeschrieben werden. Die Werbung mit ihren sinnlosen Versprechen führe zwangsläufig zur Überschätzung von Produkten und zu einer immer schnelleren Anheizung der Verschwendungsspirale. Habe das Konsumobjekt einmal die Türschwelle überschritten, verfliege meist dessen Charme, den Werbung und Kaufinszenierung ihm angedichtet haben. Die Berge von Gebrauchsartikeln, die jedes Jahr hergestellt, gekauft und die, nachdem sie jahrelang zwischengelagert wurden, schließlich schlechten Gewissens den Weg in den Müll oder in den Altkleidersammlung finden, sprächen in dieser Hinsicht eine deutliche Sprache. Als Therapie gegen derartige Verschwendungssucht helfe nur die Besinnung auf den wirklichen, also dem vom Werbeversprechen unbeeindruckten Gebrauchswert der Waren. Die Abgrenzung des legitimen Gebrauchswertes von der Warenästhetik (Haug 1971) hatte das Konstrukt eines engstirnig am Gebrauchswert orientierten und dennoch hoffnungslos manipulierten und dabei letztlich untersozialisierten Verbrauchers[60] ermöglicht, der eine leichte Beute für die Verführungskünste der Werbung darstellt.[61]

Daß der darin enthaltene und meist völlig überschätzte Manipulations- und Ideologieverdacht das Image der Werbeindustrie bis heute prägt, daran hatte wiederum die kritische Sozialtheorie von Lukács bis Marcuse einen wesentlichen Anteil, deren Begriff der Massenkultur den Geltungsanspruch einer bürgerlichen Kultur reformulierte, die sich im Gegensatz zur Sphäre der Ökonomie und des Konsums behaupten mußte. Hier unterscheidet man ebenfalls zwischen wahren und falschen Bedürfnissen, doch legte man dieser Unterscheidung nicht den Gegensatz zwischen natürlichen und künstlichen Bedürfnissen, sondern den Gegensatz zwischen emanzipatorischer Kultur und entfremdet-repressiver Massenkultur zugrunde, die auch die Sphäre des Konsums umfaßt. Die wahren Bedürfnisse sind hier nicht an naturale Vorgaben gebunden, sondern an die eigentliche Kultur, man könnte ergänzen: an die kulturellen Wertsphären, die als Gegenprinzip zur Konsumsphäre angerufen wurden. Horkheimer und Adorno (1988) argumentieren bekanntlich, daß die gleiche Warenlogik und instrumentelle Zweckorientierung der Produktionssphäre auch in die Sphäre des Konsums ein-

---

60 In den Wirtschaftswissenschaften wird Konsum nicht auf kollektiv geteilte Werte bezogen, sondern psychologisch dem individuellen Geschmack des Verbrauchers bzw. seinen Bedürfnissen zugeschrieben (Douglas/Isherwood 1979).
61 Das hier skizzierte anthropologische Modell menschlicher Bedürfnisse fand seine Vertreter sowohl in der Wirtschaftstheorie als auch in der Psychologie (siehe z.B. Maslows Bedürfnishierarchie). Beide Disziplinen sahen aufgrund ihres methodologischen Individualismus keine Veranlassung, vom Dogma des Konsums als ein Mittel der Befriedigung individueller Bedürfnisse abzurücken oder es um gesellschaftstheoretische bzw. kulturelle Annahmen zu ergänzen.

dringe. Freizeitaktivitäten, die Kunst, ja die ganze Kultur werden so durch die Kulturindustrie infiltriert. In der Kritischen Theorie von Lukács bis Horkheimer steht die wahre Kultur für eine der Ökonomie und ihrer Logik gegenüber autonome Sphäre, in der sich die menschlichen Möglichkeiten abseits instrumenteller Zwecksetzungen entfalten können (Schrage 2004: 17), wogegen der moderne Konsum als eine Unterwerfung des menschlichen Bewußtseins unter die instrumentelle Logik der Produktion, als fremdbestimmt erscheint. Die Unterscheidung zwischen wahren und künstlichen Bedürfnissen wurde dabei, anders als bei den Wirtschaftswissenschaften, nicht an anthropologischen Vorannahmen über natürliche Bedürfnisse festgemacht, sondern an der Unterscheidung von Kultur als selbstbestimmte Weltaneignung versus Konsum als künstliche und industriell fremdbestimmte Lebensführung.[62] Die sozialkritische Konsumkritik kulminierte in den siebziger Jahren in einer allgemeinen Gesellschaftskritik und einem grundsätzlichen Manipulations- und Ideologieverdacht gegenüber dem kulturellen Einfluß von Werbung und Konsum, von dem sich auch die marxistisch inspirierten, semiotisch-strukturalistischen Werbeanalysen leiten ließen. Diese Arbeiten (Haug 1972; Williamson 1978; Ewen 1976) verfolgten vor allem aufklärerische Ziele: Der naive Verbraucher sollte zur selbsttätigen Kritik angeleitet und dem Einfluß der Werbung entzogen werden.[63]

9.3 Konsum als kulturelles Handlungssystem
Annäherungen an eine Kultursoziologie des Konsums

Die Konsumvergessenheit und Produktionsfixierung der Sozial- und Gesellschaftstheorie wurde erst in den 1980er Jahren im Kontext der interpretativen Wende in den Sozialwissenschaften, die ja die Rolle von Bildung, Lebensstilen, Kultur und ganz allgemein die Rolle der Alltagskultur im Vergleich zum „wirtschaftlichen Unterbau" hervorgehoben hat, durch ein Paradigma abgelöst, das die expressiv-symbolische Funktion von Konsumgütern als Ausdruck von Werthaltungen und Lebensstilen ins Zentrum rückt.[64] Dies geschah unter dem Einfluß der brei-

---

62 Habermas formulierte in *Notizen zum Mißverhältnis von Kultur und Konsum* (1970): „Kultur ist kritisch, und Konsum nicht".
63 Mit dem Aufkommen der Milieu- und Lebensstilforschung und der Postmoderne-Diskussion wandelte sich die Perspektive auf Werbung und Konsum vollständig: Die grundsätzliche Konsumkritik im Stile Judith Williamsons (1978) und Stuart Ewens (1976) wurde abgelöst durch Fragen nach den Implikationen von Werbung und Konsum für Lebensstile (Wernick 1991; Featherstone 1991; Falk 1994).
64 Darin spiegelte sich nicht nur ein paradigmatischer Wandel, sondern auch eine reale gesellschaftliche Entwicklung wider (Leslie 1997).

tenwirksamen Rezeption strukturalistischer Ansätze, die eine Verlagerung des Bedeutungsgehalts von „Kultur" zur Folge hatte. Im Zentrum des strukturalistischen Kulturbegriffs, der mit der Rezeption der französischen Sozialphilosophie und der Ausweitung der interpretativen Sozialforschung die Sozialwissenschaften seit den 1980er Jahren dominiert, steht nun die Auffassung von Kultur als „Sprache", als symbolischer Struktur, die die Voraussetzung und Leitlinie des Handelns darstellt (Giesen/Schmid 1990: 95). Kultur löst sich damit aus der Verklammerung mit Tradition und Hochkultur, sie wird nun als Gesamtheit jener Sinnsysteme aufgefaßt, über die die Akteure im Sinne von geteilten Wissensordnungen verfügen und die eine spezifische Form des Handelns ermöglichen und zugleich einschränken (Reckwitz 2000: 85). Auch Konsum ist ein Teil dieser Sinnsysteme, durch die Kollektive elementare Klassifikationen und Denkmuster ausdrücken. Die Bedeutung von Konsumgütern wird dabei zunehmend immateriell-symbolisch und immer weniger über den konkreten materiellen oder funktionalen Nutzen bestimmt.

An prominentester Stelle findet sich diese gleichsam „ethnologisch gewendete" Konzeption von Konsum bei Pierre Bourdieu (1982) ausgearbeitet, der in seinem monumentalen Werk „Die feinen Unterschiede" Konsummuster bekanntlich durch Geschmacksmuster und Habitusformen bestimmt sieht, die durch klassenspezifische Lebenslagen geprägt wurden und willkürlich nicht zu wechseln sind. Ob man in die Oper oder in avantgardistische Theaterstücke geht, gegrilltes oder gekochtes Fleisch bevorzugt, sich klassisch kleidet oder mit der Mode geht, ist nicht nur eine Frage des Besitzes, sondern spiegelt die grundsätzlichen ethischen und ästhetischen Einstellungen, also das Kapital an Bildung und der in der Familie erworbenen Haltungen und Traditionen wider, die in den Tiefenstrukturen der Persönlichkeit verankert sind. Weder Werbung noch die Industrie erscheinen hier als die zentralen Propagandisten des Konsums. Im Kontrast zur Kritischen Theorie, die ja die wirtschaftliche Instrumentalisierung des Konsums betont, wird Konsum hier in erster Linie aus der Perspektive der Konsumenten gedacht. Die Kampflinien verlaufen *zwischen* den sozialen Klassen: Im Medium des Konsums finden die Auseinandersetzungen um gültige, d.h. intersubjektiv anerkannte Geschmacksnormen und Habitusformen statt. Im Konsum manifestieren sich Lebensstile als sichtbarer Ausdruck kulturell umkämpfter Identitätsentwürfe und Werthaltungen.[65]

---

[65] Bourdieu befaßt sich weitgehend mit einer Dynamik klassenspezifischer Nachahmung, die bereits Simmel interessiert hat. Demnach werden die Stil-Innovationen der Oberschichten durch niedrigere soziale Klassen imitiert. Doch nicht immer imitiert eine statusniedrige Gruppe eine Statushöhere. Dies zeigt sich vor allem im Bereich der Durchsetzung von

Allerdings gesteht Bourdieu dem Konsum als Handlungssystem keine Eigenständigkeit zu. Konsumentscheidungen bleiben mittels der im Habitus inkorporierten vorreflexiven und durch bewußte Entscheidungen nicht hintergehbaren Einstellungs- und Geschmacksmuster an das hierarchische Gerüst von in letzter Instanz ökonomisch begründeten Klassenpositionen gebunden. Demgegenüber sehen neuere Ansätze im Umkreis der Diskussion um den Postmodernismus die Sphäre des Konsums als ein gegenüber Klassendifferenzen weitgehend autonomes kulturelles Feld von Bedeutungen an (z. B. Baudrillard 1998; Fox/Lears 1983; Featherstone 1991; Wernick 1991; Ingenkamp 1996; Hölscher 1998). Das Spezifische des modernen Konsums besteht nach Meinung dieser Autoren weder in der Sicherung von Subsistenz und der Befriedigung von Grundbedürfnissen, noch in der schichtspezifischen Logik sozialer Distinktion – das alles hat es schon früher gegeben. Das Spezifische ist vielmehr die Entwicklung des Konsums als ein gegenüber Klassendifferenzen weitgehend autonomes kulturelles Handlungsfeld. Konsumhandlungen markieren demnach eine eigenständige Sphäre ästhetischer Erlebnis- und Erfahrungsräume, sie verfügen über eine eigensinnige Rationalität, die gerade nicht in der Bedeutung des Konsums als Indikator eines höheren sozialen Status aufgeht. Fredric Jameson (1991) und Mike Featherstone (1991) haben in diesem Zusammenhang die These vertreten, daß sich das eindeutig differenzierte Feld einer ästhetischen Hochkultur bzw. eines funktional ausdifferenzierten Kunstsystems aufgelöst hat und an dessen Stelle eine umfassende Ästhetisierung von Lebensformen getreten ist, die die Grenzen sowohl des Kunstsystems als auch die ästhetische Monopolstellung der Hochkultur sprengt. Das besagt nichts anderes, als daß in den alltäglichen Lebensweisen in popularisierter Form Bedeutungszuschreibungen verwendet werden, die vormals dem durch den bürgerlichen Kunstbetrieb dominierten genuin künstlerisch-ästhetischen Feld vorbehalten waren.[66] Durch diese Ent-

---

Moden (Barnard 1996). Eindrucksvolles Beispiel ist die Durchsetzung subkultureller oder sogar unterschichtspezifischer Musik- und Kleidungsformen wie Rap oder Ghetto-Look im kulturellen Mainstream der Popkultur. Aus dieser Perspektive liegt die These nahe, daß die herrschenden Klassen nicht die alleinigen Vorbilder für Lebensstile sind.

66 An dieser Neubewertung haben die Geistes- und Sozialwissenschaften mitgewirkt. Diese liefern nicht allein eine Analyse bestimmter Konzepte von Kultur (Albrecht 2002: 29), sondern sind selbst Teil von gesellschaftlichen Definitionsprozessen, durch die der Geltungsanspruch eines bestimmten Kulturbegriffs zementiert oder unterminiert wird. Dies gilt auch für die oben skizzierte Neubewertung des Verhältnisses von Konsum und Kultur. Waren es bis in die 1970er Jahre hinein vor allem die Geisteswissenschaften, die den Geltungsanspruch der bürgerlichen Kultur durch die ausschließliche Behandlung von hochkulturellen Erzeugnissen untermauerten (Beispiele sind: Germanistik, Geschichts- und Literaturwissenschaften), so hat der rasante Aufstieg der neueren Kultur- und Medienwissenschaften seit den 1980er Jahren disqualifizierten Kulturphänomenen wie den Massenmedi-

grenzung werden eine große Bandbreite sehr diverser Handlungsformen, wie etwa die Darstellung von Persönlichkeit, die Suche nach Vergnügen, Selbstverwirklichung, ja selbst die einfachen alltäglichen Verrichtungen und im Grenzfall die gesamte Lebensführung einer ästhetischen Kodierung zugänglich gemacht und somit Gegenstand von Stilisierung und symbolischer „Überhöhung". Das Verhältnis von Konsum und Kultur wird damit neu bestimmt: Konsum tritt nicht länger in oppositionelle Beziehung zu allgemeingültigen Wertorientierungen (z.B. Aufklärung, Emanzipation, Demokratie etc.), sondern wird zu einem autonomen Feld kultureller Bedeutungen. Er löst sich von seiner Materialität, wird immer mehr zu einem Konsum von Lebensstilen und Lebensentwürfen, zu einem Austausch symbolischer Zeichen.

In dem Maße, wie Konsum sich als Sinnsystem gegenüber objektiven Nutzeigenschaften der Dinge abkoppelt und sich als eigenständiges kulturelles Sinn- und Handlungssystem etabliert, kann er nicht mehr nach dem Paradigma der „heimlichen Verführer" verstanden werden.[67] Auch die Kritische Theorie, die Konsum unter ein bürokratisches Kontrollparadigma subsumiert, beschwört einen ökonomischen Determinismus herauf. Zwar haben beide Erklärungen ihre Vorzüge, doch weisen sie dem Konsumenten eine lediglich passive Rolle zu – als bloßem Spielball der Werbung oder als Gefangenen der industriellen Propagandaapparate. Die Dynamisierung und Globalisierung der Absatzmärkte zeigt jedoch, daß eine solche Sichtweise nicht länger aufrechterhalten werden kann. Der ästhetisierte Konsum kann weder allein durch Märkte noch durch Produzenten determiniert werden; er bleibt aufgrund seines sym-

---

en, dem „Massenkonsum" und der „Massenkultur" zu wissenschaftlichen Weihen und damit auch zu allgemeiner gesellschaftlicher Geltung verholfen.

67 Die Ansicht, daß Werbung menschliche Bedürfnisse manipuliert, dabei jedoch nur allzu leicht durchschaubar ist, weshalb niemals man selbst, sondern immer nur andere Opfer ihrer Verführungskunst werden, konnte lange Zeit als Gemeinplatz gelten. Davon war nicht nur die Haltung des Verbrauchers geprägt, auch die sozialwissenschaftlichen Reflexionen zur Werbung schwankten zwischen Verschwörungsphantasien, wonach der ideologische Apparat der Werbeproduktionen angeblich bis in die letzten Ritzen von Alltag und Konsum eindringt (ein jüngeres Dokument des Verschwörungsgenres dürfte der Essay „No Logo!" von Naomi Klein sein), und der Bagatellisierung ihrer nur zu offensichtlichen Beeinflussungsmotive (wie etwa Luhmanns lapidare Bemerkung: „Die Werbung deklariert ihre Motive", sie kann gar nicht manipulieren). Während die eine Position ungeprüft von der unbegrenzten Manipulierbarkeit von Bedürfnissen durch die Werbung ausgeht, behauptet die andere – ebenso ungeprüft – die völlige Unbeeindruckbarkeit durch Werbung. Beide Haltungen, die Übersteigerung, wie auch die Bagatellisierung, zeugten lange Zeit jedoch von einem Analyseverzicht. In beiden Fällen schien völlig auf der Hand zu liegen, was eigentlich doch erst hätte erforscht werden müssen: Welche Art und welcher Grad der Einflußnahme durch Werbung vorliegt.

bolischen Charakters immer auf eine kulturelle Vervollständigung angewiesen, ist also auf Kontingenz von Handlungsmustern ausgerichtet.

Erfolgversprechender erscheint demgegenüber der Versuch zu sein, den Charakter des Konsums als eine spezifisch soziale Partizipationsform zu untersuchen, als ein Handlungssystem, das durch eigene Regeln bestimmt wird. Eine zentrale These ist: Je stärker sich Konsum als kulturelles Handlungssystem ausdifferenziert, desto deutlicher emanzipiert sich (innerhalb des Wirtschaftssystems) die Rolle des Konsumenten gegenüber dem „Diktat der Produzenten". Im Umfeld der „Cultural Studies" wurde dies als doppelter Befreiungsschlag („Politik des Vergnügens"; Göttlich/Winter 2000) gegen die bürgerliche Bevormundung durch die Hochkultur (Albrecht 2002)[68] und den Kapitalismus gefeiert. Hier führt der Konsument eine Art Guerilla-Krieg gegen den Kapitalismus, indem er die dominanten Lesarten von Konsumgütern durch „aktive Aneignung" unterläuft. Für unseren Zusammenhang ist dabei zentral, daß die Emanzipation des Konsumenten aus dem Zugriff von Produzenten Konsequenzen für die Herstellung von Gütern und die Gestaltung von Absatzmärkten hat: Je mehr sich die ästhetische Logik des Konsumierens gegenüber der Logik des reinen Gebrauchs verselbständigt (d.h. je unberechenbarer aus der ökonomischen Sicht der klassischen Produzenten die Konsumenten werden), desto größer der Einfluß von Experten, die sich mit der Produktion und Ausdeutung symbolischer Güter und Konsumformen befassen, desto wichtiger also die ökonomischen Kulturvermittler. „Kultur" und „Werte" – wie in den vorangehenden Kapiteln am Beispiel der *Kreativen* im Berufsfeld Werbung gezeigt – werden zu einem zentralen Referenzpunkt wirtschaftlichen Handelns.

Die Frage, um die es abschließend gehen soll, ist: Wie läßt sich Konsum als eine soziale *Partizipationsform*, die über Märkte und Massenmedien vermittelt wird und in der das Verhältnis zwischen Produzenten und Konsumenten eine wichtige Rolle spielt, bestimmen? Folgende Merkmale des konsumatorischen Rollen- und Partizipationsmusters sollen hier, ohne Anspruch auf Vollständigkeit, hervorgehoben werden:

1. Je wichtiger die symbolischen Aspekte des Konsumierens, desto deutlicher wird sein Bezug zu außeralltäglichen Erfahrungsräumen. Die Außeralltäglichkeit und die Selbstzweckhaftigkeit spiegelt sich in der Assoziation von Konsum mit „Exzeß", „Unordnung", „Spiel", „Spektakel" wider. Es geht um den Aufbau einer zur Alltagswelt komplementä-

---

68 Es ist eine offene Frage, ob man – wie Albrecht (2002: 27) im Anschluß an Tenbruck – die populäre Kultur als neue repräsentative Kultur ansehen kann, deren Geltung, vergleichbar mit der bürgerlichen Kultur, über ihre Trägerschicht hinausgeht.

ren Erfahrungswelt, in der die Grenzen zwischen Fiktion und Wirklichkeit, Kunst und Alltagswelt, Inszenierung und authentischer Erfahrung durchlässiger werden. Featherstone (1991: 22) führt bestimmte Aspekte des außeralltäglichen Charakters auf das Überdauern vorindustrieller karnevalesker Traditionen zurück, die im modernen Konsum durch Medienbilder, Werbung, Rockvideos, Popkonzerte und andere Elemente der Populärkultur transformiert worden sind. Auch Themen- und Vergnügungsparks, Shopping Malls, Urlaubsressorts, Disneyland etc. lassen sich seiner Ansicht nach auf Traditionen, die in der Volkskultur überlebt haben, zurückführen. Eine ähnliche Funktion kommt traditionell dem Marktplatz als Ort des Konsums und des Vergnügens zu. Diese ausgewiesenen Spektakel des Konsums bilden gleichsam liminale, vom Alltag abgeschirmte Bereiche[69], in denen die soziale Ordnung temporär außer Kraft gesetzt wird: Die Mixtur fremder Bilder, Geräusche und Gerüche führt zur Konfusion von Grenzen, zur zivilisatorischen Unordnung und bringt Infrastrukturen für autotelische Aktivitäten hervor, die spannende „time-out"-Situationen kreieren. Viele der Aktivitäten rund um den Konsum haben deshalb mit dem Eintreten in imaginative Welten zu tun.

2. Mit der Ausweitung von Konsumgütermärkten auf immaterielle Güter – von der Unterhaltung und Tourismus über Information bis zur Gesundheit – verallgemeinern sich konsumatorische Verhaltensorientierungen (Genußfähigkeit, Erlebnisfähigkeit, Expressivität). Sie dringen in Rollenbeziehungen ein, die zuvor durch die Idee der Treuhänderschaft und ein asymmetrisches Rollensetting, wie z.B. durch ein Experten-Klienten- oder Lehrer-Schüler-Verhältnis, geprägt wurden. Die Idee professioneller Treuhänderschaft erfordert Vermittlung und das persönliche Gespräch, sie enthält den Anspruch, den Klienten in wesentlichen Aspekten seines persönlichen Schicksals zu betreuen. Demgegenüber erfolgen konsumatorische Rollenbeziehungen auf Distanz. Im Unterschied zum professionellen Komplex (Parsons 1973) fehlt z.B. dem Produzenten der direkte Klientenbezug, weil die Integration des Konsumenten nicht interaktiv, sondern über eine durch Massenmedien und Märkte vermittelte Öffentlichkeit geschieht (Wenzel 2001).

3. Eine weitere Schlüsselkategorie in der Konzeption des modernen Konsums ist der *Markt*. Er ist deshalb zentral, weil er eine Erweiterung des Zugangs zu kulturellen Gütern über Klassen- und Schichtengrenzen hinweg ermöglicht. Die auf dem Warenmarkt umlaufenden Konsumgüter können kontextunabhängig und gesellschaftsweit zirkulieren, sie sind

---

69 Eine bestimmte Form der Liminalität von Konsumpraktiken hat Eva Illouz (2003) am Beispiel der modernen romantischen Liebe in ihrer Studie *Der Konsum der Romantik* untersucht.

nicht an traditionelle Einbindungen in lokale Gemeinschaften oder von vornherein an bestimmte Bildungsvoraussetzungen oder bestimmte Zugehörigkeiten gebunden. Vielmehr werden kulturelle Partizipationsformen durch Marktzirkulationen dekontextualisiert, weil es sich gerade nicht um die Integration in geschlossene Sozialordnungen handelt. Anders als in anderen gesellschaftlichen Sphären gibt es im Konsum keine eindeutigen Nutzungshinweise oder kanonisierte Bedeutungszuweisungen. Je mehr Bereiche der Kultur „konsumiert" werden – also auf Märkten zirkulieren (Featherstone 1991) – desto stärker können sich gesellschaftliche Bedeutungen aus den normativen Verankerungen geschlossener Sozialordnungen (Traditionen, ständische Lebensformen, Professionen) herauslösen (Falk 1994).

Schluß:
Die kulturellen Widersprüche des neuen Kapitalismus

„Das Ethos der Kreativen" untersuchte die Frage, wie sich der Wandel ökonomischer Strukturen mit dem Wandel von Lebensformen und kollektiven Selbstdeutungen in den Alltagswelten kapitalistischer Arbeit verschränkt. Damit wurde ein Thema angesprochen, das die Soziologie seit ihrem Beginn beschäftigt hat. Zwei Anliegen standen im Mittelpunkt: Zum einen wurden, anknüpfend an die soziologischen Klassiker Durkheim, Weber und Parsons', Perspektiven auf den aktuellen Kulturwandel der Arbeit erarbeitet. Das zweite Ziel bestand darin, am Beispiel der Werbeindustrie Berufsethos und -habitus der *Kreativen* zu untersuchen. Dieser Akteurstypus ist im Kapitalismus der Gegenwart, in der die Produktion und Konsumtion von immateriellen Produkten und Dienstleistungen (Unterhaltung, Gesundheit, Information, Erlebnisse) an Bedeutung gewonnen hat, zu einem wichtigen Rollen- und Identitätsmodell geworden.

Im ersten Teil haben wir die Veränderungen nachgezeichnet, die das klassische Paradigma beruflich strukturierter und integrierter Arbeit ausgehöhlt haben. Im Zentrum stand die Aussage, daß die bürgerliche Berufsidee, die der institutionellen Architektur des industriellen Kapitalismus zugrunde lag, mit der Flexibilisierung der Ökonomie für immer weitere Bevölkerungsschichten ihre Geltungskraft eingebüßt hat: als sozialmoralischer Bezugspunkt, weil der kollektive Berufsstatus und die kollektive Erwerbslaufbahn mehr und mehr zugunsten eines individualisierten Verhältnisses zu Arbeit und Erwerb zurückgedrängt wurden (Baethge 1991; Baethge/Baethge-Kinsky 1998), als institutioneller Bezugspunkt, weil der sozialstaatliche Rückbau und Deregulierungstendenzen die Akteure im Arbeitsleben zunehmend mit Marktbedingungen konfrontieren, die zur Aufweichung industriemoderner Strukturen von Bildung, Beruf und sozialer Klassenzugehörigkeit geführt haben.

Vier Entwicklungen markieren die Sollbruchstellen der bürgerlichen Berufsidee: der Abbau des Wohlfahrtsstaates und die Erosion des „Normalarbeitsverhältnisses" haben die institutionellen Grundlagen des Gesellschaftsvertrages der Industriemoderne unterminiert; die marktförmige Umgestaltung von Arbeitsverhältnissen hat zur Erosion der Berufsidee, verstanden als lebenslanges Projekt der Lebensführung, geführt; neue Unternehmens- und Organisationskonzepte haben berufliche Qualifikationskonzepte im Kontext betrieblicher Statusordnungen entwertet und schließlich haben Prozesse der Individualisierung und der Neutralisierung klassischer Qualifikationsstufen und Beschäftigungskategorien zur Aufweichung des Klassenmodells sozialer Ungleichheit und zur zunehmenden Sichtbarkeit der Ungleichheitsrelevanz sozialer Identitäten (z. B. ethnischer und geschlechtlicher Zugehörigkeiten) in Arbeitskontexten beigetragen.

Der Rückbau der institutionellen Architektur der Industriemoderne wirft die Frage nach dem Wandel von Lebensformen in der uns nun bevorstehenden gesellschaftlichen Entwicklungsphase auf. Hier spaltet sich die kritische Zeitdiagnose in zwei Lager: Die radikale Fraktion behauptet, daß sich auf den Trümmern der industriemodernen Institutionen die Konturen einer neuen Gesellschaftsordnung abzeichnen, die sich weder aus ökonomischen Strukturen, wie sie der Marxismus beschrieb, noch aus normativ geregelten und institutionalisierten gesellschaftlichen Strukturen, wie sie der Parsonsche Funktionalismus hervorhob, erklären lassen, sondern aus den miteinander verwobenen globalen und lokalen Netzen der Informations- und Kommunikationsstrukturen hervorgehe (z. B. Castells 2001; Stehr 2001; Willke 1998; Prokop 2002). Die gemäßigte Fraktion sieht in dem Strukturwandel der Arbeit hingegen lediglich die Fortschreibung industriemoderner Entwicklungstendenzen, wonach der Wandel von Arbeitsformen nicht als Resultat einer grundlegenden Neuerung, sondern als Akzentverschiebung des Grundwiderspruchs zwischen Kapital und Arbeit aufgefaßt werden muß. Bürokratische Kontrolle werde durch die subtileren Kontrollmechanismen der Subjektivierung und Vermarktlichung von Beschäftigungsverhältnissen ersetzt, deren Freiheitssuggestionen weitgehend ideologischen Charakter hätten.

Als ein wesentliches Defizit beider Positionen kann geltend gemacht werden, daß diese „dem Sozialen", d. h. den durch Werten, Normen und

Regeln gesteuerten Handlungsbereichen, gegenüber dem Ökonomischen keine eigenständige Erklärungskraft einräumen. Beide Positionen führen die Herausbildung neuer Lebensformen letztinstanzlich auf systemische Bedingungen eines global entfesselten Kapitalismus zurück, der sich lebensweltlicher Handlungsmuster und Sinnstrukturen immer weitgehender bemächtigt, was zur „inneren Landnahme" (Moldaschl 2003) nicht nur der Arbeitskraft, sondern auch der gesamten Persönlichkeit führen werde. In dieser Perspektive erscheint die Flexibilisierung des Kapitalismus und die Auflösung von Normalarbeitsverhältnissen als Anzeichen der Herausbildung einer Gesellschaftsordnung, in der über Arbeit und Beruf langfristig keine Sozialintegration mehr gewährleistet werden kann, in der Reziprozität, persönliche Sinnstiftung und arbeitsbezogene Wertorientierungen einer zunehmend instrumentellen Haltung zum Opfer fallen – mit der Konsequenz, daß die Erwerbsperson sich völlig nach Marktkalkülen ausrichtet (Voß/Pongratz 1998) und selbst ihre eigene Subjektivität nach ökonomischen Kalkülen rationalisiert (Moldaschl/Sauer 2000).

Demgegenüber zeigt die vorliegende Studie, daß nicht die Aufhebung, sondern der Wandel der Berufsmoral das Charakteristikum des neuen Kapitalismus ist. In dem Maße, wie qualifizierte Dienstleistungsberufe (Unternehmensberatung, Werbung, Medienberufe, Forschung etc.) – man spricht von Wissensarbeitern – das gegenwärtige Profil der Erwerbsgesellschaft immer stärker bestimmen (vgl. Deutschmann 2001), rückt eine emphatische Beruflichkeit – einst das Privileg einer kleinen professionellen Minderheit – für einen immer größeren Teil der Beschäftigten in den Mittelpunkt sozialer Identitätsbildung.

Dabei hat sich innerhalb der flexiblen Erwerbsformen der Gegenwart ein neues Ethos, ein neues Berufsideal herausgebildet, in dem das Leitbild des *Kreativen* zum Subjektideal geworden ist. Dieses Subjektideal ist darauf ausgerichtet, den Ausnahmecharakter kreativer Arbeit, seinen Sonderstatus im Vergleich zur „gewöhnlichen Angestelltenarbeit", die als konformistisch, unselbständig und nicht authentisch erscheint, zu unterstreichen. Dabei kommt es zur Kopplung von konsumatorischen und kreativen Dispositionen. Wie das moderne Konsumsubjekt (Campbell 1989; Reckwitz 2006), so setzt das Ethos kreativer Arbeit auf die Ästhetisierung von Objekten, die, als Medium der Erweiterung des inneren Erfahrungsraums und der Transformation des Selbst eingesetzt, die Steigerung der kreativen Leistungen ermöglichen sollen. Dennoch kann das kreative Arbeitssubjekt nicht einfach als bloße Kopie eines erlebnisorientierten, antibürgerlichen Habitus verstanden werden, da auch dieses nicht ohne die bürgerlichen Tugenden Rationalität, Disziplin und

Selbstkontrolle auskommt, die ihm ja gerade ermöglichen, seine Arbeitsleistungen rational zu steuern. Die Ästhetisierung hebt die Notwendigkeit zur Disziplinierung nicht auf. Vielmehr verläuft der „kulturelle Widerspruch des Kapitalismus" nun mitten durch die Arbeitssphäre hindurch. Der von Bell thematisierte moderne Dauerkonflikt zwischen der Disziplinierung des modernen Subjektes, seiner Einbindung in bürokratische Strukturen, und seiner „Ästhetisierung", d. h. der Herausbildung eines erlebnis- und begehrensorientierten Subjekts, wird heute nicht mehr zwischen privaten und beruflichen Lebenssphären, sondern *innerhalb* der Arbeitswelt ausgetragen.

Sichtbar wird dies in der widersprüchlichen Allianz von Selbstverwirklichung und Marktlogik, die als das Resultat der Durchdringung zweier Prozesse charakterisiert werden kann: der Ästhetisierung von Arbeit und Beruf und der Vermarktlichung von Subjektivität. Die Ästhetisierung von Arbeit und Beruf bezieht sich auf die Weise, in der Arbeitswelten, vor allem in Kreativberufen, eine (pop-)künstlerische Aura annehmen. Die Vermarktlichung von Subjektivität betrifft die Weise, in der individuelle Eigenschaften, Vorlieben und Talente durch Märkte vereinnahmt und vom kapitalistischen Verwertungsprozeß absorbiert werden. In der Werbeindustrie kommt die gegenseitige Durchdringung beider Prozesse in der Institution der Kreativwettbewerbe zum Tragen. Diese dienen zum einen der Idee der Liminalität, die die Umkehrung bislang geltender Werte und Hierarchien erlaubt. Jeder soll die Möglichkeit erhalten, mit einer ganz neuen, nie dagewesenen Idee hervorzutreten. Über das größte Prestige innerhalb dieses beruflichen Feldes verfügt, wer aus sich selbst heraus, kraft seines Talentes, herausragende schöpferische Leistungen erbringt. Nicht die Beförderung, d. h. die hierarchische Selektion durch Vorgesetzte, auch nicht die schulische Selektion durch Bildungstitel, sondern die Behauptung in einer Konkurrenzsituation ist das Strukturprinzip des beruflichen Erfolgsstrebens. Die Wettbewerbe in der Werbung machen aus der Konkurrenz innovativer Talente und Ideen eine legitime Wertigkeitsprüfung. Damit bestätigen und legitimieren die Wettbewerbe eine Erwerbssituation, in der Karrieremuster durch marktlich radikalisierte Beschäftigungsformen geprägt werden. Anstelle der einmaligen Festlegung und symbolischen Beglaubigung qualifikatorischer Eingangsbedingungen müssen die Einzelnen den Nachweis ihrer Befähigung immer wieder neu erbringen: „Du mußt jedes Mal neu zeigen, daß du es wert bist, das Geld, was du verdienst, daß du mit den Kollegen und den Kunden gut auskommst. Du mußt praktisch jedes Mal von vorne anfangen" (B5, männlich).

Für den Strukturwandel des Kapitalismus ist das neue Berufsethos in dreierlei Hinsichten zentral: Erstens fungiert es als Brückenglied zwischen den globalisierungsbedingten Veränderungen der Kulturindustrien und der Subjektivität der Beschäftigten. Zweitens trägt es zur Verbreitung neuer Subjektideale, Lebensformen und Mentalitätsmuster bei. Drittens ist es Teil eines neuen Expertentypus, der sich nicht mehr in erster Linie an wissenschaftlicher bzw. technologischer Rationalität, sondern an expressiven Kompetenzen orientiert. Aufgrund der Expansion der Märkte für symbolische Dienstleistungen (Unterhaltung, Gesundheit, Information, Tourismus) wird der gesellschaftliche Einfluß dieses Typus voraussichtlich auch außerhalb der Kulturindustrien zunehmen.

Literatur

Abbott, Andrew (1988): The System of Professions. An Essay on the Division of Expert Labor. Chicago und London: University of Chicago Press.

Adler, Judith E. (1979): Artists in Offices. An Ethnography of an Academic Art Scene. New Brunswick und London: Transaction Publishers.

Albrecht, Clemens (2002): Wie Kultur repräsentativ wird: Die Politik der Cultural Studies. In: Udo Göttlich; Clemens Albrecht und Winfried Gebhardt (Hrsg.): Populäre Kultur als repräsentative Kultur. Die Herausforderung der Cultural Studies. Köln: Herbert von Halem, S. 16-32.

Alexander, Jeffrey C. (1988): Durkheimian Sociology. Cultural Studies. Cambridge und New York: Cambridge University Press.

Baecker, Dirk (2003): Organisation und Management. Frankfurt a. M.: Suhrkamp.

Baethge, Martin (1991): Arbeit, Vergesellschaftung, Identität. Zur zunehmenden normativen Subjektivierung der Arbeit. In: Soziale Welt, 42, S. 6-19.

Baethge, Martin (2001): Beruf – Ende oder Transformation eines erfolgreichen Ausbildungskonzepts. In: Thomas Kurtz (Hrsg.): Aspekte des Berufs in der Moderne. Opladen: Leske und Budrich, S. 39-68.

Baethge, Martin; Baethge-Kinsky, Volker (1998): Jenseits von Beruf und Beruflichkeit? Neue Formen von Arbeitsorganisation und Beschäftigung und ihre Bedeutung für eine zentrale Kategorie gesellschaftlicher Integration. In: MittAB, 3, S. 461-472.

Baethge, Martin; Denkinger, Joachim; Kadritzke, Ulf (1995): Das Führungskräfte-Dilemma. Manager und industrielle Experten zwischen Unternehmen und Lebenswelt. Frankfurt a. M.: Campus.

Barnard, Malcolm (1996): Fashion as Communication. Sage: London und New York.

Baudrillard, Jean (1998): The Consumer Society. Myths and Structures. Sage: London; Thousand Oaks und New Delhi.

Baumann, Shyon (2001): Intellectualization and Art World Development. Film in the United States. In: American Sociological Review, 66, S. 404-426.

Beck, Ulrich (1986): Die Risikogesellschaft. Auf dem Weg in eine andere Moderne. Frankfurt a. M.: Suhrkamp.

Beck, Ulrich; Beck-Gernsheim, Elisabeth (1990): Das ganz normale Chaos der Liebe. Frankfurt a. M.: Suhrkamp.

Beck, Ulrich; Brater, Michael (1978): Berufliche Arbeitsteilung und soziale Ungleichheit. Eine historisch-gesellschaftliche Theorie der Berufe. Frankfurt a. M.: Campus.

Beck, Ulrich; Brater, Michael; Daheim, Hans-Jürgen (1980): Soziologie der Arbeit und der Berufe. Grundlagen, Problemfelder, Forschungsergebnisse. Reinbek: Rowohlt.

Beckert, Jens (1997): Grenzen des Marktes. Die sozialen Grundlagen wirtschaftlicher Effizienz. Frankfurt a. M.: Campus.

Bell, Daniel (1975): Die nachindustrielle Gesellschaft (zuerst 1976). Frankfurt a. M.: Campus.

Bell, Daniel (1991): Die kulturellen Widersprüche des Kapitalismus. Frankfurt a. M.: Campus.

Berger, Johannes; Offe, Claus (1984): Die Entwicklungsdynamik des Dienstleistungssektors. In: Claus Offe (Hrsg.): Arbeitsgesellschaft. Strukturprobleme und Zukunftsperspektiven. Frankfurt a. M.: Campus, S. 229-270.

Berger, Peter A.; Hradil, Stefan (1990): Die Modernisierung gesellschaftlicher Ungleichheit und die neuen Konturen ihrer Erforschung. In: Dies. (Hrsg.): Lebenslagen, Lebensläufe, Lebensstile. Sonderheft der Sozialen Welt. Göttingen: Schwartz, S. 319-350.

Berger, Peter A.; Konietzka, Dirk (2001): Alte Ungleichheiten und neue Unsicherheiten in der Erwerbsgesellschaft. In: Dies. (Hrsg.): Die Erwerbsgesellschaft. Neue Ungleichheiten und Unsicherheiten. Opladen: Leske und Budrich, S. 9-25.

Berger, Peter A.; Konietzka, Dirk (Hrsg., 2001): Die Erwerbsgesellschaft. Neue Ungleichheiten und Unsicherheiten. Opladen: Leske und Budrich.

Berger, Peter A.; Konietzka, Dirk; Michailow, Matthias (2001): Beruf, soziale Ungleichheit und Individualisierung. In: Thomas Kurtz (Hrsg.): Aspekte des Berufs in der Moderne. Opladen: Leske und Budrich, S. 209-237.

Berger, Peter L.; Luckmann, Thomas (1970): Die gesellschaftliche Konstruktion von Wirklichkeit. Eine Theorie der Wissenssoziologie. Frankfurt a. M.: Fischer.

Betzelt, Sigrid (2003): Professionalisierungsstrategien und Geschlechterarrangements in liberalisierten Dienstleistungsmärkten – Befunde aus der Kulturindustrie. In: Ellen Kuhlmann und Sigrid Betzelt (Hrsg.): Geschlechterverhältnisse im Dienstleistungssektor. Baden-Baden: Nomos, S. 105-118.

Betzelt, Sigrid; Gottschall, Karin (2004): Publishing and the New Media Professions as Forrunners of Pioneer Work and Life Patterns. In: Janet Z. Giele und Elke Holst (Hrsg.): Changing Life Patterns in Western Industrial Societies. Amsterdam et al.: Elsevier, S. 257-280.

Bismarck, Beatrice von; Stoller, Diethelm; Wege, Astrid; Wuggenig, Ulf (Hrsg., 2001) Branding the Campus. Kunst, Design, Architektur, Identitätspolitik. Düsseldorf: Richter.

Blau, Peter; Duncan, Otis (1967): The American Occupational Structure. New York; London; Sydney: Wiley.

Blossfeld, Hans-Peter (2001): Bildung, Arbeit und soziale Ungleichheit im Globalisierungsprozeß. Einige theoretische Überlegungen zu offenen Forschungsfragen. In: Thomas Kurtz (Hrsg.): Aspekte des Berufs in der Moderne. Opladen: Leske und Budrich, S. 239-264.

Bode, Ingo; Brose, Hanns-Georg (1999): Die neuen Grenzen organisierter Reziprozität. Zum gegenwärtigen Wandel der Solidaritätsmuster in Wirtschafts- und Nonprofit-Organisationen. In: Berliner Journal für Soziologie, 9, S. 179-196.

Boltanski, Luc; Chiapello, Ève (1999): Le nouvel Esprit du Capitalisme. Paris: Gallimard.

Boltanski, Luc; Chiapello, Ève (2001): Die Rolle der Kritik in der Dynamik des Kapitalismus und der normative Wandel. In: Berliner Journal für Soziologie, 11, S. 459-478.

Boltanski, Luc; Chiapello, Ève (2003): Der neue Geist des Kapitalismus. Konstanz: UVK.

Boltanski, Luc; Thévenot, Laurent (1991): De la Justification. Paris: Gallimard.

Bolte, Karl Martin (1983): Subjektorientierte Soziologie – Plädoyer für eine Forschungsperspektive. In: Karl Martin Bolte und Erhard Treutner (Hrsg.): Subjekt-

orientierte Arbeits- und Berufssoziologie. Frankfurt a. M. und New York: Campus, S. 12-36.
Bourdieu, Pierre (1976): Theorie der Praxis. Frankfurt a. M.: Suhrkamp.
Bourdieu, Pierre (1982): Die feinen Unterschiede. Kritik der gesellschaftlichen Urteilskraft. Frankfurt a. M.: Suhrkamp.
Bourdieu, Pierre (1983): Ökonomisches Kapital, kulturelles Kapital, soziales Kapital. In: Reinhard Kreckel (Hrsg.): Soziale Ungleichheiten. Sonderheft der Sozialen Welt. Göttingen: Schwartz, S. 183-198.
Bourdieu, Pierre (1986): Sozialer Sinn. Kritik der theoretischen Vernunft. Frankfurt a. M.: Suhrkamp.
Bourdieu, Pierre (1990): Die biographische Illusion. In: BIOS, 3, S. 75-81.
Bourdieu, Pierre (1997): Die männliche Herrschaft. In: Irene Dölling und Beate Krais (Hrsg.): Ein alltägliches Spiel. Geschlechterkonstruktionen in der sozialen Praxis. Frankfurt a. M.: Suhrkamp, S. 153-217.
Bourdieu, Pierre (1998a): Gegenfeuer. Wortmeldungen im Dienste des Widerstands gegen die neoliberale Invasion. Konstanz: UVK.
Bourdieu, Pierre (1998b): Praktische Vernunft. Zur Theorie des Handelns. Frankfurt a. M.: Suhrkamp.
Bourdieu, Pierre; Boltanski, Luc; de Saint Martin, Monique; Maladier, Pascale (1981): Titel und Stelle. Über die Reproduktion sozialer Macht. Frankfurt a. M.: Europäische Verlagsanstalt.
Brint, Steven (1994): In an Age of Experts. The changing Role of Professionals in Politics and Public Life. Princeton: Princeton University Press.
Bristot, Rolf (1995): Geschäftspartner Werbeagentur. Essen: Stamm.
Bröckling, Ulrich (2000): Totale Mobilmachung. Menschenführung im Qualitäts- und Selbstmanagement. In: Ulrich Bröckling; Susanne Krasmann und Thomas Lemke (Hrsg.): Gouvernementalität der Gegenwart. Studien zur Ökonomisierung des Sozialen. Frankfurt a. M.: Suhrkamp, S. 131-167.
Bröckling, Ulrich; Krasmann, Susanne; Lemke, Thomas (Hrsg., 2000): Gouvernementalität der Gegenwart. Studien zur Ökonomisierung des Sozialen. Frankfurt a. M.: Suhrkamp.
Brooks, David (2001): Die Bobos. Der Lebensstil der neuen Elite. München: Ullstein.
Brose, Hanns-Georg; Hildenbrand, Bruno (1989): Biographisierung von Erleben und Handeln. In: Dies. (Hrsg.): Vom Ende des Individuums zur Individualität ohne Ende. Opladen: Leske und Budrich, S. 11-32.
Brown, Philip; Scase, Richard (1994): Higher Education and Corporate Realities. Class, Culture and the Decline of Graduate Careers. London: UCL Press.
Burkart, Günter (1982): Strukturtheoretische Vorüberlegungen zur Analyse universitärer Sozialisationsprozesse. Eine Auseinandersetzung mit Parsons' Theorie der amerikanischen Universität. In: Kölner Zeitschrift für Soziologie und Sozialpsychologie, 34, S. 444-468.
Burkart, Günter (1994): Die Entscheidung zur Elternschaft. Eine empirische Kritik von Individualisierungs- und Rational-Choice-Theorien. Stuttgart: Enke.
Burkart, Günter (1995a): Zum Strukturwandel der Familie. Mythen und Fakten. In: Aus Politik und Zeitgeschichte, 52, 53, S. 3-13.

Burkart, Günter (1995b): Individualisierung und Familie in den USA. In: Hans Bertram (Hrsg.): Das Individuum und seine Familie. Opladen: Leske und Budrich, S. 399-428.

Burkart, Günter (1997): Liebesphasen – Lebensphasen. Opladen: Leske und Budrich.

Campbell, Colin (1989): The Romantic Ethic and the Spirit of Modern Consumerism. Oxford und Cambridge: Blackwell.

Cappelli, Peter (1999): The New Deal at Work. Managing the Market-Driven Workforce. Boston und Massachusetts: Harvard Business School Press.

Casey, Catherine (1995): Work, Self and Society. After Industrialism. London und New York: Routledge.

Castel, Robert (2000): Die Metamorphose der sozialen Frage. Eine Chronik der Lohnarbeit. Konstanz: UVK.

Castells, Manuel (1996): The Network Society. The Information Age. Economy, Society and Culture. Band 1. Malden, MA und Oxford: Blackwell.

Castells, Manuel (1997): The End of Millenium. The Information Age. Economy, Society and Culture. Band 3. Malden, MA und Oxford: Blackwell.

Castells, Manuel (1998): The Power of Identity. The Information Age. Economy, Society and Culture. Band 2. Malden, MA und Oxford: Blackwell.

Castells, Manuel (2001): Der Aufstieg der Netzwerkgesellschaft. Teil I der Trilogie: Das Informationszeitalter. Opladen: Leske und Budrich.

Castoriadis, Cornelius (1984): Gesellschaft als imaginäre Institution. Entwurf einer politischen Philosophie (zuerst 1975). Frankfurt a. M.: Suhrkamp.

Caves, Richard (2000): Creative Industries. Cambridge: Harvard University Press.

Claessens, Dieter (1989): Heraustreten aus der Masse als Kulturarbeit. Zur Theorie einer Handlungsklasse – quer zu Bourdieu. In: Klaus Eder (Hrsg.): Klassenlage, Lebensstil und kulturelle Praxis. Frankfurt a. M.: Suhrkamp, S. 303-340.

Collins, Randall (1988): The Durkheimian Tradition in Conflict Sociology. In: Jeffrey C. Alexander (Hrsg.): Durkheimian Sociology: Cultural Studies. Cambridge und New York: Cambridge University Press, S. 107-128.

Collins, Randall (1990): Market closure and the conflict theory of the professions. In: Michael Burrage und Rolf Torstendahl (Hrsg.): Professions in theory and history: rethinking the study of the professions. London; Newbury Park und New Delhi: Sage, S. 24-43.

Dahrendorf, Ralf (1997): After 1989. Morals, Revolution and Civil Society. New York und Oxford: St. Martin's Press.

Dahrendorf, Ralf (2001): Leben als Tätigkeit. Kapital ohne Arbeit, Arbeit ohne Kapital. In: Frankfurter Allgemeine Zeitung vom 24. Dezember 2001, Nr. 299, S. 6.

Davies, Celia (1995): Gender and the professional predicament in nursing. Buckingham und Philadelphia: Open University Press.

Dettling, Warnfried (2000): Diesseits und jenseits der Erwerbsarbeit. In: Jürgen Kocka und Claus Offe (Hrsg.): Geschichte und Zukunft der Arbeit. Frankfurt a. M.: Campus, S. 202-214.

Deutschmann, Christoph (1993): Unternehmensberater – eine neue „Reflexionselite"? In: Walther Müller-Jentsch (Hrsg.): Profitable Ethik – effiziente Kultur. Neue Sinnstiftungen durch das Management? München und Mering: Hampp, S. 57-82.

Deutschmann, Christoph (1997): Die Mythenspirale. Eine wissenssoziologische Interpretation industrieller Rationalisierung. In: Soziale Welt, 48, S. 55-70.

Deutschmann, Christoph (1999): Die Verheißung des absoluten Reichtums. Frankfurt a. M.: Campus.

Deutschmann, Christoph (2001): Die Gesellschaftskritik der Industriesoziologie – ein Anachronismus? In: Leviathan, 29, S. 58-69.

Deutschmann, Christoph (2002): Postindustrielle Industriesoziologie. Theoretische Grundlagen, Arbeitsverhältnisse und soziale Identitäten. Weinheim: Juventa.

Deutschmann, Christoph (2003): Industriesoziologie als Wirklichkeitswissenschaft. In: Berliner Journal für Soziologie, 13, S. 477-495.

Deutschmann, Christoph; Faust, Michael; Jauch, Peter; Notz, Petra (1995): Veränderungen der Rolle des Managements im Prozeß reflexiver Rationalisierung. In: Zeitschrift für Soziologie, 24, S. 436-450.

DiMaggio, Paul (1994): Culture and Economy. In: Neil Smelser und Richard Swedberg (Hrsg.): The Handbook of Economic Sociology. Princeton und New York: Princeton University Press, S. 27-57.

DiMaggio, Paul; Powell, Walter (1983): The Iron Cage Revisited: Institutional Isomorphism and Collective Rationality in Organizational Fields. In: American Sociological Review, 48, S. 147-160.

Douglas, Mary; Isherwood, Baron (1979): The World of Goods. Towards an Anthropology of Consumption. London: Routledge.

Drucker, Peter (1969): The Age of Discontinuity. Heinemann: London.

Du Gay, Paul (1996): Consumption and Identity at Work. London: Sage Publications.

Dumont, Louis (1991): Individualismus. Zur Ideologie der Moderne. Frankfurt a. M.: Campus.

Durkheim, Emile (1976): Soziologie und Philosophie (zuerst 1924). Mit einer Einleitung von Theodor W. Adorno. Frankfurt a. M.: Suhrkamp.

Durkheim, Emile (1983): Der Selbstmord (zuerst 1897). Frankfurt a. M.: Suhrkamp.

Durkheim, Emile (1984a): Die elementaren Formen des religiösen Lebens (zuerst 1912). Frankfurt a. M.: Suhrkamp.

Durkheim, Emile (1984b): Erziehung, Moral und Gesellschaft. Vorlesung an der Sorbonne 1902/1903. Frankfurt a. M.: Suhrkamp.

Durkheim, Emile (1992a): Über soziale Arbeitsteilung. Studie über die Organisation höherer Gesellschaften (zuerst 1893). Mit einer Einleitung von Niklas Luhmann und einem Nachwort von Hans-Peter Müller und Michael Schmid. Frankfurt a. M.: Suhrkamp.

Durkheim, Emile (1992b): Vorwort zur zweiten Auflage der *Arbeitsteilung* (zuerst 1902). In: Ders.: Über soziale Arbeitsteilung. Studie über die Organisation höherer Gesellschaften. Frankfurt a. M.: Suhrkamp, S. 41-51.

Durkheim, Emile (1999): Physik der Sitten und des Rechts. Vorlesungen zur Soziologie der Moral. Vorlesungen in Bordeaux 1890–1900 (zuerst 1950). Frankfurt a. M.: Suhrkamp.

Eder, Klaus (1989): Klassentheorie als Gesellschaftstheorie. Bourdieus dreifache kulturtheoretische Brechung der Klassentheorie. In: Ders. (Hrsg.): Klassenlage Lebensstil und kulturelle Praxis. Frankfurt a. M.: Suhrkamp, S. 15-43.

Eder, Klaus (2000): Kulturelle Identität zwischen Tradition und Utopie. Soziale Bewegungen als Ort gesellschaftlicher Lernprozesse. Frankfurt a. M.: Campus.
Ehrenberg, Alain (2004): Das erschöpfte Selbst. Depression und Gesellschaft in der Gegenwart. Frankfurt a. M.: Campus.
Engler, Steffani (2000): Zum Selbstverständnis von Professoren und der Illusio des wissenschaftlichen Feldes. In: Beate Krais (Hrsg.): Wissenschaftskultur und Geschlechterordnung. Über die verborgenen Mechanismen männlicher Dominanz in der akademischen Welt. Frankfurt a. M.: Campus, S. 121-151.
Engler, Wolfgang (2005): Bürger ohne Arbeit. Für eine radikale Neugestaltung der Gesellschaft. Berlin: Aufbau.
Ewen, Stuart (1976): Captains of Consciousness. Advertising and the Social Roots of the Consumer Culture. New York: Basic Books.
Falk, Pasi (1994): The Consuming Body. London: Sage.
Faulkner, Robert R. (1983). Music on Demand. Composers and Careers in the Hollywood Film Industry. New Brunswick und London: Transaction Books.
Faulkner, Robert R.; Anderson, Andy B. (1987): Short-Term Projects and Emergent Careers: Evidence from Hollywood. In: The American Journal of Sociology, 92, S. 879-909.
Faust, Michael (1998): Die Selbstverständlichkeit der Unternehmensberatung. In: Jürgen Howaldt und Ralf Kopp (Hrsg.): Sozialwissenschaftliche Unternehmensberatung. Auf der Suche nach einem spezifischen Beratungsverständnis. Berlin: Edition Sigma, S. 147-182.
Featherstone, Mike (1990): Auf dem Weg zu einer Soziologie der postmodernen Kultur. In: Hans Haferkamp (Hrsg.): Sozialstruktur und Kultur. Frankfurt a. M.: Suhrkamp, S. 209-248.
Featherstone, Mike (1991): Consumer Culture and Postmodernism. London: Sage.
Fligstein, Neil (2001): The Architecture of Markets. An Economic Sociology of Twenty-First-Century Capitalist Societies. Princeton: Princeton University Press.
Florida, Richard (2002): The Rise of the Creative Class. New York: Basic Books.
Fox, Richard Wightman; Lears, Jackson (Hrsg., 1983): The Culture of Consumption: Critical Essays in Amercian History, 1880–1980. New York: Pantheon Books.
Fox, Stephen (1984): Mirror-Makers. A History of American Advertising and its Creators. New York: William Morraw and Company.
Franck, Georg (1998): Ökonomie der Aufmerksamkeit. München: Hanser.
Frank, Robert; Cook, Philip (1995): The Winner-Take-All Society. New York: Free Press.
Frank, Thomas (1997): The Conquest of Cool. Business Culture, Counterculture, and the Rise of Hip Consumerism. Chicago und London: University of Chicago Press.
Freidson, Eliot (1975): Dominanz der Experten. Zur sozialen Struktur medizinischer Versorgung. München; Berlin und Wien: Urban & Schwarzenberg.
Freidson, Eliot (1979): Der Ärztestand. Berufs- und wissenschaftssoziologische Durchleuchtung einer Profession. Stuttgart: Enke.
Freidson, Eliot (1986): Les professions artistiques comme défi à l'analyse sociologique. In: Revue francaise de sociologie, 27, S. 431-443.
Freidson, Eliot (1994): Professionalism Reborn. Theory, Prophecy, and Policy. Cambridge: Polity Press.

Freidson, Eliot (2001): Professionalism. The Third Logic. On The Practice of Knowledge. Chicago: University of Chicago Press.
Frenkel, Stephen J.; Korczynski, Marek; Shire, Karen; Tam, May (1999): On the Front Line. Organization of Work in the Information Economy. Ithaca und London: Cornell University Press.
Friedberg, Erhard (1995): Ordnung und Macht. Dynamiken organisierten Handelns. Frankfurt a. M.: Campus.
Galbraith, John Kenneth (1958): The Affluent Society. London: Hamish Hamilton.
Galbraith, John Kenneth (1967): Die moderne Industriegesellschaft. München und Zürich: Knaur.
Ganßmann, Heiner (1996): Geld und Arbeit. Wirtschaftssoziologische Grundlagen einer Theorie der modernen Gesellschaft. Frankfurt a. M.: Campus.
Geiger, Theodor (1949): Die Klassengesellschaft im Schmelztiegel. Köln und Opladen: Westdeutscher Verlag.
Geißler, Rainer (1996): Die Sozialstruktur Deutschlands. Opladen: Westdeutscher Verlag.
Gerhards, Jürgen (2001): Der Aufstand des Publikums. In: Zeitschrift für Soziologie, 30, S. 163-184.
Gesterkamp, Thomas (2000): „Coole Leute mit heißen Jobs". Neue Selbständige in einer Vorreiterbranche. In: Blätter für deutsche und internationale Politik, 45, S. 350-357.
Giddens, Anthony (1988): Die Konstitution der Gesellschaft. Grundzüge einer Theorie der Strukturierung. Frankfurt a. M.: Campus.
Giddens, Anthony (1995): Konsequenzen der Moderne. Frankfurt a. M.: Suhrkamp.
Giesen, Bernd (1983): Moralische Unternehmer und öffentliche Diskussion. Überlegungen zur gesellschaftlichen Thematisierung sozialer Probleme. In: Kölner Zeitschrift für Soziologie und Sozialpsychologie, 35, S. 230-254.
Giesen, Bernhard; Schmid, Michael (1990): Symbolische, institutionelle und sozialstrukturelle Differenzierung. Eine selektionstheoretische Betrachtung. In: Hans Haferkamp (Hrsg.): Sozialstruktur und Kultur. Frankfurt a. M.: Suhrkamp, S. 95-123.
Goffman, Erving (1981): Geschlecht und Werbung. Frankfurt a. M.: Suhrkamp.
Gorz, André (2000): Arbeit zwischen Misere und Utopie. Frankfurt a. M.: Suhrkamp.
Göttlich, Udo; Winter, Rainer (Hrsg., 2000): Politik des Vergnügens. Zur Diskussion der Populärkultur in den Cultural Studies. Köln: von Halem.
Gottschall, Karin (1999): Freie Mitarbeit im Journalismus. Zur Entwicklung von Erwerbsformen zwischen selbständiger und abhängiger Beschäftigung. In: Kölner Zeitschrift für Soziologie und Sozialpsychologie, 51, S. 635-654.
Gottschall, Karin; Betzelt, Sigrid (2001a): Die „ArbeitskraftunternehmerIn" im Berufsfeld Kultur – Versuch einer erwerbssoziologischen Konzeptualisierung. ZeS-Arbeitspapier.
Gottschall, Karin; Betzelt, Sigrid (2001b): Self-Employment in Cultural Professions: Between De-Gendered Work and Re-Gendered Work and Life-Arrangements? Revised Paper presented at the Gender Conference on „Changing Work and Life Patterns in Western Industrial Countries". WZB Berlin. In: www.zes.uni-bremen.de.

Gottschall, Karin; Voß, Günter (Hrsg., 2003): Entgrenzung von Arbeit und Leben. Zum Wandel der Beziehung von Erwerbstätigkeit und Privatsphäre im Alltag. München und Mehring: Rainer Hampp.

Gouldner, Alvin (1980): Die Intelligenz als neue Klasse. 16 Thesen zur Zukunft der Intellektuellen und der technischen Intelligenz. Frankfurt a. M.: Campus.

Grabher, Gernot (2001): Ecologies of creativity: the Village, the Group, and the heterarchic organization of the British Advertising Industry. In: Environment and Planning, 33, S. 351-374.

Grabher, Gernot (2002): The Project Ecology of Advertising: Tasks, Talents and Teams. In: Regional Studies, 36, S. 245-262.

Granovetter, Mark (1985): Economic Action and Social Structure: The Problem of Embeddedness. In: American Journal of Sociology, 91, S. 481-510.

Grasskamp, Walter (1998): Kunst und Geld. München: Beck.

Groß, Claudia (2003): Unternehmensberatung – auf dem Weg zur Profession? In: Soziale Welt, 54, S. 93-116.

Guttandin, Friedhelm (1998): Einführung in die „Protestantische Ethik" Max Webers. Opladen: Westdeutscher Verlag.

Haak, Carroll; Schmid, Günther (2001): Arbeitsmärkte für Künstler und Publizisten: Modelle der künftigen Arbeitswelt. In: Leviathan, 29, S. 156-178.

Habermas, Jürgen (1970): Notizen zum Verhältnis von Kultur und Konsum (zuerst 1956). In: Ders.: Arbeit, Erkenntnis, Fortschritt. Aufsätze 1954–1970. Amsterdam, S. 31-46.

Habermas, Jürgen (1981): Theorie des kommunikativen Handelns. Band 2. Frankfurt a. M.: Suhrkamp.

Hackley, Chris (2003): How divergent beliefs cause account team conflict. In: International Journal of Advertising, 22, S. 313-331.

Hahn, Alois (2001): Aufmerksamkeit. In: Aleida Assmann und Jan Assmann (Hrsg.): Aufmerksamkeiten. Archäologie der literarischen Kommunikation VII. München: Fink, S. 25-56.

Hartmann, Michael (1995): Informatiker in der Wirtschaft. Perspektiven eines Berufs. Berlin und Heidelberg: Springer.

Hartmann, Michael (2002): Der Mythos von den Leistungseliten. Frankfurt a. M.: Campus.

Hartwig, Stefan (1998): Trojanische Pferde der Kommunikation. Münster: Lit.

Hattemer, Klaus (1995): Die Werbeagentur. Kompetenz und Kreativität. Werbung als Profession. Düsseldorf: Econ.

Haug, Wolfgang Fritz (1971): Kritik der Warenästhetik. Frankfurt a. M.: Suhrkamp.

Hausen, Karin (1976): Die Polarisierung der „Geschlechtscharaktere" – Eine Spiegelung der Dissoziation von Erwerbs- und Familienleben. In: Werner Conze (Hrsg.): Sozialgeschichte der Familie in der Neuzeit Europas. Stuttgart: Klett, S. 363-393.

Heiner, Heinz (1989): Der multidimensionale Konsument „beackert" zwölf Konsumfelder. In: Der Markenartikel, 51, S. 332-334.

Heiner, Heinz (1991): Neue Lust am Konsum. In: Der Markenartikel, 53, S. 145-147.

Heintz, Bettina; Nadai, Eva; Fischer, Regula; Ummel, Hannes (1997): Ungleich unter Gleichen. Studien zur geschlechtsspezifischen Segregation des Arbeitsmarktes. Frankfurt a. M.: Campus.

Heitmeyer, Wilhelm (1997): Gibt es eine Radikalisierung des Integrationsproblems? In: Ders. (Hrsg.): Was hält die Gesellschaft zusammen? Frankfurt a. M.: Suhrkamp, S. 23-65.

Heller, Stephan; Londhof, Norbert; Merkel, Frank; von Vieregge, Henning (2000): Integrierte Markenkommunikation: Eigentlich wie immer oder eigentlich ganz neu? Frankfurt a. M.: Gesamtverband Kommunikationsagenturen (GWA).

Hellmann, Kai-Uwe (2003): Soziologie der Marke. Frankfurt a. M.: Suhrkamp.

Hellmann, Kai-Uwe; Schrage, Dominik (Hrsg., 2004): Konsum der Werbung. Zur Produktion und Rezeption von Sinn in der kommerziellen Kultur. Wiesbaden: VS Verlag für Sozialwissenschaften.

Hellmann, Thomas (2000): Werbung muß heute schneller und kreativer sein. Interview in „Die Welt" vom 6. 4. 2000.

Hirschman, Albert O. (1986): Rival Views of Market Society and Other Recent Essays. New York: Viking.

Hirschman, Albert O. (1992): Denken gegen die Zukunft. Die Rhetorik der Reaktion. München: Hanser.

Hochschild, Arlie Russell (1997): Das gekaufte Herz. Zur Kommerzialisierung der Gefühle. Frankfurt a. M.: Campus.

Hochschild, Arlie Russell (2000): Global car chains and emotional surplus value. In: Hutton, William und Anthony Giddens (Hrsg.): On the Edge. Living with the Global Capitalism. London: Jonathan Cape, S. 130-146.

Hochschild, Arlie Russell (2002): The time bind. When work becomes home and home becomes work. New York: Holt.

Hoffmann, Justin; von Osten, Marion (Hrsg., 2003): Das Phantom sucht seinen Mörder. Ein Reader zur Kulturalisierung der Ökonomie. Wien und New York: Springer.

Hohn, Hans-Willy; Windolf, Paul (1989): Lebensstile als Selektionskriterien. Zur Funktion „biographischer Signale" in der Rekrutierungspolitik von Arbeitsorganisationen. In: Hanns-Georg Brose und Bruno Hildenbrand (Hrsg.): Vom Ende des Individuums zur Individualität ohne Ende. Opladen: Leske und Budrich, S. 179-207.

Hölscher, Barbara (1998): Lebensstile durch Werbung? Zur Soziologie der Life-Style-Werbung. Opladen: Westdeutscher Verlag.

Holtgrewe, Ursula (2003): Geschlechtergrenzen in der Dienstleistungsarbeit – aufgelöst und neu gezogen. Das Beispiel Callcenter. In: Ellen Kuhlmann und Sigrid Betzelt (Hrsg.): Geschlechterverhältnisse im Dienstleistungssektor. Baden-Baden: Nomos, S. 147-160.

Holtgrewe, Ursula; Voswinkel, Stephan; Wagner, Gabriele (Hrsg., 2000): Zum Wandel von Anerkennung und Arbeit. Konstanz: UVK.

Honneth, Axel (2003): Vorwort. In: Eva Illouz: Der Konsum der Romantik. Liebe und die kulturellen Widersprüche des Kapitalismus. Frankfurt a. M. und New York: Campus.

Honneth, Axel (2004): Anerkennung als Ideologie. In: WestEnd. Neue Zeitschrift für Sozialforschung, 1, S. 51-70.

Hopkins, Claude (1966): Scientific Advertising. Chicago: Advertising Publications.
Horkheimer, Max; Adorno, Theodor W. (1988): Dialektik der Aufklärung. Philosophische Fagmente (zuerst 1947). Frankfurt a. M.: Fischer.
Howkins, John (2001): The Creative Economy. London, New York et al.: Allen Lane Pinguin Press.
Hradil, Stefan (1987): Sozialstrukturanalyse in einer fortgeschrittenen Gesellschaft. Opladen: Leske und Budrich.
Hülskamp, Nicola; Seyda, Susanne (2004): Staatliche Familienpolitik in der sozialen Marktwirtschaft. Ökonomische Analyse und Bewertung familienpolitischer Maßnahmen. Köln: Institut der deutschen Wirtschaft.
Illouz, Eva (1997): Consuming the Romantic Utopia. Love and the Cultural Contradictions of Capitalism. Berkeley; Los Angeles und London: University of California Press.
Illouz, Eva (2003): Der Konsum der Romantik. Liebe und die kulturellen Widersprüche des Kapitalismus. Frankfurt a. M.: Campus.
Ingenkamp, Konstantin (1996): Werbung und Gesellschaft. Hintergründe und Kritik der kulturwissenschaftlichen Reflexion von Werbung. Bern et al.: Lang.
Jacobs, David (1981): Toward a Theory of Mobility and Behavior in Organizations: An Inquiry into the Consequences of Some Relationships between Individual Performance and Organizational Success. In: American Journal of Sociology, 87, S. 684-707.
Jameson, Fredric (1991): Postmodernism, or the Cultural Logic of Late Capitalism. Durham: Duke University Press.
Joas, Hans (1996): Die Kreativität des Handelns. Frankfurt a. M.: Suhrkamp.
Joas, Hans; Knöbl, Wolfgang (2004): Sozialtheorie. Zwanzig einführende Vorlesungen. Frankfurt a. M.: Suhrkamp.
Kalt, Gero (Hrsg., 1993): Öffentlichkeitsarbeit und Werbung. Instrumente, Strategien, Perspektiven. Frankfurt a. M.: IMK.
Keat, Russell; Abercrombie, Nicholas (Hrsg., 1991): Enterprise Culture. London und New York: Routledge.
Kellner, Hansfried; Berger, Peter L. (1992): Life-Style Engineering: Some Theoretical Reflections. In: Hansfried Kellner und Frank W. Heuberger (Hrsg.): Hidden Technocrats. The New Class and New Capitalism. London: Transaction Publication, S. 1-22.
Kellner, Hansfried; Heuberger, Frank W. (1992): Modernizing Work. New Frontiers in Business Consulting (West Germany). In: Hansfried Kellner und Frank W. Heuberger (Hrsg.): Hidden Technocrats. The New Class and New Capitalism. London: Transaction Publication, S. 49-80.
Kern, Horst; Sabel, Charles (1994): Verblaßte Tugenden – die Krise des deutschen Produktionsmodells. In: Umbrüche gesellschaftlicher Arbeit. Sonderheft der Sozialen Welt. Göttingen: Schwartz, S. 605-624.
Kern, Horst; Schuhmann, Michael (1985): Das Ende der Arbeitsteilung? Rationalisierung in der industriellen Produktion: Bestandsaufnahme, Trendbestimmung. München: Beck.
Klein, Naomi (2000): No Logo! Der Kampf der Global Players um Markenmacht. München: Riemann.

Knorr-Cetina, Karin; Brugger, Urs (2002): Global Microstructures: The Virtual Societies of Financial Markets. In: American Journal of Sociology, 107, S. 905-950.

Kocka, Jürgen; Offe, Claus (Hrsg., 2000): Geschichte und Zukunft der Arbeit. Frankfurt a. M.: Campus.

Kocyba, Herrmann (2000): Der Preis der Anerkennung: Von der tayloristischen Mißachtung zur strategischen Instrumentalisierung der Subjektivität der Arbeitenden. In: Ursula Holtgrewe; Stephan Voswinkel und Gabriele Wagner (Hrsg.): Zum Wandel von Anerkennung und Arbeit. Konstanz: UVK, S. 127-140.

Kohli, Martin (1985): Die Institutionalisierung des Lebenslaufs. In: Kölner Zeitschrift für Soziologie und Sozialpsychologie, 37, S. 1-29.

Kohli, Martin (1986): Gesellschaftszeit und Lebenszeit. Der Lebenslauf im Strukturwandel der Moderne. In: Johannes Berger (Hrsg.): Die Moderne – Kontinuitäten und Zäsuren. Sonderheft der Sozialen Welt. Göttingen: Schwartz, S. 183-208.

Kohli, Martin (1994): Institutionalisierung und Individualisierung der Erwerbsbiografie. In: Ulrich Beck und Elisabeth Beck-Gernsheim (Hrsg.): Riskante Freiheiten, Frankfurt a. M.: Suhrkamp, S. 219-244.

Kommission für Zukunftsfragen der Freistaaten Bayern und Sachsen (1996): Erwerbstätigkeit und Arbeitslosigkeit in Deutschland. Entwicklung, Ursachen und Maßnahmen. Teil I: Entwicklung von Erwerbstätigkeit und Arbeitslosigkeit in Deutschland und anderen frühindustrialisierten Ländern. Bonn.

Koppetsch, Cornelia (2003): Neue Wirtschaftsberater als Sinnstifter der Marktkultur? Zur professionspolitischen Bedeutung neuer Leitbilder wirtschaftlichen Handelns. In: Ronald Hitzler und Michaela Pfadenhauer (Hrsg.): Karrierepolitik. Beiträge zur Rekonstruktion erfolgsorientierten Handelns. Opladen: Leske und Budrich, S. 263-282.

Koppetsch, Cornelia (2004): Öffentlichkeitseliten und der Wandel von Expertenkulturen. Überlegungen zu Luhmanns Theorie der Massenmedien. In: Günter Burkart und Gunter Runkel (Hrsg.): Luhmann und die Kulturtheorie. Frankfurt a. M.: Suhrkamp, S. 189-212.

Koppetsch, Cornelia (2005): Liebesökonomie. Ambivalenzen moderner Paarbeziehungen. In: WestEnd. Neue Zeitschrift für Sozialforschung, 2, S. 96-97.

Koppetsch, Cornelia (2006a): Kreativsein als Subjektideal und Lebensentwurf. Zum Wandel beruflicher Integration im neuen Kapitalismus. In: Karl Siegbert Rehberg (Hrsg.): Soziale Ungleichheit – Kulturelle Unterschiede. Verhandlungen des 32. Kongresses der Deutschen Gesellschaft für Soziologie in München 2004. Frankfurt a. M.: Campus, S. 677-692.

Koppetsch, Cornelia (2006b): Zwischen Disziplin und Expressivität. Zum Wandel beruflicher Identitäten im neuen Kapitalismus. Das Beispiel der Werbeberufe. In: Berliner Journal für Soziologie, 16, S. 155-172.

Koppetsch, Cornelia; Burkart, Günter (1999): Die Illusion der Emanzipation. Zur Reproduktion von Geschlechtsnormen in Paarbeziehungen im Milieuvergleich. Konstanz: UVK.

Koppetsch, Cornelia; Burkart, Günter (2002): Werbung und Unternehmensberater als „Treuhänder" expressiver Werte? Parsons' Professionssoziologie und die neuen ökonomischen Kulturvermittler. In: Berliner Journal für Soziologie, 12, S. 531-549.

Kover, Arthur J.; Goldberg, Stephen (1995): Creativity versus Effectiveness? An integrating classification for advertising. In: Journal of Advertising Research, 35, S. 29-41.

Kracauer, Siegfried (1971): Die Angestellten. Aus dem neuesten Deutschland (zuerst 1929). Frankfurt a. M.: Suhrkamp.

Kraemer, Klaus; Bittlingmayer, Uwe H. (2001): Soziale Polarisierung durch Wissen. Zum Wandel der Arbeitsmarktchancen in der „Wissensgesellschaft". In: Peter A. Berger und Dirk Konietzka (Hrsg.): Die Erwerbsgesellschaft. Neue Ungleichheiten und Unsicherheiten. Opladen: Leske und Budrich, S. 313-330.

Krause, Elliott (1996): Death of the Guilds. Professions, States, and the Advance of Capitalism, 1930 to the Present. New Haven und London: Yale University Press.

Kronauer, Martin (2002): Exklusion. Die Gefährdung des Sozialen im hoch entwikkelten Kapitalismus. Frankfurt a. M.: Campus.

Kühl, Stefan (2004): Arbeits- und Industriesoziologie. Bielefeld: Transcript.

Kunda, Gideon (1992): Engineering Culture. Control and Commitment in a HighTech Corporation. Philadelphia: Temple University Press.

Kurtz, Thomas (2001): Die Form Beruf im Kontext gesellschaftlicher Differenzierung. In: Ders. (Hrsg.): Aspekte des Berufs in der Moderne. Opladen: Leske und Budrich, S. 179-208.

Kurtz, Thomas (Hrsg., 2001): Aspekte des Berufs in der Moderne. Opladen: Leske und Budrich.

Kurtz, Thomas (2002): Berufssoziologie. Bielefeld: Transcript.

Ladendorff, Dierk (2003): Sind Internet- und Multimedia-Dienstleister anders? Entwicklungstrends von Branche und Berufen. In: Nicole Mayer-Ahuja und Harald Wolf (Hrsg.): Arbeit und Organisation in neuen Medien und Kulturindustrie – Modelle für die Zukunft. Nörten-Hardenberg: SOFI (www.sofigoetinngen.de), S. 17-28.

Lamont, Michèle (1992): Money, Morals and Manners. The Culture of the French and the American Upper-Middle Class. Chicago: University of Chicago Press.

Lane, Christel; Potton, Margaret; Littek, Wolfgang (2000): The Professions between State and Market. A cross-national study of convergence and divergence. In: ESRC Centre for Business Research. University of Cambridge. Working Paper No. 189.

Langer, Susanne K. (1969): Philosophie auf neuem Wege. Das Symbol im Denken, im Ritus und in der Kunst. Frankfurt a. M.: Fischer.

Larson, Magali Sarfatti (1977): The rise of professionalism. A sociological analysis. Berkeley: University of California Press.

Larson, Magali Sarfatti (1993): Behind the Postmodern Facade. Architectural Change in Late Twentieth-Century. Berkeley et al.: University of California Press.

Larson, Magali Sarfatti (1994): Architectural competitions as discursive events. In: Theory and Society, 23, S. 469-504.

Lasch, Christopher (1984): The Minimal Self. Psychic Survival in Troubled Times. New York und London: Norton.

Lash, Scott (1996): Reflexivität und ihre Doppelungen: Struktur, Ästhetik und Gemeinschaft. In: Ulrich Beck; Anthony Giddens und Scott Lash (Hrsg.): Reflexive Modernisierung. Eine Kontroverse. Frankfurt a. M.: Suhrkamp, S. 195-286.

Lash, Scott; Urry, John (1996): Economies of Signs and Space. London: Sage.

Law, Andy (1999): Creative Company. How St. Luke's Became „the Ad Agency to End All Ad Agencies". New York et al.: John Wiley and Sons, Inc.

Leadbeater, Chares; Oakley, Kate (1999): The Independents. Britain's new cultural entrepreneurs. London: Demos.

Lears, Jackson (1983): From Salvation to Self-Realiziation. Advertising and the Therapeutic Roots of the Consumer Culture, 1880–1930. In: Richard W. Fox und Jackson Lears (Hrsg.): The Culture of Consumption: Critical Essays in Amercian History, 1880–1980. New York: Pantheon Books, S. 1-38.

Lears, Jackson (1994): Fables of Abundance. New York: Basic Books.

Leicht, Kevin T.; Fennell, Mary L. (1997): The Changing Organizational Context of Professional Work. In: Annual Revue of Sociology, 23, S. 215-31.

Leiss, William; Kline, Stephen; Jhally, Sut (1986): Social Communication in Advertising. Toronto: Methuen.

Lemke, Thomas (1997): Eine Kritik der politischen Vernunft. Foucaults Analyse der modernen Gouvernementalität. Hamburg: Argument.

Lepsius, M. Rainer (1987): Zur Soziologie des Bürgertums und der Bürgerlichkeit im 19. Jahrhundert. In: Jürgen Kocka (Hrsg.): Bürger und Bürgerlichkeit im 19. Jahrhundert. Göttingen: Vandenhoek und Ruprecht.

Lepsius, Rainer (1990): Interessen und Ideen. Die Zurechnungsproblematik bei Max Weber. In: Ders. (Hrsg.): Interessen, Ideen und Institutionen. Opladen: Westdeutscher Verlag, S. 31-43.

Lepsius, Rainer (1990): Kritik als Beruf. Zur Soziologie der Intellektuellen. In: Ders. (Hrsg.): Interessen, Ideen und Institutionen. Opladen: Westdeutscher Verlag, S. 270-285.

Leslie, Deborah (1997): Flexibly specialized agencies? Reflexivity, identity, and the advertising industry. In: Environment and Planning, 29, S. 1017-1038.

Leslie, Deborah (1999): Consumer subjectivity, space and advertising research. In: Environment and Planning, 31, S. 1443-1457.

Liebig, Brigitte (2003): Vom Ernährer zum Entrepreneur – Human Relations in Zeiten der New Economy. In: Ellen Kuhlmann und Sigrid Betzelt (Hrsg.): Geschlechterverhältnisse im Dienstleistungssektor. Baden-Baden: Nomos, S. 175-188.

Lohr, Karin (2003): Subjektivierung von Arbeit. Ausgangspunkt einer Neuorientierung der Industrie- und Arbeitssoziologie. In: Berliner Journal für Soziologie, 13, S. 511-529.

Luckmann, Thomas; Sprondel, Walter (1972): Einleitung. In: Dies. (Hrsg.): Berufssoziologie. Köln: Kiepenheuer und Witsch, S. 11-24.

Luhmann, Niklas (1970): Die Selbststeuerung der Wissenschaft. In: Ders. (Hrsg.): Soziologische Aufklärung. Aufsätze zur Theorie sozialer Systeme. Band 1. Opladen: Westdeutscher Verlag, S. 232-252.

Luhmann, Niklas (1973): Vertrauen. Ein Mechanismus der Reduktion sozialer Komplexität. Stuttgart: Enke.

Luhmann, Niklas (1995): Die Realität der Massenmedien. Opladen: Westdeutscher Verlag.

Lutz, Burkhart (1984): Der kurze Traum immerwährender Prosperität. Frankfurt a. M.: Campus.

Maase, Kaspar (1997): Grenzenloses Vergnügen. Der Aufstieg der Massenkultur 1850–1970. Frankfurt a. M.: Fischer.

MacDonald, Keith (1995): The Sociology of The Professions. London: Sage.

Manske, Alexandra (2003): Arbeits- und Lebensarrangements in der Multimediabranche unter Vermarktlichungsdruck – Rationalisierungspotenzial für den Markterfolg? In: Ellen Kuhlmann und Sigrid Betzelt (Hrsg.): Geschlechterverhältnisse im Dienstleistungssektor. Baden-Baden: Nomos, S. 133-146.

Marchand, Roland (1985): Advertising the American Dream. Berkeley: University of California Press.

Marcinkowski, Frank (2002): Massenmedien und die Integration der Gesellschaft aus Sicht der autopoietischen Systemtheorie: Steigern die Medien das Reflexionspotential sozialer Systeme? In: Kurt Imhof; Ottfried Jarren und Roger Blum (Hrsg.): Integration und Medien. Opladen: Westdeutscher Verlag, S. 110-121.

Martin, Bernice (1992): Symbolic Knowledge and Market Forces at the Frontiers of Postmodernism: Qualitative Market Researchers. In: Hansfried Kellner und Frank W. Heuberger (Hrsg.): Hidden Technocrats. The New Class and New Capitalism. London: Transaction Publication, S. 111-156.

Marx, Karl (1962): Das Kapital. Kritik der politischen Ökonomie. Erster Band: Der Produktionsprozeß des Kapitals (zuerst 1867). Berlin: Dietz.

Mayer-Ahuja, Nicole; Wolf, Harald (2003): Arbeit und Organisation in neuen Medien und Kulturindustrie – Modelle für die Zukunft. Nörten-Hardenberg: SOFI (www.sofi-goetinngen.de).

McRobbie, Angela (2003): I was knitting away night and day. Die Bedeutung von Kunst und Handwerk im Modedesign. In: Justin Hoffmann und Marion von Osten (Hrsg.): Das Phantom sucht seinen Mörder. Ein Reader zur Kulturalisierung der Ökonomie. Wien und New York: Springer, S. 99-118.

Meier, Kurt (1987): Emile Durkheims Konzeption der Berufsgruppen. Eine Rekonstruktion und Diskussion ihrer Bedeutung für die Neokorporatismus-Debatte. Berlin: Duncker & Humblot.

Menger, Pierre-Michel (1999): Artistic Labor Markets and Careers. In: Annual Revue of Sociology, 25, S. 541-574.

Menger, Pierre-Michel (2002): Portrait de l'artiste en travailleur. Métamorphoses du capitalisme. Paris: Seuil.

Merten, Klaus; Schmidt, Siegfried J.; Weischenberg, Siegfried (Hrsg., 1994): Die Wirklichkeit der Medien. Eine Einführung in die Kommunikationswissenschaft. Opladen: Westdeutscher Verlag.

Meschnig, Alexander; Stuhr, Mathias (Hrsg., 2003): Arbeit als Lebensstil. Frankfurt a. M.: Suhrkamp.

Meyer, Thomas (2001): Mediokratie. Die Kolonisierung der Politik durch die Medien. Frankfurt a. M.: Suhrkamp.

Miegel, Meinhard (2001): Von der Arbeitskraft zum Wissen. Merkmale einer gesellschaftlichen Revolution. In: Merkur, 55, S. 203-210.

Moldaschl, Manfred (1998): Internalisierung des Marktes. Neue Unternehmensstrategien und qualifizierte Angestellte. In: SOFI, IFS, ISF, INIFES (Hrsg.): Moderne Dienstleistungswelten. Berlin: Edition Sigma, S. 197-250.

Moldaschl, Manfred (2003): Subjektivierung. Eine neue Stufe in der Entwicklung der Arbeitswissenschaften? In: Ders. und Günter Voß (Hrsg.): Subjektivierung von Arbeit. Band 2. München und Mehring: Rainer Hampp, S. 25-56.

Moldaschl, Manfred (2005): Ökonomien des Selbst. Subjektivität in der Unternehmergesellschaft. Unveröffentlichtes Manuskript.

Moldaschl, Manfred; Sauer, Dieter (2000): Internalisierung des Marktes – Zur neuen Dialektik von Kooperation und Herrschaft. In: Heiner Minssen (Hrsg.): Begrenzte Entgrenzungen. Wandlungen von Organisation und Arbeit. Berlin, S. 205-224.

Moldaschl, Manfred; Voß, Günter (Hrsg., 2003): Subjektivierung von Arbeit. Band 2. München und Mehring: Rainer Hampp.

Müller, Hans-Peter (1983): Wertkrise und Gesellschaftsreform. Emile Durkheims Schriften zur Politik. Stuttgart: Enke.

Müller, Hans-Peter (1988): Social Structure and Civil Religion. Legitimation Crisis in a late Durkheimian Perspective. In: Jeffrey C. Alexander (Hrsg.): Durkheimian Sociology: Cultural Studies. Cambridge und New York: Cambridge University Press, S. 129-158.

Müller, Hans-Peter (1992a): Gesellschaftliche Moral und individuelle Lebensführung. Ein Vergleich von Emile Durkheim und Max Weber. In: Zeitschrift für Soziologie, 21, S. 49-60.

Müller, Hans-Peter (1992b): Sozialstruktur und Lebensstile. Der neuere theoretische Diskurs über soziale Ungleichheit. Frankfurt a. M.: Suhrkamp.

Müller, Hans-Peter (2000): Geld und Kultur. In: Berliner Journal für Soziologie, 10, S. 423-434.

Müller, Hans-Peter (2001): Soziologie in der Eremitage? Skizze einer Standortbestimmung. In: Eva Barlösius; Hans-Peter Müller und Steffen Sigmund (Hrsg.): Gesellschaftsbilder im Umbruch. Opladen: Leske und Budrich, S. 37-63.

Müller, Hans-Peter (2003): Kultur und Lebensführung – durch Arbeit? In: Gert Albert et al. (Hrsg.): Das Weber-Paradigma. Tübingen: Mohr, S. 271-300.

Müller, Hans-Peter (2004): Lebensführung durch Arbeit? Max Weber und die Soziologie von Arbeit und Beruf heute. Manuskript.

Müller, Hans-Peter; Schmid, Michael (1992): Arbeitsteilung, Solidarität und Moral. Eine werkgeschichtliche und systematische Einführung in die „Arbeitsteilung" von Emile Durkheim. In: Emile Durkheim (1992a): Über soziale Arbeitsteilung. Studie über die Organisation höherer Gesellschaften (zuerst 1893). Frankfurt a. M.: Suhrkamp, S. 481-521.

Münch, Richard (1988): Theorie des Handelns. Zur Rekonstruktion der Beiträge von Talcott Parsons, Emile Durkheim und Max Weber. Frankfurt a. M.: Suhrkamp.

Münch, Richard (1991): Dialektik der Kommunikationsgesellschaft. Frankfurt a. M.: Suhrkamp.

Münch, Richard (1995): Dynamik der Kommunikationsgesellschaft. Frankfurt a. M.: Suhrkamp.

Münch, Richard (1998): Globale Dynamik, lokale Lebenswelten. Der schwierige Weg in die Weltgesellschaft. Frankfurt a. M.: Suhrkamp.

Neckel, Sighard (1991): Status und Scham. Zur symbolischen Reproduktion sozialer Ungleichheit. Frankfurt a. M.: Campus.

Neckel, Sighard (2000): Die Macht der Unterscheidung. Essays zur Kultursoziologie der modernen Gesellschaft. Frankfurt a. M.: Campus.
Neckel, Sighard (2001): „Leistung" und „Erfolg". Die symbolische Ordnung der Marktgesellschaft. In: Eva Barlösius; Hans-Peter Müller und Steffen Sigmund (Hrsg.): Gesellschaftsbilder im Umbruch. Opladen: Leske und Budrich, S. 245-268.
Neckel, Sighard (2003): Die Marktgesellschaft als kultureller Kapitalismus. In: Mitteilungen des Instituts für Sozialforschung, 14, Frankfurt a. M., S. 7-21.
Nerdinger, Friedemann (1990): Lebenswelt „Werbung". Eine sozialpsychologische Studie über Macht und Identität. Frankfurt a. M.: Campus.
Noller, Peter; Ronneberger, Klaus (1995): Die neue Dienstleistungsstadt. Berufsmilieus in Frankfurt am Main. Frankfurt a. M.: Suhrkamp.
Nullmeier, Frank (2000): Politische Theorie des Sozialstaates. Frankfurt a. M.: Campus.
Nullmeier, Frank (2001): Was folgt auf den „Sieg des Marktes". In: Eva Barlösius; Hans-Peter Müller und Steffen Sigmund (Hrsg.): Gesellschaftsbilder im Umbruch, S. 227-244.
OECD (2000): The OECD employment outlook. Paris: OECD Publications.
Oevermann, Ullrich (1978): Probleme der Professionalisierung in der berufsmäßigen Anwendung sozialwissenschaftlicher Kompetenz: Einige Überlegungen zu Folgeproblemen der Einrichtung berufsorientierender Studiengänge für Soziologien und Politologien. Unveröffentlichtes Manuskript.
Offe, Claus (1984): Arbeitsgesellschaft. Strukturprobleme und Zukunftsperspektiven. Frankfurt a. M.: Campus.
Offe, Claus (2001): Wie können wir unseren Mitbürgern vertrauen? In: Martin Hartmann und Claus Offe (Hrsg.): Vertrauen. Die Grundlage des sozialen Zusammenhalts. Frankfurt a. M.: Campus. S. 241-294.
Ogilvy, David (1988): Was mir wichtig ist. Düsseldorf: Econ.
Ogilvy, David (1991): Geständnisse eines Werbemannes (zuerst 1962). München: Econ.
Ortmann, Günther (1994): Dark Stars. Institutionelles Vergessen in der Industriesoziologie. In: Niels Beckenbach und Werner van Treek (Hrsg.): Umbrüche gesellschaftlicher Arbeit. Sonderheft der Sozialen Welt. Göttingen: Schwartz, S. 85-118.
Osnotwitz, Debra (2000): Out of House, out of Mind: The negotiated Work of Editorial Freelancing. In: Unusual Occupations, 11, S. 127-150.
Packard, Vance (1957): Die geheimen Verführer. Der Griff nach dem Unbewußten in Jedermann. Düsseldorf: Econ.
Paris, Rainer (1998): Stachel und Speer. Frankfurt a. M.: Suhrkamp.
Parsons, Talcott (1937): The Structure of Social Action. New York: McGraw Hill.
Parsons, Talcott (1951): The Social System. New York: The Free Press.
Parsons, Talcott (1954a): The professions and social structure (zuerst 1939). In: Ders.: Essays in sociological theory. Revised edition. New York: The Free Press, S. 34-49.
Parsons, Talcott (1954b): A sociologists looks at the legal Profession (zuerst 1952). In: Ders.: Essays in sociological theory. Revised edition. New York: The Free Press, S. 370-385.

Parsons, Talcott (1964a): Die akademischen Berufe und die Sozialstruktur (zuerst 1939). In: Ders.: Soziologische Theorie. Darmstadt und Neuwied: Luchterhand, S. 160-179.

Parsons, Talcott (1964b): Some theoretical considerations bearing on the field of medical sociology. In: Ders.: Social structure and personality. Glencoe: Free Press, S. 325-358.

Parsons, Talcott (1967): On the concept of influence (zuerst 1963). In: Ders.: Sociological theory and modern society. New York: The Free Press, S. 355-382.

Parsons, Talcott (1968): Professions. In: International Encyclopedia of the Social Sciences, Vol. XII, S. 536-547.

Parsons, Talcott (1975): Social structure and symbolic media of interchange. In: Peter M. Blau (Hrsg.): Approaches to the study of social structure. New York: Free Press, 94-120.

Parsons, Talcott (1978): Action theory and the human condition. New York: The Free Press.

Parsons, Talcott (1980): Zur Theorie der sozialen Interaktionsmedien. Herausgegeben von Stefan Jensen. Opladen: Westdeutscher Verlag.

Parsons, Talcott (1994): Aktor, Situation und normative Muster. Ein Essay zur Theorie sozialen Handelns (1939). Herausgegeben und übersetzt von Harald Wenzel. Frankfurt a. M.: Suhrkamp.

Parsons, Talcott; Platt, Gerald M. (1973): The American University. Cambridge, Mass.: Harvard University Press.

Parsons, Talcott; Smelser, Neil J. (1956): Economy and Society. A Study in the Integration of Economic and Social Theory. London: Routledge & Kegan Paul.

Perkin, Harold (1989): The Rise of Professional Society. England since 1880. London und New York: Routledge.

Perkmann, Markus (1999): The Two Network Societies. In: Economy & Society, 28, S. 615-628.

Peters, Birgit (1996): Prominenz: Eine soziologische Analyse ihrer Entstehung und Wirkung. Opladen: Westdeutscher Verlag.

Pfadenhauer, Michaela (2003): Professionalität. Eine wissenssoziologische Rekonstruktion institutionalisierter Kompetenzdarstellungskompetenz. Opladen: Leske und Budrich.

Piore, Michael (2003): The Neo-Liberal Ideal and the Reality of Workplace Practice: Shifting Axes of Political Mobilization and New Regimes of Workplace Governance in the United States. Unveröffentlichtes Vortragsmanuskript der Tagung „Worlds of Capitalism: Globalization, Governance and Democracy" in Hamburg vom 29.–31. Mai 2003.

Piore, Michael; Sabel, Charles (1984): The second industrial divide. Possibilities for prosperity. Basic Books: New York.

Piore, Michael; Sabel, Charles (1989): Das Ende der Massenproduktion. Frankfurt a. M.: Fischer.

Polanyi, Karl (1978): The Great Transformation. Politische und ökonomische Ursprünge von Gesellschaften und Wirtschaftssystemen (zuerst 1944). Frankfurt a. M.: Suhrkamp.

Popitz, Heinrich (1968): Prozesse der Machtbildung. Tübingen: Mohr.

Popitz, Heinrich (1981): Phänomene der Macht. Tübingen: Mohr.

Powell, Walter (1996): Weder Markt noch Hierarchie: Netzwerkartige Organisationsformen. In: Patrick Kenis und Volker Schneider (Hrsg.): Organisation und Netzwerk: Institutionelle Steuerung in Wirtschaft und Politik. Frankfurt a. M.: Campus, S. 213-271.

Prokop, Dieter (2002): Der Medienkapitalismus. Das Lexikon der neuen kritischen Medienforschung. Hamburg: VSA.

Rammert, Werner (1993): Technik aus soziologischer Perspektive. Forschungsansätze, Theorieansätze, Fallbeispiele – Ein Überblick. Opladen: Westdeutscher Verlag.

Reckwitz, Andreas (2000): Die Transformation der Kulturtheorien. Zur Entwicklung eines Theorieprogramms. Göttingen: Velbrück.

Reckwitz, Andreas (2004a): Die Logik der Grenzerhaltung und die Logik der Grenzüberschreitungen: Niklas Luhmann und die Kulturtheorien. In: Günter Burkart und Gunter Runkel (Hrsg.): Luhmann und die Kulturtheorie. Frankfurt a. M.: Suhrkamp, S. 213-240.

Reckwitz, Andreas (2004b): Die Gleichförmigkeit und die Bewegtheit des Subjekts: Moderne Subjektivität im Konflikt von bürgerlicher und avantgardistischer Codierung. In: Gabriele Klein (Hrsg.): Bewegung. Ein Konzept in den Kultur- und Sozialwissenschaften. Bielefeld, S. 155-184.

Reckwitz, Andreas (2006): Das Subjekt des Konsums in der Kultur der Moderne. In: Karl Siegbert Rehberg (Hrsg.): Soziale Ungleichheit – Kulturelle Unterschiede. Verhandlungen des 32. Kongresses der Deutschen Gesellschaft für Soziologie in München 2004. Frankfurt a. M.: Campus, S. 424-436.

Reichertz, Jo (1995): „Wir kümmern uns um mehr als Autos". Werbung als moralische Unternehmung. In: Soziale Welt, 46, S. 469-490.

Reichertz, Jo (1998): Werbung als moralische Unternehmung. In: Michael Jäckel (Hrsg.): Die umworbene Gesellschaft. Analysen zur Entwicklung der Werbekommunikation. Opladen und Wiesbaden: Westdeutscher Verlag, S. 273-299.

Reindl, Josef (2000): Scheinselbständigkeit. Ein deutsches Phänomen und ein verkorkster Diskurs. In: Leviathan, 28, S. 413-433.

Reinhardt, Dirk (1993): Von der Reklame zum Marketing. Geschichte der Wirtschaftswerbung in Deutschland. Berlin: Akademie Verlag.

Riesman, David; Denney, Reuel; Glazer, Nathan (1963): Die einsame Masse. Eine Untersuchung über den Wandel des amerikanischen Charakters (zuerst 1950). Reinbeck: Rowohlt.

Ritzer, George (1975): Professionalization, Bureaucratization and Rationalization: The Views of Max Weber. In: Social Forces, 53, S. 627-634.

Ritzer, George; Goodman, Douglas; Wiedenhoft, Wendy (2001): Theories of Consumption. In: George Ritzer und Barry Smart (Hrsg.): Handbook of Social Theory. London et al.: Sage Publications, S. 410-427.

Robak, Brigitte (1992): Schriftsetzerinnen und Maschinenführungsstrategien im 19. Jahrhundert. In: Angelika Wetterer (Hrsg.): Profession und Geschlecht. Über die Marginalität von Frauen in hochqualifizierten Berufen. Frankfurt a. M.: Campus.

Rose, Nikolas (1994): Expertise and the Government of Conduct. In: Studies in Law, Politics and Society, 14, S. 359-397.

Rose, Nikolas (2000): Tod des Sozialen? Eine Neubestimmung der Grenzen des Regierens. In: Bröckling Ulrich; Susanne Krasmann und Thomas Lemke (Hrsg.): Gouvernementalität der Gegenwart. Studien zur Ökonomisierung des Sozialen. Frankfurt a. M.: Suhrkamp, S. 72-109.

Rosenkranz, Doris; Schneider, Norbert (Hrsg., 2000): Konsum. Soziologische, ökonomische und psychologische Perspektiven. Opladen: Leske und Budrich.

Ruppert, Wolfgang (1998): Der moderne Künstler. Zur Sozial- und Kulturgeschichte der kreativen Individualität in der kulturellen Moderne im 19. und frühen 20. Jahrhundert. Frankfurt a. M.: Suhrkamp.

Rutherfort, Paul (2000): Endless Propaganda. The Advertising of Public Goods. Toronto; Buffalo und London: University of Toronto Press.

Satzer, Rolf (2001): Nicht nur Traumjobs. Vom Arbeiten und Verdienen in den Medien. Ergebnisse und Analysen einer bundesweiten Umfrage von festen und freien Beschäftigten im privaten Rundfunk, in der Film-, Fernseh- und AV-Produktion. Frankfurt a. M.: Connexx.av.

Schelsky, Helmut (1965): Die Bedeutung des Berufs in der modernen Gesellschaft. In: Ders. (Hrsg.): Auf der Suche nach Wirklichkeit. Düsseldorf: Diedrichs, S. 238-249.

Schierl, Thomas (2002): Der Werbeprozeß aus organisationsorientierter Perspektive. In: Herbert Willems (Hrsg.): Die Gesellschaft der Werbung. Opladen: Westdeutscher Verlag, S. 429-443.

Schmid, Michael (1989): Arbeitsteilung und Solidarität. Eine Untersuchung zu Emile Durkheims Theorie der sozialen Arbeitsteilung. In: Kölner Zeitschrift für Soziologie und Sozialpsychologie, 41, S. 619-643.

Schmidt, Siegfried J. (1996): Die Welten der Medien. Grundlagen und Perspektiven der Medienbeobachtung. Braunschweig: Vieweg.

Schmidt, Siegfried, J.; Spieß, Brigitte (1994): Die Kommerzialisierung der Kommunikation. Fernsehwerbung aus der Sicht der Kreativen: Opladen: Westdeutscher Verlag.

Schmidt, Siegfried J.; Spieß, Brigitte (Hrsg., 1995): Werbung, Medien und Kultur. Opladen: Westdeutscher Verlag.

Schmidt, Siegfried, J.; Spieß, Brigitte (1996): Die Kommerzialisierung der Kommunikation. Fernsehwerbung und sozialer Wandel 1956–1989. Frankfurt a. M.: Suhrkamp.

Schnell, Christiane (2003): Veränderte Konstellationen von Wissen, Macht und Markt. Die Kulturberufe in der Perspektive der neueren Professionssoziologie. In: Ellen Kuhlmann und Sigrid Betzelt (Hrsg.): Geschlechterverhältnisse im Dienstleistungssektor. Baden-Baden: Nomos, S. 91-104.

Schrage, Dominik (2003): Integration durch Attraktion. Konsumismus als massenkulturelles Weltverhältnis. In: Mittelweg, 36, S. 57-86.

Schrage, Dominink (2004): Auf der Schwelle zur Konsumsoziologie. Aspekte der Konsumkritik in den fünfziger Jahren. Ein Prolog. In: Kai-Uwe Hellmann und Dominik Schrage (Hrsg.): Konsum der Werbung. Zur Produktion und Rezeption von Sinn in der kommerziellen Kultur. Wiesbaden: VS Verlag für Sozialwissenschaften, S. 13-32.

Schroer, Markus (2000): Das Individuum der Gesellschaft. Frankfurt a. M.: Suhrkamp.

Schudson, Michael (1984): Advertising. The Uneasy Persuasion. Its Dubious Impact on American Society. London: Routledge.

Schulze, Gerhard (1995): Die Erlebnisgesellschaft. Frankfurt a. M.: Campus.

Schwingel, Markus (1993): Analytik der Kämpfe. Macht und Herrschaft in der Soziologie Bourdieus. Hamburg: Argument.

Sennett, Richard (2000): Der flexible Mensch. Die Kultur des neuen Kapitalismus. New York: Siedler.

Sennett, Richard (2005): Die Kultur des Neuen Kapitalismus. Berlin: Berlin Verlag.

Severin, Othmar (2001): Ein Club wirbt für die Werbung. Gespräch zur Geschichte des Art Directors Club für Deutschland. In: Sigrid Randa-Campani (Hrsg.): Wunderbare Werbewelten. Marken, Macher, Mechanismen. Heidelberg: Edition Braus, S. 20-27.

Sewing, Werner (2002): Bildregie. Architektur zwischen Retrodesign und Eventkultur. Basel; Boston und Berlin: Birkhäuser.

Seyfarth, Constans (1981): Gesellschaftliche Rationalisierung und die Entwicklung der Intellektuellenschichten. Zur Weiterführung eines zentralen Themas Max Webers. In: Walter Sprondel und Constans Seyfarth (Hrsg.): Max Weber und die Rationalisierung sozialen Handelns. Stuttgart: Enke, S. 189-223.

Seyfarth, Constans (1989): Über Max Webers Beitrag zur Theorie professionellen beruflichen Handelns – zugleich eine Vorstudie zum Verständnis seiner Soziologie als Praxis. In: Johannes Weiß (Hrsg.): Max Weber heute. Erträge und Probleme der Forschung. Frankfurt a. M.: Suhrkamp, S. 371-405.

Shapiro, Deborah et al. (1992): Flexible specialisation in the culture industries. In: Huib Ernste und Verena Meier (Hrsg.): Regional development and contemporary industrial response. Extending flexible specialisation. London und New York: Belhaven Press, S. 179-194.

Smith, Vicki (1997): New Forms of Work Organiszation. In: Annual Revue of Sociology, 23, S. 315-339.

Sofsky, Wolfgang; Paris, Rainer (1994): Figurationen sozialer Macht. Autorität – Stellvertretung – Koalition. Frankfurt a. M.: Suhrkamp.

Stabiner, Karen (1993): Inventing Desire. Inside Chiat/Day. The Hottest Shop, The Coolest Players, The Big Business of Advertising. New York: Simon and Schuster.

Statistisches Bundesamt (1998): Statistisches Jahrbuch 1998 für die Bundesrepublik Deutschland und das Ausland. Stuttgart: Statistisches Bundesamt.

Staubmann, Helmut (1995a): Die Kommunikation von Gefühlen. Ein Beitrag zur Soziologie der Ästhetik auf der Grundlage von Talcott Parsons' Allgemeiner Theorie des Handelns. Berlin: Duncker & Humblot.

Staubmann, Helmut (1995b): Handlung und Ästhetik. Zum Stellenwert der „affektiv-kathektischen Handlungsdimension" in Parsons' Allgemeiner Theorie des Handelns. In: Zeitschrift für Soziologie, 24, 95-114.

Staute, Jörg (1996): Der Consulting-Report. Vom Versagen der Manager zum Reibach der Berater. Frankfurt a. M.: Campus.

Stehr, Nico (2001): Wissen und Wirtschaften. Die gesellschaftlichen Grundlagen der modernen Ökonomie. Frankfurt a. M.: Suhrkamp.

Steinbicker, Jochen (2001): Zur Theorie der Informationsgesellschaft. Opladen: Leske und Budrich.

Stichweh, Rudolf (1998): Die Soziologie und die Informationsgesellschaft. In: Jürgen Friedrichs; Rainer Lepsius und Karl-Ulrich Mayer (Hrsg.): Die Diagnosefähigkeit der Soziologie. Sonderheft der Kölner Zeitschrift für Soziologie und Sozialpsychologie, S. 433-443.

Stinchcombe, Arthur (1959): Bureaucratic and Craft Administration of Production. A Comparative Study. In: Administrative Science Quarterly, 4, S. 168-187.

Stinchcombe, Arthur (1986): Stratification and Organisation. Cambridge: Cambridge University Press.

Storper, Michael; Christopherson, Susan (1987): Flexible Specialization and Regional Industrial Agglomerations: The Case of U.S. Motion Picture Industry. In: Annals of the Association of American Geographers, 77, S. 104-117.

Stuhr, Mathias (2003): Popökonomie. In: Alexander Meschnig und Mathias Stuhr (Hrsg.): Arbeit als Lebensstil. Frankfurt a. M.: Suhrkamp, S. 162-184.

Swedberg, Richard (1998): Max Weber and the Idea of Economic Sociology. Princeton und New Jersey: Princeton University Press.

Tacke, Veronika (2000): Soziologische Beobachtungsoptiken in der „grenzenlosen Gesellschaft" – Ein Vorschlag zur Neujustierung industriesoziologischer Schlüsselkonzepte. In: Heiner Minssen (Hrsg.): Begrenzte Entgrenzungen. Wandlungen von Organisation und Arbeit. Berlin: Sigma, S. 105-140.

Tanner, Jeremy (2000): The body, expressive culture and social interaction. Integrating art history and action theory. In: Helmut Staubmann und Harald Wenzel (Hrsg.): Talcott Parsons. Zur Aktualität eines Theorieprogramms. Sonderheft der Österreichischen Zeitschrift für Soziologie. Opladen: Westdeutscher Verlag, S. 285-324.

Tenbruck, Friedrich (1986): Bürgerliche Kultur. In: Friedhelm Neidhardt; Rainer Lepsius und Johannes Weiß (Hrsg.): Kultur und Gesellschaft. Sonderheft der Kölner Zeitschrift für Soziologie und Sozialpsychologie, S. 263-285.

Tenbruck, Friedrich (1990): Repräsentative Kultur. In: Hans Haferkamp (Hrsg.): Sozialstruktur und Kultur. Frankfurt a. M.: Suhrkamp, S. 20-53.

Tenbruck, Friedrich; Lipp, Wolfgang (1979): Zum Neubeginn der Kultursoziologie. In: Kölner Zeitschrift für Soziologie und Sozialpsychologie, 31, S. 393-398.

Theobald, Hildegard (2003): Neue Balancen in der Zugangskontrolle zwischen Staat, Markt und Familie – Unternehmensberatung und Altenpflege in Deutschland. In: Ellen Kuhlmann und Sigrid Betzelt (Hrsg.): Geschlechterverhältnisse im Dienstleistungssektor. Baden-Baden: Nomos, S. 65-78.

Thiel, Joachim (2002): Creative Labour and Spational Restructuring. Lessons from the German Advertising Industry. Dissertation. 2005 erschienen unter dem Titel: Creativity and Space. Labour and the Restructuring of the German Advertising Industry. Aldershot: Ashgate.

Thinnes, Petra (1996): Arbeitszeitmuster in Dienstleistungsbetrieben. Eine zeit- und organisationssoziologische Untersuchung am Beispiel der Werbebranche. Frankfurt a. M.: Campus.

Torstendahl, Rolf; Burrage, Michael (Hrsg., 1990): The Formation of Professions. Knowledge, State and Strategy. London: Sage.

Touraine, Alain (1972): Die postindustrielle Gesellschaft. Frankfurt a. M.: Suhrkamp.

Touraine, Alain (2001): Beyond Neoliberalism. Blackwell: Polity Press.

Tropp, Jörg (2002): Integrierte Kommunikation aus der Perspektive der Werbeagentur. In: Herbert Willems (Hrsg.): Die Gesellschaft der Werbung. Opladen: Westdeutscher Verlag, S. 445-463.

Tunstall, Jeremy (Hrsg., 2001): Media Occupations and Professions: A Reader. Oxford und New York: Oxford University Press.

Turner, Victor (1995): Vom Ritual zum Theater. Der Ernst des menschlichen Spiels: Frankfurt a. M.: Fischer.

Turner, Victor (2000): Das Ritual. Struktur und Anti-Struktur. Frankfurt a. M.: Campus.

Veblen, Thorstein (1986): Theorie der feinen Leute. Eine ökonomische Untersuchung der Institutionen (zuerst 1899). Frankfurt a. M.: Fischer.

Vobruba, Georg (2000): Alternativen zur Vollbeschäftigung. Frankfurt a. M.: Suhrkamp.

Voß, Günter (2001): Auf dem Wege zum Individualberuf? Zur Beruflichkeit des Arbeitskraftunternehmers. In: Thomas Kurtz (Hrsg.): Aspekte des Berufs in der Moderne. Opladen: Leske und Budrich, S. 287-314.

Voß, Günter; Pongratz, Hans J. (1998): Der Arbeitskraftunternehmer. Eine neue Grundform der Ware Arbeitskraft. In: Kölner Zeitschrift für Soziologie und Sozialpsychologie, 50, S. 131-158.

Voswinkel, Stephan (2002): Bewunderung ohne Würdigung? Paradoxien der Anerkennung doppelt subjektivierter Arbeit. In: Axel Honneth (Hrsg.): Befreiung aus der Mündigkeit. Paradoxien des gegenwärtigen Kapitalismus. Frankfurt a. M.: Campus, S. 65-92.

Wagner, Gabriele (2000): Berufsbiografische Aktualisierung von Anerkennungsverhältnissen. Identität zwischen Perspektivität und Patchwork. In: Ursula Holtgrewe; Stephan Voswinkel und Gabriele Wagner (Hrsg.): Zum Wandel von Anerkennung und Arbeit. Konstanz: UVK, S. 141-168.

Wasilewski, Rainer (1997): Neue freiberufliche Dienstleistungen. Potentiale und Marktchancen. Köln: Deutscher Ärzte-Verlag.

Weber, Dieter (1994): Werbekonzerne im Rennen um die Rettung der alten Marken. In: Werben & Verkaufen, 41, S. 70-73.

Weber, Max (1971): Politik als Beruf (zuerst 1919). In: Ders.: Gesammelte Politische Schriften. Tübingen: Mohr, S. 505-560.

Weber, Max (1980): Wirtschaft und Gesellschaft (zuerst 1922). Tübingen: Mohr.

Weber, Max (1988a): Wissenschaft als Beruf (zuerst 1919). In: Ders.: Gesammelte Aufsätze zur Wissenschaftslehre. Tübingen: Mohr, S. 582-613.

Weber, Max (1988b): Die protestantische Ethik und der Geist des Kapitalismus (zuerst 1920). In: Ders.: Gesammelte Aufsätze zur Religionssoziologie. Band 1. Tübingen: Mohr, S. 1-206.

Weeser-Krell, Lothar M. (1987): Das Arbeitsfeld Werbung. Berufe – Ausbildung – Einsatz. Bern et al.: Lang.

Wegener, Bernd (1985): Gibt es Sozialprestige? In: Zeitschrift für Soziologie, 14, S. 209-235.

Weiß, Anja; Koppetsch, Cornelia; Scharenberg, Albert und Schmidtke, Oliver (Hrsg., 2001): Klasse und Klassifikation. Die symbolische Dimension sozialer Ungleichheit. Opladen: Westdeutscher Verlag.

Weiß, Johannes (1984): Stellvertretung. Überlegungen zu einer vernachlässigten soziologischen Kategorie. In: Kölner Zeitschrift für Sozialpsychologie und Soziologie, 36, S. 43-55.

Welsch, Wolfgang (1988): Unsere postmoderne Moderne. Weinheim: VCH.

Wendisch, Natalie (2000): USA: Change – it's not a small challenge. In: Dieter Jaufmann und Martin Pfaff (Hrsg.): Die neue Arbeitsmoral. Industrieländer im internationalen Vergleich. Frankfurt a. M. und New York: Campus, S. 385-446.

Wenzel, Harald (1990): Die Ordnung des Handelns. Talcott Parsons Theorie des allgemeinen Handlungssystems. Frankfurt a. M.: Suhrkamp.

Wenzel, Harald (2000): Obertanen. Zur soziologischen Bedeutung von Prominenz. In: Leviathan, 28, S. 452-476.

Wenzel, Harald (2001): Die Abenteuer der Kommunikation. Echtzeitmassenmedien und der Handlungsraum der Hochmoderne. Weilerswist: Velbrück.

Wenzel, Harald (2002): Jenseits des Wertekonsensus. Die Revolutionäre Transformation des Paradigmas sozialer Ordnung im Spätwerk von Talcott Parsons. In: Berliner Journal für Soziologie, 12, S. 425-443.

Wernick, Andrew (1991): Promotional culture. Advertising, ideology and symbolic expression. London: Sage.

West, Douglas (1988): Multinational Competition in the British Advertising Agency Business, 1936–1987. In: Business History Review, 62, S. 467-501.

Wetterer, Angelika (Hrsg., 1992): Profession und Geschlecht. Über die Marginalität von Frauen in hochqualifizierten Berufen. Frankfurt a. M.: Campus.

Wetterer, Angelika (Hrsg., 1995): Die soziale Konstruktion von Geschlecht in Professionalisierungsprozessen. Frankfurt a. M.: Campus.

Wienand, Edith (2003): Public Relations als Beruf. Kritische Analyse eines aufstrebenden Kommunikationsberufes. Wiesbaden: Westdeutscher Verlag.

Willems, Herbert (Hrsg., 2002): Die Gesellschaft der Werbung. Opladen: Westdeutscher Verlag.

Williamson, Judith (1978): Decoding Advertising. Ideology and Meaning in Advertising. London: Marion Boyars Publishers.

Willke, Helmut (1998): Organisierte Wissensarbeit. In: Zeitschrift für Soziologie, 27, S. 161-177.

Windeler, Arnold; Wirth, Carsten; Sydow, Jörg (2001): Die Zukunft in der Gegenwart erfahren. Arbeit in Projektnetzwerken der Fernsehproduktion. In: Arbeitsrecht im Betrieb, 22, S. 12-18.

Wiswede, Günter (2000): Konsumsoziologie – eine vergessene Disziplin. In: Doris Rosenkranz und Norbert Schneider (Hrsg.): Konsum. Soziologische, ökonomische und psychologische Perspektiven. Opladen: Leske und Budrich, S. 23-72.

Wohlrab-Sahr, Monika (1992): Über den Umgang mit biografischer Unsicherheit – Implikationen der „Modernisierung der Moderne". In: Soziale Welt, 43, S. 217-236.

Wohlrab-Sahr, Monika (1997): Individualisierung: Differenzierungsprozeß und Zurechnungsmodus. In: Ulrich Beck und Peter Sopp (Hrsg.): Individualisierung und Integration. Neue Konfliktlinien und neuer Integrationsmodus? Opladen: Leske und Budrich, S. 23-36.

Wolf, Harald (2006): Kulturelle Orientierungen und Institution. Einige ungelöste Probleme des „neuen Geistes" von Boltanski und Chiapello. In: Karl Siegbert

Rehberg (Hrsg.): Soziale Ungleichheit – Kulturelle Unterschiede. Verhandlungen des 32. Kongresses der Deutschen Gesellschaft für Soziologie in München 2004. Frankfurt a. M.: Campus, CD-ROM-Beilage.

Wuthnow, Robert (1987): Meaning and Moral Order. Explorations in Cultural Analysis. Berkeley; Los Angeles und London: University of California Press.

Wuthnow, Robert (1992): Rediscovering the Sacred. Perspectives on Religion in Contemporary Society. Grand Rapids, Michigan: William B. Eerdmans Publishing Company.

Zapf, Wolfgang (1983): Entwicklungsdilemmas und Innovationspotentiale in modernen Gesellschaften. In: Joachim Matthes (Hrsg.): Krise der Arbeitsgesellschaft? Verhandlungen des 21. Deutschen Soziologentages in Bamberg 1982. Frankfurt a. M. und New York: Campus, S. 293-308.

Zapf, Wolfgang (1986): Zur Diskussion um Krise und Innovationschancen in westlichen Demokratien. In: Max Kaase (Hrsg.): Politische Wissenschaft und politische Ordnung. Opladen: Westdeutscher Verlag, S. 52-60.

Zelitzer, Viviana A. (1988): Beyond the Polemics on the Market: Establishing a Theoretical and Empirical Agenda. In: Sociological Forum, 3, S. 614-634.

Zelitzer, Viviana A. (1996): Payments and Social Ties. In: Sociological Forum, 11, Special Issue: Lumping and Splitting, S. 481-495.

Zentralverband der Deutschen Werbewirtschaft (Hrsg., 1991, 1992, 1993, 1994, 1995, 1996, 1997, 1998, 1999, 2000, 2001, 2002): Werbung in Deutschland. Broschüre des Zentralverbandes der Deutschen Werbewirtschaft. Bonn: ZAW.

Ziegler, Fabian (1994): Internationale Wettbewerbsfähigkeit von Dienstleistungsbranchen. Eine empirische Analyse der Werbebranche. Bern et al.: Lang.

Zukin, Sharon (1991): Landscapes of Power. From Detroit to Disney World. Berkeley: University of California Press.

Cornelia Koppetsch bei UVK

Cornelia Koppetsch (Hg.)
Körper und Status
Zur Soziologie der Attraktivität
2000, 295 Seiten, broschiert
ISBN 978-3-89669-971-8

Cornelia Koppetsch
Wissenschaft an Hochschulen
Ein deutsch-französischer Vergleich
2000, 252 Seiten, broschiert
ISBN 978-3-89669-972-5

Cornelia Koppetsch,
Günter Burkart
Die Illusion der Emanzipation
Zur Wirksamkeit latenter
Geschlechtsnormen im Milieuvergleich
1999, 344 Seiten, broschiert
ISBN 978-3-89669-914-5

www.uvk.de

UVK

ANALYSE UND FORSCHUNG

Sabina Misoch
Identitäten im Internet
Selbstdarstellung auf privaten Homepages
2004, 234 Seiten, broschiert
ISBN 978-3-89669-464-2

Petra Notz
Manager-Ehen
Zwischen Karriere und Familie
2004, 254 Seiten, broschiert
ISBN 978-3-89669-510-X

Gabriele Wagner
Anerkennung und Individualisierung
2004, 318 Seiten, broschiert
ISBN 978-3-89669-768-4

Robert Hettlage (Hg.)
Verleugnen, Vertuschen, Verdrehen
Leben in der Lügengesellschaft
2003, 328 Seiten, broschiert
ISBN 978-3-89669-736-6

Thomas Alkemeyer, Bernhard Boschert,
Robert Schmidt, Gunter Gebauer (Hg.)
Aufs Spiel gesetzte Körper
Aufführungen des Sozialen in
Sport und populärer Kultur
2003, 298 Seiten, broschiert
ISBN 978-3-89669-764-1

Christiane Bender (Hg.)
Frauen – Religion – Beruf
Zur religiösen Konstruktion der
Geschlechterdifferenz
2003, 136 Seiten, broschiert
ISBN 978-3-89669-753-6

Martin Schmeiser
»Missratene« Söhne und Töchter
Verlaufsformen des sozialen
Abstiegs in Akademikerfamilien
2003, 266 Seiten, broschiert
ISBN 978-3-89669-754-4

www.uvk.de

UVK